FUNDAMENTAÇÃO
DA METAFÍSICA DA MORAL

Universidade Estadual de Campinas

Reitor
Antonio José de Almeida Meirelles

Coordenadora Geral da Universidade
Maria Luiza Moretti

Conselho Editorial

Presidente
Edwiges Maria Morato

Carlos Raul Etulain – Cicero Romão Resende de Araujo
Dirce Djanira Pacheco e Zan – Frederico Augusto Garcia Fernandes
Iara Beleli – Marco Aurélio Cremasco – Pedro Cunha de Holanda
Sávio Machado Cavalcante – Verónica Andrea González-López

Coleção Fausto Castilho de Filosofia
Série Estudos
Comissão Editorial

Coordenação: Alexandre Guimarães Tadeu de Soares (UFU) e Oswaldo Giacoia Junior (Unicamp)
Daniel Garber (Universidade de Princeton) – Franklin Leopoldo e Silva (USP)
Giulia Belgioioso (Universidade do Salento)
Representante do Conselho Editorial: Cicero Romão Resende de Araujo (USP)

Immanuel Kant

FUNDAMENTAÇÃO DA METAFÍSICA DA MORAL
Grundlegung zur Metaphysik der Sitten

Edição bilíngue

Tradução e guia de leitura
Osmyr Faria Gabbi Jr.

FICHA CATALOGRÁFICA ELABORADA PELO
SISTEMA DE BIBLIOTECAS DA UNICAMP
DIVISÃO DE TRATAMENTO DA INFORMAÇÃO
Bibliotecária: Gardênia Garcia Benossi – CRB-8ª / 8644

K135f   Kant, Immanuel, 1724-1804.
        Fundamentação da metafísica da moral / Immanuel Kant ; tradução : Osmyr
Faria Gabbi Júnior. – Campinas, SP : Editora da Unicamp, 2024.

    Tradução de: *Grundlegung zur Metaphysik der Sitten*
    Edição bilíngue: alemão-português

        1. Ética. 2. Virtude. 3. Lógica - Filosofia. 4. Dever. 5. Vonta-de. I. Gabbi Júnior,
Osmyr Faria. II. Título.

CDD – 170
– 179.9
– 160
– 171.2
– 153.8

ISBN: 978-85-268-1714-2

Copyright © by Immanuel Kant

Copyright © 2024 by Editora da Unicamp

Opiniões, hipóteses e conclusões ou recomendações expressas
neste livro são de responsabilidade do autor e não
necessariamente refletem a visão da Editora da Unicamp.

Direitos reservados e protegidos pela lei 9.610 de 19.2.1998.
É proibida a reprodução total ou parcial sem autorização,
por escrito, dos detentores dos direitos.

Foi feito o depósito legal.

Direitos reservados a

Editora da Unicamp
Rua Sérgio Buarque de Holanda, 421 – 3º andar
Campus Unicamp
CEP 13083-859 – Campinas – SP – Brasil
Tel./Fax: (19) 3521-7718 / 7728
www.editoraunicamp.com.br – vendas@editora.unicamp.br

SUMÁRIO

Nota ao leitor 7

VORREDE / PREFÁCIO 9

ERSTER ABSCHNITT
PRIMEIRA SEÇÃO

Übergang von der gemeinen sittlichen Vernunfterkenntnis zur philosophischen
Transição do conhecimento moral racional comum para o filosófico 33

ZWEITER ABSCHNITT
SEGUNDA SEÇÃO

Übergang von der populären sittlichen Weltweisheit zur Metaphysik der Sitten
Transição da filosofia moral popular para a metafísica da moral 91

DRITTER ABSCHNITT
TERCEIRA SEÇÃO

Übergang von der Metaphysik der Sitten zur Kritik der reinen praktischen Vernunft
Transição da Metafísica da Moral para a Crítica da Razão Prática Pura 249

Der Begriff der Freiheit ist der Schlüssel zur Erklärung der Autonomie des Willens
O conceito de liberdade é a chave para a explicação da autonomia da vontade 249

NOTA AO LEITOR

A tradução e as notas foram feitas para uma série de aulas sobre a *Fundamentação da Metafísica da Moral*, ministradas durante três semestres seguidos, no Departamento de Filosofia da Unicamp, para alunos de graduação do curso de Filosofia. Nosso objetivo maior era compreender esta obra de Kant e relacioná-la, quando possível, com outros escritos kantianos. Mencionamos a revisão de Philonenko da tradução francesa (ver referência na bibliografia a seguir) para indicar aos alunos a possibilidade de inserir a *Fundamentação* no restante da filosofia. Entretanto, fiéis ao preceito de que é preciso iniciar pela compreensão do autor antes de estabelecer vínculos com outros filósofos e com interpretações as mais diversas, procuramos permanecer no interior do universo kantiano. (Osmyr Faria Gabbi Jr.)

BIBLIOGRAFIA

Kant, E. *Fondements de la Métaphysique des Moeurs*. Trad. V. Delbos. Rev. A. Philonenko. Paris, Vrin, 1980.

Kant, E. *Werkausgabe*, VII. Frankfurt am Main, Suhrkamp Verlag, 1982.

Kant, E. *The Cambridge Edition of Works of Immanuel Kant*. Cambridge University Press.

VORREDE / PREFÁCIO

§1 Die alte griechische Philosophie teilte sich in drei Wissenschaften ab: Die **Physik**, die **Ethik** und die **Logik**. Diese Einteilung ist der Natur der Sache vollkommen angemessen, und man hat an ihr nichts zu verbessern, als etwa nur das Prinzip derselben hinzu zu tun, um sich auf solche Art teils ihrer Vollständigkeit zu versichern, teils die notwendigen Unterabteilungen richtig bestimmen zu können.

*

A antiga filosofia grega dividia-se em três ciências: a **física**, a **ética** e a **lógica**. Essa divisão é perfeitamente adequada à natureza da coisa, e nada há a melhorar nela senão talvez lhe acrescentar o seu princípio, seja para assegurar-se assim de sua completude, seja para poder determinar corretamente as subdivisões necessárias.

*

Comentário: Essa divisão teria sido inspirada por Platão (ver tradução francesa e notas de Victor Delbos, *Fondements de la Métaphysique des Mœurs*, Librairie Delagrave, 1981). Para Philonenko, ela foi estabelecida nessa forma pelos estoicos. Segundo Kant, a divisão grega precisa, para não ser arbitrária, de um princípio. Encontramos o desenvolvimento deste princípio na Doutrina Transcendental do Método, mais precisamente no seu terceiro capítulo, "A arquitetônica da Razão Pura". Os parágrafos abaixo desenvolvem esse princípio. Inicialmente pela consideração da distinção entre o formal e o material.

§2   Alle Vernunfterkenntnis ist entweder **material** und betrachtet irgend ein Objekt; oder **formal** und beschäftigt sich bloß mit der Form des Verstandes und der Vernunft selbst, und den allgemeinen Regeln des Denkens überhaupt ohne Unterschied der Objekte. Die formale Philosophie heißt **Logik**, die materiale aber, welche es mit bestimmten Gegenständen und den Gesetzen zu tun hat, denen sie unterworfen sind, ist wiederum zwiefach. Denn diese Gesetze sind entweder Gesetze der **Natur**, oder der **Freiheit**. Die Wissenschaft von der ersten heißt **Physik**, die der andern ist **Ethik**; jene wird auch Naturlehre, diese Sittenlehre genannt.

*

Todo conhecimento racional é ou **material** e considera algum objeto, ou **formal** e ocupa-se apenas da forma do entendimento e da própria razão e das regras universais do pensar como tal, sem distinção dos objetos. A filosofia formal chama-se **lógica**, mas a material, que tem a ver com determinados objetos e com as leis a que estão submetidos, é de novo dupla. Pois estas leis ou são leis da **natureza** ou da **liberdade**. A ciência da primeira chama-se **física**, a da outra, **ética**; aquela também é chamada de doutrina da natureza, esta, de doutrina da moral.

*

Comentário: Com base nessa distinção entre formal e material, distingue-se a lógica da física e da ética, pois a primeira não se ocupa de qualquer tipo de objeto. Já a distinção entre física e ética localiza-se no tipo de legislação usado pela razão; ou seja, depende de a razão ser usada para determinar as condições *a priori* de possibilidade da experiência (física) ou de ser usada para determinar para si mesma máximas que governam a ação (ética). Em outras palavras, é preciso distinguir entre a razão legislar para determinar o que é e a razão legislar sobre o que deve ser. Na medida em que a lógica se ocupa tão somente da forma, ela não tem parte empírica alguma; nesse sentido, a lógica só pode ser um cânone, ou seja, um conjunto de princípios que regula o uso legítimo de nossa capacidade de conhecer. Portanto, a lógica não amplia o nosso conhecimento, e os seus juízos são válidos se e somente se não forem contraditórios. Para Kant, a legislação da razão, independentemente de seu uso, ciência ou ética, e dada a sua natureza de ser sempre universal e necessária, só pode ser *a priori*. Assim, as formas presentes em ambas as legislações têm de ser puras e *a priori*, ou seja, independentes e anteriores logicamente a qualquer determinação empírica. Seus juízos são, portanto, sintéticos *a priori*. Uma vez que a *Crítica da Razão Pura* – CRP – demonstrou, segundo Kant, a impossibilidade do conhecimento do transcendente e, portanto, de uma metafísica do transcendente, só restariam dois tipos possíveis de experiência para o homem: a experiência da natureza externa e a da sua própria vontade. A matemática não é considerada aqui por não se referir a conceitos, como ocorre na filosofia, mas à construção de conceitos. Com base na possibilidade dessa dupla experiência, origina-se a ideia de uma dupla metafísica, uma metafísica da natureza e uma metafísica moral.

§3 Die Logik kann keinen empirischen Teil haben, d. i. einen solchen, da die allgemeinen und notwendigen Gesetze des Denkens auf Gründen beruhten, die von der Erfahrung hergenommen wären; denn sonst wäre sie nicht Logik, d. i. ein Kanon für den Verstand oder die Vernunft, der bei allem Denken gilt und demonstriert werden muß. Dagegen können, sowohl die natürliche, als sittliche Weltweisheit, jede ihren empirischen Teil haben, weil jene der Natur, als einem Gegenstande der Erfahrung, diese aber dem Willen des Menschen, so fern er durch die Natur affiziert wird, ihre Gesetze bestimmen muß, die ersteren zwar als Gesetze, nach denen alles geschieht, die zweiten als solche, nach denen alles geschehen soll, aber doch auch mit Erwägung der Bedingungen, unter denen es öfters nicht geschieht.

*

A lógica não pode ter nenhuma parte empírica, ou seja, na qual as leis universais e necessárias do pensar repousem sobre fundamentos retirados da experiência; pois neste caso ela não seria lógica, isto é, um cânone para o entendimento ou para a razão, válido para todo pensar e que tem de ser demonstrado. Em contraposição, tanto a filosofia natural como a filosofia moral podem cada uma ter a sua parte empírica, porque aquela tem de determinar as leis da natureza como objeto da experiência, mas esta, as leis da vontade do ser humano, na medida em que é afetada pela natureza; as primeiras de fato como leis por meio das quais tudo ocorre, as segundas em concordância com tudo que deve ocorrer, no entanto, também incluindo as condições segundo as quais frequentemente não ocorrem.

*

Comentário: É importante distinguir entre cânone (um conjunto de princípios *a priori* que regula o uso legítimo de nossa capacidade de conhecer) e órganon (um sistema de princípios *a priori* que torna possível a constituição e a extensão de um conhecimento *a priori* de objetos).

§4 Man kann alle Philosophie, so fern sie sich auf Gründe der Erfahrung fußt, empirische, die aber, so lediglich aus Prinzipien a priori ihre Lehren vorträgt, reine Philosophie nennen. Die letztere, wenn sie bloß formal ist, heißt **Logik**; ist sie aber auf bestimmte Gegenstände des Verstandes eingeschränkt, so heißt sie **Metaphysik**.

*

Toda filosofia, na medida em que se assente na experiência, pode ser chamada de empírica, mas de pura caso exponha sua doutrina simplesmente segundo princípios *a priori*. A última, se for apenas formal, chama-se **lógica**; mas, caso esteja limitada a determinados objetos do entendimento, chama-se **metafísica**.

*

Comentário: "Puro" e "*a priori*" podem ser entendidos em certo sentido como sinônimos. Puro denota algo que é independente da experiência, que tem anterioridade lógica em relação à experiência. Assim, as formas são puras e *a priori*. O termo "*a priori*" opõe-se ao termo "*a posteriori*". Dado que certas formas *a priori* podem ser constitutivas do objeto e não se referir apenas à forma lógica do objeto, decorre que há formas *a priori* que não são lógicas e estão ligadas à extensão do conhecimento. Portanto, há duas classes excludentes de juízos que recobrem todos os juízos possíveis: juízos analíticos e juízos sintéticos. Os juízos da lógica são analíticos, e os juízos da metafísica são sintéticos; no entanto, um tipo especial de juízos sintéticos, ou seja, sintéticos *a priori*. Dado que não é possível conhecimento do em si, uma tese que tem a natureza de uma ideia no sentido kantiano, também é impossível uma metafísica do transcendente, isto é, daquilo que está fora de toda experiência possível. Ora, há dois tipos de experiência possível: o da natureza externa e o da vontade em seres racionais. O outro tipo de conhecimento *a priori* é a matemática, mas esta, diferentemente da metafísica, não usa conceitos, mas os constrói.

§5   Auf solche Weise entspringt die Idee einer zwiefachen Metaphysik, einer **Metaphysik der Natur** und einer **Metaphysik der Sitten**. Die Physik wird also ihren empirischen, aber auch einen rationalen Teil haben; die Ethik gleichfalls, wiewohl hier der empirische Teil besonders **praktische Anthropologie**, der rationale aber eigentlich **Moral** heißen könnte.

*

Desta maneira surge a ideia de uma dupla metafísica, de uma **metafísica da natureza** e de uma **metafísica da moral**. Assim, a física terá sua parte empírica, mas também uma parte racional; igualmente a ética, embora aqui a parte empírica pudesse ser chamada em particular de **antropologia prática**, mas a parte racional, propriamente, de **moral**.

*

Comentário: A ciência da natureza, que, para Kant, está restrita à física de Newton, contém uma parte pura e uma parte empírica. A metafísica da natureza ocupa-se da parte pura. A menção de uma antropologia prática é datada, uma vez que na arquitetônica da razão não há uma antropologia pura. Dizendo de outro modo, a antropologia só pode ser empírica. Kant, na sua última obra publicada em vida, vai chamá-la de antropologia pragmática. O termo "prático" fica reservado para o domínio da moralidade e refere-se ao que é *a priori*. O termo "pragmático" refere-se ao uso de meios para atingir um certo fim, as regras de prudência, e sempre se refere ao empírico. Uma antropologia pragmática, por ser totalmente empírica, precisa, como ensina a terceira crítica, de um princípio regulador dado pela capacidade de julgar: as experiências antropológicas são unificadas segundo o princípio de que o homem visa realizar o reino dos fins.

§6   Alle Gewerbe, Handwerke und Künste, haben durch die Verteilung der Arbeiten gewonnen, da nämlich nicht einer alles macht, sondern jeder sich auf gewisse Arbeit, die sich, ihrer Behandlungsweise nach, von andern merklich unterscheidet, einschränkt, um sie in der größten Vollkommenheit und mit mehrerer Leichtigkeit leisten zu können. Wo die Arbeiten so nicht unterschieden und verteilt werden, wo jeder ein Tausendkünstler ist, da liegen die Gewerbe noch in der größten Barbarei. Aber ob dieses zwar für sich ein der Erwägung nicht unwürdiges Objekt wäre, zu fragen: ob die reine Philosophie in allen ihren Teilen nicht ihren besondern Mann erheische, und es um das Ganze des gelehrten Gewerbes nicht besser stehen würde, wenn die, so das Empirische mit dem Rationalen, dem Geschmacke des Publikums gemäß, nach allerlei ihnen selbst unbekannten Verhältnissen gemischt, zu verkaufen gewohnt sind, die sich Selbstdenker, andere aber, die den bloß rationalen Teil zubereiten, Grübler nennen, gewarnt würden, nicht zwei Geschäfte zugleich zu treiben, die in der Art, sie zu behandeln, gar sehr verschieden sind, zu deren jedem vielleicht ein besonderes Talent erfordert wird, und deren Verbindung in einer Person nur Stümper hervorbringt: so frage ich hier doch nur, ob nicht die Natur der Wissenschaft es erfordere, den empirischen von dem rationalen Teil jederzeit sorgfältig abzusondern, und vor der eigentlichen (empirischen) Physik eine Metaphysik der Natur, vor der praktischen Anthropologie aber eine Metaphysik der Sitten voranzuschicken, die von allem Empirischen sorgfältig gesäubert sein müßte, um zu wissen, wie viel reine Vernunft in beiden Fällen leisten könne, und aus welchen Quellen sie selbst diese ihre Belehrung a priori schöpfe, es mag übrigens das letztere Geschäfte von allen Sittenlehrern (deren Namen Legion heißt), oder nur von einigen, die Beruf dazu fühlen, getrieben werden.

*

Todas as atividades, ofícios e artes lucraram com a divisão do trabalho, ou seja, quando não existe alguém que faça tudo, mas cada um limita-se a um certo trabalho que se distingue notoriamente de outros pela habilidade envolvida e pode desempenhá-lo com a maior perfeição e com mais facilidade. Onde os trabalhos não são assim distinguidos e divididos, onde cada um é um faz-tudo, aí a atividade permanece ainda na maior barbárie.

Mas talvez não fosse em si um objeto indigno de consideração interrogar-se se a filosofia pura em todas as suas divisões não exigiria seu homem especial e se não seria melhor para a totalidade da atividade racional caso recebessem esta advertência – não empreender ao mesmo tempo duas ocupações muito distintas na forma de tratar, para cada uma das quais talvez se exija um talento especial e cuja reunião em uma pessoa produza apenas um incapaz – aqueles que, ao gosto do público, estão acostumados a vender o empírico misturado com o racional, segundo toda sorte de proporções que eles mesmos ignoram e que chamam a si mesmos de pensadores independentes, mas aos outros, que confeccionam somente a parte racional, de ruminantes. No entanto, aqui, eu só questiono se a natureza da ciência não exigiria que se separasse cuidadosamente todas as vezes a parte empírica da racional e que se colocasse antes da física propriamente (empírica) uma metafísica da natureza, e antes da antropologia prática uma metafísica da moral que teria de ser cuidadosamente purgada de todo empírico, para poder saber o quanto a razão pura poderia operar em ambos os casos e de que fontes ela mesma retiraria *a priori* seu ensinamento, e se a última ocupação poderia ser empreendida por todos os professores de moral (cujo nome é legião) ou apenas por alguns que sentissem vocação para tal.

*

Comentário: O alvo de Kant nessas considerações foi a chamada filosofia popular. Esta, sob o pretexto de popularizar e democratizar a filosofia, oferecia um produto superficial e eclético ao misturar o empírico com o racional. Sua consequência foi transformar a psicologia na chave que resolveria todas as questões morais e religiosas. Kant defende a necessidade da separação entre empírico e *a priori* e critica a pretensão do empirismo de transformar a psicologia em ciência dos primeiros princípios.

§7   Da meine Absicht hier eigentlich auf die sittliche Weltweisheit gerichtet ist, so schränke ich die vorgelegte Frage nur darauf ein: ob man nicht meine, daß es von der äußersten Notwendigkeit sei, einmal eine reine Moralphilosophie zu bearbeiten, die von allem, was nur empirisch sein mag und zur Anthropologie gehört, völlig gesäubert wäre; denn, daß es eine solche geben müsse, leuchtet von selbst aus der gemeinen Idee der Pflicht und der sittlichen Gesetze ein. Jedermann muß eingestehen, daß ein Gesetz, wenn es moralisch, d. i. als Grund einer Verbindlichkeit, gelten soll, absolute Notwendigkeit bei sich führen müsse; daß das Gebot: du sollst nicht lügen, nicht etwa bloß für Menschen gelte, andere vernünftige Wesen sich aber daran nicht zu kehren hätten; und so alle übrige eigentliche Sittengesetze; daß mithin der Grund der Verbindlichkeit hier nicht in der Natur des Menschen, oder den Umständen in der Welt, darin er gesetzt ist, gesucht werden müsse, sondern a priori lediglich in Begriffen der reinen Vernunft, und daß jede andere Vorschrift, die sich auf Prinzipien der bloßen Erfahrung gründet, und sogar eine in gewissem Betracht allgemeine Vorschrift, so fern sie sich dem mindesten Teile, vielleicht nur einem Bewegungsgrunde nach, auf empirische Gründe stützt, zwar eine praktische Regel, niemals aber ein moralisches Gesetz heißen kann.

*

Dado que o meu propósito aqui é dirigido propriamente para a filosofia moral, limitarei a questão proposta somente a isto: se não seria extremamente necessário elaborar pela primeira vez uma filosofia moral pura que fosse completamente purificada de tudo que pudesse ser somente empírico e pertencesse à antropologia? Pois que tal filosofia tenha de ser concebida é imediatamente compreensível pela ideia comum de dever e das leis morais. Qualquer um tem de admitir que uma lei, caso seja moral, ou seja, caso ela deva valer como fundamento de uma obrigação, que ela tenha de portar consigo necessidade absoluta; pois o mandamento, não se deve mentir, não vale apenas para os seres humanos, como se outros seres racionais não tivessem que fazer caso dele; isto é assim para todas as demais leis propriamente morais; que, portanto, não se tenha de buscar o fundamento da obrigação aqui na natureza do ser humano ou nas circunstâncias do mundo em que ele está posto, mas apenas em conceitos *a priori* da razão pura; e que qualquer outro preceito, fundamentado apenas em princípios da experiência, mesmo que em certa medida um preceito universal, caso tenha uma parte mínima, talvez apenas um motivo, apoiado em razões empíricas, pode ser chamado de fato uma regra prática, mas nunca uma lei moral.

*

Comentário: Para mostrar o caráter totalmente *a priori* da moralidade, Kant vincula a moralidade à racionalidade. Sua doutrina moral é uma doutrina racional que não retira nenhum elemento da natureza humana, uma vez que o fundamento da obrigação tem de portar consigo necessidade absoluta. A aplicação da doutrina moral como racional ao homem pressupõe que este seja capaz de racionalidade. Como o homem não é racional, mas apenas capaz de racionalidade, a moralidade aparece como dever, como obrigação. Dado que a fundamentação da moral tem de estar em conceitos *a priori* da razão, proposições do tipo "todo homem aspira à felicidade" não podem ser absolutamente necessárias. O caráter racional da moralidade é novamente enfatizado na *Metafísica da Moral* (1797), na sua introdução, "uma metafísica da moral não pode estar baseada numa antropologia, mas pode ser aplicada à mesma" (6:217).

§8 Also unterscheiden sich die moralischen Gesetze, samt ihren Prinzipien, unter allem praktischen Erkenntnisse von allem übrigen, darin irgend etwas Empirisches ist, nicht allein wesentlich, sondern alle Moralphilosophie beruht gänzlich auf ihrem reinen Teil, und, auf den Menschen angewandt, entlehnt sie nicht das mindeste von der Kenntnis desselben (Anthropologie), sondern gibt ihm, als vernünftigem Wesen, Gesetze a priori, die freilich noch durch Erfahrung geschärfte Urteilskraft erfordern, um teils zu unterscheiden, in welchen Fällen sie ihre Anwendung haben, teils ihnen Eingang in den Willen des Menschen und Nachdruck zur Ausübung zu verschaffen, da diese, als selbst mit so viel Neigungen affiziert, der Idee einer praktischen reinen Vernunft zwar fähig, aber nicht so leicht vermögend ist, sie in seinem Lebenswandel in concreto wirksam zu machen.

*

Portanto, distinguem-se essencialmente não só as leis morais com seus princípios em todo conhecimento prático de todo o resto em que há algo de empírico, mas toda filosofia moral baseia-se na sua totalidade na sua parte pura, e, aplicada ao ser humano, não empresta a mínima parte do conhecimento do mesmo (antropologia), mas lhe dá, como ser racional, leis *a priori*, que sem dúvida exigem ainda uma faculdade de julgar aguçada pela experiência, seja para distinguir em que casos elas têm sua aplicação, seja para lhes dar acesso à vontade do ser humano e veemência para aplicá-la, pois este, sendo ele mesmo afetado por tantas inclinações, de fato capaz da ideia de uma razão prática pura, não é, porém, facilmente capacitado para torná-las efetivas *in concreto* na conduta de sua vida.

*

Comentário: A menção de Kant de uma faculdade de julgar (*Urteilskraft*) aguçada pela experiência refere-se ao problema de saber se uma determinada ação cairia ou não sob o domínio de uma regra moral. A faculdade de julgar envolve a capacidade de relacionar o particular com o universal. No caso da doutrina da natureza, trata-se de mostrar que o particular é uma ocorrência do universal. Neste caso, o juízo é determinante. No caso da doutrina moral, o problema é diferente. Busca-se formular para uma situação particular a máxima que possa almejar ser universal, ou seja, o juízo tem de ser reflexivo. Dada a finitude humana e a possibilidade de o homem ser racional, é preciso defender o caráter *a priori* da moral contra toda tentativa de introduzir considerações motivadas pelas inclinações. Dado que a dedução metafísica de uma noção significa mostrar o seu caráter *a priori*, e que a dedução transcendental de uma noção significa mostrar que essa noção é condição de possibilidade de formular juízos verdadeiros a respeito de objetos, a expressão "dedução dos princípios práticos" visa mostrar que esses princípios determinam a máxima do querer, pensada como norma suprema.

Vermögen sempre foi traduzido como "capacidade" e nunca como "faculdade". Em alemão, *Fakultät* designa uma área do saber, por exemplo, a faculdade de filosofia. Assim, o ensaio de Kant, *Der Streit der Fakultäten* (*O conflito das faculdades*) não é um ensaio sobre as faculdades da mente, mas sobre as relações entre as faculdades de direito, medicina, teologia e filosofia. Capacidade significa ser "capaz de algo" e não tem qualquer conotação psicológica. Em português, o termo "faculdade" pode designar entre várias possibilidades também a capacidade de fazer alguma coisa. Em suma, para tentar evitar a confusão entre área do saber (*Fakultät*) e a capacidade de fazer algo (*Vermögen*) evitamos traduzir o último termo por "faculdade".

§9 Eine Metaphysik der Sitten ist also unentbehrlich notwendig, nicht bloß aus einem Bewegungsgrunde der Spekulation, um die Quelle der a priori in unserer Vernunft liegenden praktischen Grundsätze zu erforschen, sondern weil die Sitten selber allerlei Verderbnis unterworfen bleiben, so lange jener Leitfaden und oberste Norm ihrer richtigen Beurteilung fehlt. Denn bei dem, was moralisch gut sein soll, ist es nicht genug, daß es dem sittlichen Gesetze **gemäß** sei, sondern es muß auch um **desselben willen** geschehen; widrigenfalls ist jene Gemäßheit nur sehr zufällig und mißlich, weil der unsittliche Grund zwar dann und wann gesetzmäßige, mehrmalen aber gesetzwidrige Handlungen hervorbringen wird. Nun ist aber das sittliche Gesetz, in seiner Reinigkeit und Echtheit (woran eben im Praktischen am meisten gelegen ist), nirgends anders, als in einer reinen Philosophie zu suchen, also muß diese (Metaphysik) vorangehen, und ohne sie kann es überall keine Moralphilosophie geben; selbst verdient diejenige, welche jene reine Prinzipien unter die empirischen mischt, den Namen einer Philosophie nicht (denn dadurch unterscheidet diese sich eben von der gemeinen Vernunfterkenntnis, daß sie, was diese nur vermengt begreift, in abgesonderter Wissenschaft vorträgt), viel weniger einer Moralphilosophie, weil sie eben durch diese Vermengung sogar der Reinigkeit der Sitten selbst Abbruch tut und ihrem eigenen Zwecke zuwider verfährt.

*

Portanto, uma metafísica da moral é indispensavelmente necessária, não apenas por motivo especulativo, para investigar a fonte dos princípios práticos que repousam *a priori* na nossa razão, mas porque a própria moral permanece sujeita a todo tipo de corrupção enquanto aquele fio condutor e norma suprema faltarem para sua avaliação correta. Pois, para algo ser moralmente bom, não é suficiente que seja **conforme** à lei moral, mas também tem de ocorrer **em benefício dela**; caso não seja assim, aquela conformidade é somente muito casual e problemática, porque uma razão imoral produzirá de fato ocasionalmente ações conforme à lei, mas frequentemente contrárias à lei. Ora, mas a lei moral, em sua pureza e autenticidade (e é justamente isso o que mais importa na prática), cabe ser procurada em nada diferente senão numa filosofia pura; portanto, esta (metafísica) tem de ter precedência, e sem ela não pode haver de modo algum qualquer filosofia moral; e aquela que mistura cada princípio puro com o empírico não merece mesmo o nome de filosofia (pois esta se distingue do conhecimento racional comum justamente por apresentar em ciência separada o que aquele concebe apenas de forma confusa) e muito menos de filosofia moral, porque justamente por meio dessa mistura chega a prejudicar até a pureza da própria moral e age contra o seu próprio fim.

*

Comentário: A motivação para uma metafísica da moral não é somente especulativa, isto é, voltada para o interesse teórico de conhecer as fontes da moral, mas essencialmente prática. A mistura de princípios empíricos e morais só pode resultar em algo contrário à moral, dado que confunde o contingente com o necessário, e favorece as inclinações em detrimento de máximas que possam aspirar à universalidade, ao misturar determinações causais com determinações propriamente morais. O que move a elaboração de uma metafísica da moral já é um dever moral. A distinção entre agir conforme à lei e agir em função da lei aparece em Pufendorf (citado por Philonenko, nota 17, p. 49):

> É preciso assinalar que uma ação, para ser boa, deve não somente apresentar do ponto de vista material todas as condições postas pela lei, como também ser controlada pela forma, ou seja, ser realizada não por ignorância ou por qualquer outra razão, mas exclusivamente tendo em vista prestar à lei a obediência que lhe é devida (*O direito da natureza e das pessoas*, p. 116).

§10 Man denke doch ja nicht, daß man das, was hier gefordert wird, schon an der Propädeutik des berühmten **Wolff** vor seiner Moralphilosophie, nämlich der von ihm so genannten **allgemeinen praktischen Weltweisheit**, habe, und hier also nicht eben ein ganz neues Feld einzuschlagen sei. Eben darum, weil sie eine allgemeine praktische Weltweisheit sein sollte, hat sie keinen Willen von irgend einer besondern Art, etwa einen solchen, der ohne alle empirische Bewegungsgründe, völlig aus Prinzipien a priori, bestimmt werde, und den man einen reinen Willen nennen könnte, sondern das Wollen überhaupt in Betrachtung gezogen, mit allen Handlungen und Bedingungen, die ihm in dieser allgemeinen Bedeutung zukommen, und dadurch unterscheidet sie sich von einer Metaphysik der Sitten, eben so wie die allgemeine Logik von der Transzendentalphilosophie, von denen die erstere die Handlungen und Regeln des Denkens überhaupt, diese aber bloß die besondern Handlungen und Regeln des **reinen** Denkens, d.i. desjenigen, wodurch Gegenstände völlig a priori erkannt werden, vorträgt. Denn die Metaphysik der Sitten soll die Idee und die Prinzipien eines möglichen **reinen** Willens untersuchen, und nicht die Handlungen und Bedingungen des menschlichen Wollens überhaupt, welche größtenteils aus der Psychologie geschöpft werden. Daß in der allgemeinen praktischen Weltweisheit (wiewohl wider alle Befugnis) auch von moralischen Gesetzen und Pflicht geredet wird, macht keinen Einwurf wider meine Behauptung aus. Denn die Verfasser jener Wissenschaft bleiben ihrer Idee von derselben auch hierin treu; sie unterscheiden nicht die Bewegungsgründe, die, als solche, völlig a priori bloß durch Vernunft vorgestellt werden und eigentlich moralisch sind, von den empirischen, die der Verstand bloß durch Vergleichung der Erfahrungen zu allgemeinen Begriffen erhebt, sondern betrachten sie, ohne auf den Unterschied ihrer Quellen zu achten, nur nach der größeren oder kleineren Summe derselben (indem sie alle als gleichartig angesehen werden) und machen sich dadurch ihren Begriff von **Verbindlichkeit**, der freilich nichts weniger als moralisch, aber doch so beschaffen ist, als es in einer Philosophie, die über den Ursprung aller möglichen praktischen Begriffe, ob sie auch a priori oder bloß a posteriori stattfinden, gar nicht urteilt, nur verlangt werden kann.

*

Contudo, não se deve pensar que se exija aqui o que já há na propedêutica que o célebre **Wolff** antepôs à sua filosofia moral, a saber, o que ele chamou de **filosofia prática universal**, e que, por conseguinte, não temos de adentrar aqui em um campo completamente novo. Justamente porque ela devia ser uma filosofia prática universal, ela não considerou nenhuma vontade de tipo especial – sem qualquer motivo empírico, totalmente determinada por princípios *a priori*, e que pudesse ser chamada de uma vontade pura –, mas considerou o querer em geral com todas as ações e condições que lhe cabem neste sentido geral; por isso, ela se distingue de uma metafísica moral do mesmo modo que a lógica em geral da filosofia transcendental, pois a primeira expõe as ações e regras do pensar **em geral**, mas aquela, apenas as ações e regras especiais do pensar **puro**, ou seja, aquelas pelas quais objetos são completamente conhecidos *a priori*. Pois a metafísica moral deve investigar a ideia e os princípios de uma possível vontade **pura** e não as ações e condições do querer humano em geral, que em grande parte são retiradas da psicologia. Que a filosofia prática universal também fale (embora sem nenhuma garantia) de leis morais e obrigações não é uma objeção à minha observação. Visto que os autores daquela ciência também permanecem aqui fiéis à sua ideia da mesma: eles não distinguem entre os motivos que, como tais, são apresentados totalmente *a priori* apenas pela razão – e que são propriamente morais – e os empíricos que o entendimento apenas pela comparação das experiências eleva a conceitos universais; mas os consideram, sem levar em conta a diferença de suas fontes, apenas de acordo com a quantidade maior ou menor dos mesmos (na verdade todos eles são vistos como do mesmo tipo) e formam por seu intermédio o conceito de **obrigação**, que é tudo menos moral, mas que é, no entanto, o único conceito que se pode esperar em uma filosofia que de modo algum julga a origem de todos os conceitos práticos possíveis, se ocorrem também *a priori* ou apenas *a posteriori*.

*

Comentário: Provavelmente a referência a Wolff é para mais uma vez marcar que a sua doutrina moral não está baseada na natureza humana. Wolff expõe uma concepção de moral baseada na noção de obrigação natural. Já em 1763, portanto no período pré-crítico, em *Investigação sobre* *a clareza dos princípios da teologia natural e da moral*, escrito para um concurso promovido pela Academia de Ciências de Berlim, Kant distingue dois sentidos distintos da noção de dever. Esta pode se referir ou ao meio para obter algo ou como fim em si mesmo. Se entendida como meio, sua necessidade é chamada de problemática. No caso de referir-se a um fim em si mesmo, a necessidade é legal e tem a autoridade de uma lei imperativa. Cito: "Ora, todo dever expressa uma necessidade de ação e é capaz de ter dois sentidos. Ou devo fazer algo (como meio) se quero outra coisa (como fim), ou devo fazer algo imediatamente (como fim) e realizo a ação" (2:298). A argumentação de Kant é dirigida para mostrar que a moral não pode estar fundada numa necessidade problemática. Nesse sentido, ele provavelmente repete a já citada tese de Pufendorf em *O direito da natureza e das pessoas*. Para Kant, no ensaio para a Academia, haveria dois princípios que fundamentariam a moral: o princípio de contradição e de identidade, isto é, a moral não pode estar fundada em princípios contraditórios, e deve obedecer ao princípio de perfeição: "realize a maior perfeição de que você é capaz, abstendo-se de tudo que se oponha à maior perfeição de que você é capaz" (2:299). Em seguida, assinala: "a capacidade de representar a verdade é cognição, mas a capacidade de vivenciar o bem é sentimento e é preciso não confundir as duas".

Na *Fundamentação*, o objetivo de Kant é estabelecer as bases necessárias para uma dedução transcendental da moral, ou seja, estabelecer as condições necessárias para chegar-se a um princípio que seja condição necessária e suficiente para formular juízos morais adequados. Quando Kant mencionar o sentimento de respeito, tem de entender-se que esse sentimento se origina da razão e não da sensibilidade, que é, portanto, produto da lei moral e não a origem da lei moral. O erro de Wolff foi ter confundido o desejo, uma noção psicológica ligada à natureza humana, com a vontade, uma noção transcendental ligada à razão e, como tal, independente da natureza humana. Pois a vontade que deve ser considerada é a vontade pura, logo, independentemente de qualquer consideração empírica. Um ser determinado exclusivamente pela razão seria incapaz de agir de forma contrária à moral. Dado que o ser humano é apenas capaz de ser racional, a moral aparece para ele sob a forma de obrigação e ele tem de construir máximas. Nesse sentido, todas as máximas são subjetivas e podem ser contrárias à moral; só a lei moral é objetiva. Cito: "São subjetivas ou máximas quando a condição é vista pelo sujeito como valendo apenas para sua vontade; mas são objetivas ou leis práticas quando a condição é conhecida como objetiva, isto é, como valendo para a vontade de todo ser racional" (*Crítica da Razão Prática* ou *CRPr*, 5:19). No entanto, somente seres racionais são capazes de formular leis morais. Em outros termos, a moralidade para o ser humano é um ideal de perfeição, uma ideia da razão, algo que, embora o ser humano não possa realizá-la empiricamente, ele tem o dever de agir como se fosse possível realizar.

§11 Im Vorsatze nun, eine Metaphysik der Sitten dereinst zu liefern, lasse ich diese Grundlegung vorangehen. Zwar gibt es eigentlich keine andere Grundlage derselben als die Kritik einer **reinen praktischen Vernunft**, so wie zur Metaphysik die schon gelieferte Kritik der reinen spekulativen Vernunft. Allein, teils ist jene nicht von so äußerster Notwendigkeit, als diese, weil die menschliche Vernunft im Moralischen, selbst beim gemeinsten Verstande, leicht zu großer Richtigkeit und Ausführlichkeit gebracht werden kann, da sie hingegen im theoretischen, aber reinen Gebrauch ganz und gar dialektisch ist; teils erfordere ich zur Kritik einer reinen praktischen Vernunft, daß, wenn sie vollendet sein soll, ihre Einheit mit der spekulativen in einem gemeinschaftlichen Prinzip zugleich müsse dargestellt werden können, weil es doch am Ende nur eine und dieselbe Vernunft sein kann, die bloß in der Anwendung unterschieden sein muß. Zu einer solchen Vollständigkeit konnte ich es aber hier noch nicht bringen, ohne Betrachtungen von ganz anderer Art herbeizuziehen und den Leser zu verwirren. Um deswillen habe ich mich, statt der Benennung einer **Kritik der reinen praktischen Vernunft**, der von eine **Grundlegung zur Metaphysik der Sitten** bedient.

*

Na pretensão de publicar um dia uma metafísica da moral, antecedo-a por esta fundamentação. De fato, não há propriamente nenhum outro fundamento para ela do que a Crítica de uma **Razão Pura Prática**, como o é para a metafísica a já publicada Crítica da Razão Pura Especulativa. Mas, por um lado, aquela não é de uma necessidade tão extrema como esta, porque a razão humana na moralidade, mesmo no caso do entendimento comum, pode ser facilmente conduzida para um grau maior de retidão e realização, enquanto no seu uso teorético, porém puro, ela é completamente dialética; por outro lado, exijo para a crítica de uma razão prática pura, caso ela deva ser completa, que ela possa ser capaz de apresentar ao mesmo tempo sua unidade com a especulativa em um princípio comum, dado que afinal só pode haver apenas uma e a mesma razão, que tem de ser distinguida apenas pela sua aplicação. Todavia não posso ainda apresentar aqui tal completude sem recorrer a considerações de outro tipo e confundir o leitor. Por isso, sirvo-me do título *Fundamentação da Metafísica da Moral* no lugar de *Crítica da Razão Pura Prática*.

*

Comentário: A *Crítica da Razão Prática* aparece em 1788, sem o termo "pura" presente acima. A razão dessa omissão está justificada no próprio prefácio dessa obra: "Pois se a razão, como razão pura, é efetivamente prática, então comprova sua realidade e de seus conceitos pelo fato, e toda argumentação contra a possibilidade de ela o ser é fútil" (*CRPr*, 5:3). Em outros termos, a razão só pode ser pura e como tal ela é sempre prática. Quais as consequências dessa tese para o uso teorético da razão? Que esse uso é sempre dialético, ou seja, os objetos teóricos construídos pela razão são sempre ficções. Assim, Deus, imortalidade e liberdade do ponto de vista teorético são ficções, mas do ponto de vista prático são postulados da razão prática. Em suma, a razão só pode ter um uso regulador, mas nunca constitutivo, cognitivo. Mas o uso constitutivo, cognitivo, só pode apreender as relações que impomos às coisas, pensadas elas mesmas como ideias e não como coisas em si mesmas. Portanto, uma metafísica da natureza fornece os princípios metafísicos de constituição da experiência possível; uma metafísica moral, por sua vez, somente os princípios reguladores da ação, pensados como ideais de perfeição.

A *Fundamentação* é o primeiro passo para a filosofia moral de Kant. Esta obra fornece o fundamento necessário para uma metafísica da moral. Mesmo a *Crítica da Razão Prática* não constitui ainda uma metafísica da moral, mas a justificativa de que há um elemento puro na razão prática. Do mesmo modo que a *Crítica da Razão Pura* não nos dá uma metafísica da natureza. Apenas na *Metafísica da Moral*, publicada em 1797, encontra-se a descrição de como esse elemento puro opera no juízo moral.

Assim como a *Crítica da Razão Pura* salva as aparências, ou seja, não contraria o senso comum em relação aos objetos do mundo, mas é capaz, diferentemente do senso comum, de fundamentar a experiência, a doutrina moral de Kant não considera que a consciência comum esteja enganada em relação à verdade moral, embora seja igualmente incapaz de justificá-la. Portanto, haveria uma só razão, porém dois usos distintos. Deus, imortalidade e liberdade, que não podem ser objetos para o uso teorético da razão, são objetos para o uso prático da razão.

§12 Weil aber drittens auch eine Metaphysik der Sitten ungeachtet des abschreckenden Titels, dennoch eines großen Grades der Popularität und Angemessenheit zum gemeinen Verstande fähig ist, so finde ich für nützlich, diese Vorarbeitung der Grundlage davon abzusondern, um das Subtile, was darin unvermeidlich ist, künftig nicht faßlichern Lehren beifügen zu dürfen.

*

Mas porque, em terceiro lugar, uma metafísica da moral, a despeito de seu título intimidador, é ainda capaz de um grande grau de popularidade e adequação para o entendimento comum, achei útil separá-la deste trabalho preliminar de fundamentação, de modo que no futuro não precisarei acrescentar a sutileza, que lhe é inevitável, a uma doutrina mais compreensível.

*

Comentário: A doutrina moral só está presente, como já assinalado, na *Metafísica da Moral*. A *Fundamentação* constitui o primeiro passo no exame do elemento crítico presente na moral, ou seja, na demonstração do caráter sintético *a priori* do princípio *a priori* da moral. O maior grau de popularidade estaria no fato de a *Metafísica da Moral* procurar tão somente deduzir os direitos e os deveres do ser humano decorrentes da aplicação desse princípio a um ser capaz de ser racional.

§13 Gegenwärtige Grundlegung ist aber nichts mehr als die Aufsuchung und Festsetzung des **obersten Prinzips der Moralität**, welche allein ein, in seiner Absicht, ganzes und von aller anderen sittlichen Untersuchung abzusonderndes Geschäfte ausmacht. Zwar würden meine Behauptungen, über diese wichtige und bisher bei weitem noch nicht zur Genugtuung erörterte Hauptfrage, durch Anwendung desselben Prinzips auf das ganze System, viel Licht, und, durch die Zulänglichkeit, die es allenthalben blicken läßt, große Bestätigung erhalten: allein ich mußte mich dieses Vorteils begeben, der auch im Grunde mehr eigenliebig, als gemeinnützig sein würde, weil die Leichtigkeit im Gebrauche und die scheinbare Zulänglichkeit eines Prinzips keinen ganz sicheren Beweis von der Richtigkeit desselben abgibt, vielmehr eine gewisse Parteilichkeit erweckt, es nicht für sich selbst, ohne alle Rücksicht auf die Folge, nach aller Strenge zu untersuchen und zu wägen.

*

Mas a presente fundamentação não é mais do que a procura e a fixação do **princípio supremo da moralidade**, que por si só constitui uma ocupação completa em seu propósito e separada de qualquer outra investigação moral. De fato, minhas considerações sobre esta importante questão capital, até aqui longe de ter sido discutida de forma satisfatória, receberia muita clareza da aplicação desse mesmo princípio à totalidade do sistema e poderia obter uma grande confirmação pela adequação que se poderia observar em todas as partes; contudo, tive de renunciar a esse benefício que também no fundo seria mais de amor-próprio do que de utilidade geral, pois a facilidade no uso e a aparente suficiência de um princípio não fornecem nenhuma prova segura de sua retidão; ao contrário, despertam uma certa parcialidade para que não o investiguemos e o avaliemos por si mesmo com todo rigor, sem qualquer consideração pelas consequências.

*

Comentário: O objetivo da *Fundamentação* é expor o princípio supremo da moralidade. Contra a crítica de que Kant teria apenas inventado uma nova fórmula, ele aceita que se trata de uma fórmula. No entanto, no mesmo sentido que o matemático apresenta uma fórmula, a saber, ele determina de forma precisa o que se deve fazer para resolver um problema. Em outras palavras, o princípio da moralidade não é uma invenção, mas uma fórmula que torna precisa a questão da moral (*CRPr*, 5:8 e 5:9).

§14 Ich habe meine Methode in dieser Schrift so genommen, wie ich glaube, daß sie die schicklichste sei, wenn man vom gemeinen Erkenntnisse zur Bestimmung des obersten Prinzips desselben analytisch und wiederum zurück von der Prüfung dieses Prinzips und den Quellen desselben zur gemeinen Erkenntnis, darin sein Gebrauch angetroffen wird, synthetisch den Weg nehmen will. Die Einteilung ist daher so ausgefallen:

*

Neste escrito, adotei como meu método algo que acredito que seja o mais adequado caso se queira percorrer o caminho de forma analítica do conhecimento comum para a determinação do seu princípio supremo e por outro lado, em sentido inverso, de forma sintética, do exame desse princípio e de suas fontes para o conhecimento comum, no qual se encontra seu uso. Portanto, a divisão é a seguinte:

*

1. **Erster Abschnitt**: Übergang von der gemeinen sittlichen Vernunfterkenntnis zur philosophischen.

Primeira seção: Passagem do conhecimento moral da razão comum para o filosófico.

*

2. **Zweiter Abschnitt**: Übergang von der populären Moralphilosophie zur Metaphysik der Sitten.

Segunda seção: Passagem da filosofia moral popular para a metafísica da moral.

*

3. **Dritter Abschnitt**: Letzter Schritt von der Metaphysik der Sitten zur Kritik der reinen praktischen Vernunft.

Terceira seção: Último passo da metafísica da moral para a crítica da razão pura prática.

*

Comentário: As duas primeiras partes são analíticas porque vamos da consciência comum às condições supremas do juízo moral, portanto, da consequência para o fundamento. Esse caminho nos conduz à noção de imperativo categórico para possibilitar deduzir deste a ideia de autonomia da vontade e chegar ao conceito de liberdade. A última parte é sintética visto que do conceito de liberdade (o fundamento) explicamos a possibilidade do imperativo categórico e deduzimos deste a possibilidade da consciência moral comum (a consequência).

ERSTER ABSCHNITT

PRIMEIRA SEÇÃO

*

ÜBERGANG VON DER GEMEINEN SITTLICHEN
VERNUNFTERKENNTNIS ZUR PHILOSOPHISCHEN

TRANSIÇÃO DO CONHECIMENTO MORAL RACIONAL COMUM PARA O FILOSÓFICO

§1 Es ist überall nichts in der Welt, ja überhaupt auch außer derselben zu denken möglich, was ohne Einschränkung für gut könnte gehalten werden, als allein ein **guter Wille**. Verstand, Witz, Urteilskraft, und wie die **Talente des Geistes** sonst heißen mögen, oder Mut, Entschlossenheit, Beharrlichkeit im Vorsatze, als Eigenschaften des **Temperaments**, sind ohne Zweifel in mancher Absicht gut und wünschenswert; aber sie können auch äußerst böse und schädlich werden, wenn der Wille, der von diesen Naturgaben Gebrauch machen soll und dessen eigentümliche Beschaffenheit darum **Charakter** heißt, nicht gut ist. Mit den **Glücksgaben** ist es eben so bewandt. Macht, Reichtum, Ehre, selbst Gesundheit, und das ganze Wohlbefinden und Zufriedenheit mit seinem Zustande, unter dem Namen der **Glückseligkeit**, machen Mut und hierdurch öfters auch Übermut, wo nicht ein guter Wille da ist, der den Einfluss derselben aufs Gemüt, und hiermit auch das ganze Prinzip zu handeln, berichtige und allgemein-zweckmäßig mache; ohne zu erwähnen, daß ein vernünftiger unparteiischer Zuschauer sogar am Anblicke eines ununterbrochenen Wohlergehens eines Wesens, das kein Zug eines reinen und guten Willens zieret, nimmermehr ein Wohlgefallen haben kann, und so der gute Wille die unerläßliche Bedingung selbst der Würdigkeit, glücklich zu sein, auszumachen scheint.

*

Não é possível pensar no mundo, de fato também fora dele, o que poderia ser considerado sem limitação como bom, a não ser uma **vontade boa**. Entendimento, engenho, faculdade de julgar e outros, a despeito de como se poderiam denominar os **talentos do espírito**, ou coragem, determinação, firmeza nas resoluções, como qualidades do **temperamento**, são sem dúvida bons e meritórios em muitos pontos de vista, mas também podem tornar-se extremamente maus e prejudiciais, caso a vontade, que deve fazer uso desses dons da natureza e cuja constituição peculiar chama-se por isso **caráter**, não seja boa. O mesmo ocorre com os **bens da fortuna**. Poder, riqueza, honra, mesmo a saúde e a totalidade de bem-estar e de contentamento, com seu estado sob o nome de **felicidade**, produzem audácia e por isso mesmo frequentemente também arrogância, quando não está presente uma vontade boa que corrija a influência da arrogância sobre a mente e com isso também a totalidade do princípio de agir e lhe dê conformidade a fins universais; sem mencionar que um espectador imparcial e racional jamais poderá ter satisfação diante da visão de uma ininterrupta prosperidade de um ser que não é adornado por nenhum traço de uma vontade boa e pura, e assim a vontade boa parece constituir a própria condição indispensável para o mérito de ser feliz.

*

Comentário: Possível pensar, pois o domínio da moralidade pode ser pensado, mas não conhecido. O fora do mundo já indica que a noção de moralidade não se aplica apenas a este mundo que habitamos, mas a qualquer outro mundo habitado por seres racionais. Em relação à noção de vontade boa temos de recordar que o termo "vontade" designa a faculdade dos fins, a faculdade de fazer com que o desejo seja determinado por conceitos, por representações dos fins, ou seja, a faculdade de ser conduzido por uma regra. Na metafísica da moral, estuda-se um tipo particular de vontade, a saber, a vontade determinada sem móbil (*die Triebfeder*, "móbil", segundo o Dicionário Aurélio, indica o que induz, incita ou motiva alguém a uma ação) empírico de qualquer tipo, determinada completamente por princípios *a priori* e que se poderia chamar de "vontade pura". Uma vontade boa seria uma vontade governada por princípios que teriam por fim o bem. Na *Primeira Introdução à Crítica do Juízo*, Kant expõe que "a representação sistemática da faculdade de pensar é tripartida, ou seja, primeiro, a faculdade do conhecimento do universal (das regras), *o entendimento*; segundo, a faculdade da *subsunção do particular* sob o universal, a *faculdade de julgar*, e, em terceiro, a faculdade da *determinação* do particular pelo universal (da derivação segundo princípios), isto é, *razão*" (20:201). Usei o termo *engenho* para traduzir *Witz*, que significa a capacidade intelectual de perceber e expressar de modo divertido analogias entre coisas dissimilares, faculdade inventiva, habilidade, destreza, sutileza, argúcia. Na *Antropologia do ponto de vista pragmático*, Kant considera o espírito como um princípio que anima a vida por meio de ideias. Ele usa o termo *espírito* no sentido em que se diz: é bela, mas sem espírito. Os talentos da mente, assinalados por Kant, referem-se, portanto, a diversas faculdades da mente, cada uma com seu uso e domínio específicos. Na mesma *Antropologia*, encontramos em §43:

> Ora, se sob a palavra entendimento queremos significar a capacidade de conhecer as regras (e assim por conceitos), e a faculdade de julgar (*Urteilskraft*) a capacidade de descobrir o particular na medida em que é uma instância destas regras, então *razão* é a capacidade de derivar o particular do universal e assim de representá-lo de acordo com princípios e como necessário.

E adiante em §44: "Assim como a capacidade de descobrir o particular pelo universal (a regra) é a faculdade de julgar, a capacidade de achar o universal para o particular é engenho (*ingenium*)".

Em relação aos temperamentos, disposições naturais de ser afetado e de agir desta ou daquela maneira, a concepção de Kant está baseada na de Galeno, dos quatro temperamentos: sanguíneo, melancólico (temperamentos do sentimento), colérico e fleumático (temperamentos de atividade), e pode ser lida na *Antropologia*, na segunda Parte, primeira divisão: o caráter da pessoa. Aliás, "caráter" designa a propriedade da vontade pela qual o indivíduo adere a princípios práticos. Notem que Kant já neste parágrafo desvia a questão da moralidade entendida como a de ser feliz para a de ser digno de ser feliz, e sugere que o princípio do agir seja conforme a fins universais. Virtude pode ser entendida como a intenção firmemente fundamentada de realizar exatamente seu dever. Assim, a virtude, na medida em que torna alguém digno de ser feliz, é condição suprema de tudo que nos parece desejável, por conseguinte, de nossa busca pela felicidade e, neste sentido, é o bem supremo. Mas isto não significa que a felicidade seja alcançada; porém, quando a virtude e a felicidade se encontram reunidas, elas constituem o "sumo bem". A noção de felicidade é definida por Kant na *Crítica da Razão Prática* como "o estado de um ser racional no mundo, no qual, na totalidade da sua existência, *tudo ocorre de acordo com seu desejo e vontade*" (5:124). Este é um ideal da imaginação e não da razão.

§2 Einige Eigenschaften sind sogar diesem guten Willen selbst beförderlich und können sein Werk sehr erleichtern, haben aber dem ungeachtet keinen innern unbedingten Wert, sondern setzen immer noch einen guten Willen voraus, der die Hochschätzung, die man übrigens mit Recht für sie trägt, einschränkt, und es nicht erlaubt, sie für schlechthin gut zu halten. Mäßigung in Affekten und Leidenschaften, Selbstbeherrschung und nüchterne Überlegung sind nicht allein in vielerlei Absicht gut, sondern scheinen sogar einen Teil vom **innern** Werte der Person auszumachen; allein es fehlt viel daran, um sie ohne Einschränkung für gut zu erklären (so unbedingt sie auch von den Alten gepriesen worden). Denn ohne Grundsätze eines guten Willens können sie höchst böse werden, und das kalte Blut eines Bösewichts macht ihn nicht allein weit gefährlicher, sondern auch unmittelbar in unsern Augen noch verabscheuungswürdiger, als er ohne dieses dafür würde gehalten werden.

*

Algumas qualidades são até mesmo fomentadoras dessa vontade boa e podem facilitar muito seu trabalho, todavia, apesar disso, não têm valor interno incondicional, mas sempre pressupõem uma vontade boa, que limita a alta estima que aliás com razão se tem por elas e não permite que sejam tomadas como absolutamente boas. Moderação nos afetos e paixões, autodomínio e reflexão lúcida não são apenas em muitos sentidos bons, mas até parecem constituir uma parte do valor **interno** da pessoa; contudo, falta muito para que elas possam sem restrição ser declaradas como boas (ainda que os antigos as louvassem incondicionalmente). Pois sem os princípios de uma vontade boa elas podem se tornar extremamente más, e o sangue-frio de um patife o torna, não apenas muito mais perigoso, como também imediatamente mais abominável aos nossos olhos do que seria considerado sem isso.

*

Comentário: As disposições naturais podem favorecer uma vontade boa, mas esta não depende de nada contingente, por conseguinte, as qualidades do espírito por si mesmas não podem ser tomadas como boas em si, ou seja, como absolutamente boas. Em outros termos, uma vontade boa implica algo necessário e absoluto, marcas da razão prática, ou seja, de algo que tem de ser universal e necessário no dever, características inerentes ao *a priori*, ou seja, a vontade boa tem de ser uma vontade pura. O objetivo desta primeira parte é demonstrar para o entendimento comum que a moralidade comum, esta que, por exemplo, faz com que o crime cometido com total conhecimento de causa seja mais abominável para nós, recorra, sem se dar conta e sem ser capaz de formulá-lo, a um princípio universal de moralidade. A virtude, para Kant, não é, como era para os antigos, a posse de determinadas qualidades, como coragem, moderação, justiça e sabedoria.

§3 Der gute Wille ist nicht durch das, was er bewirkt oder ausrichtet, nicht durch seine Tauglichkeit zu Erreichung irgend eines vorgesetzten Zweckes, sondern allein durch das Wollen, d. i. an sich, gut, und, für sich selbst betrachtet, ohne Vergleich weit höher zu schätzen als alles, was durch ihn zu Gunsten irgend einer Neigung, ja, wenn man will, der Summe aller Neigungen, nur immer zu Stande gebracht werden könnte. Wenn gleich durch eine besondere Ungunst des Schicksals, oder durch kärgliche Ausstattung einer stiefmütterlichen Natur, es diesem Willen gänzlich an Vermögen fehlte, seine Absicht durchzusetzen; wenn bei seiner größten Bestrebung dennoch nichts von ihm ausgerichtet würde, und nur der gute Wille (freilich nicht etwa als ein bloßer Wunsch, sondern als die Aufbietung aller Mittel, so weit sie in unserer Gewalt sind) übrig bliebe: so würde er wie ein Juwel doch für sich selbst glänzen, als etwas, das seinen vollen Wert in sich selbst hat. Die Nützlichkeit oder Fruchtlosigkeit kann diesem Werte weder etwas zusetzen, noch abnehmen. Sie würde gleichsam nur die Einfassung sein, um ihn im gemeinen Verkehr besser handhaben zu können, oder die Aufmerksamkeit derer, die noch nicht gnug Kenner sind, auf sich zu ziehen, nicht aber, um ihn Kennern zu empfehlen, und seinen Wert zu bestimmen.

*

A vontade boa não é boa devido ao que ela promove ou realiza, nem por sua aptidão para atingir algum fim proposto, mas somente pelo querer, ou seja, o que é bom em si mesmo, considerado em si mesmo, cabe ser avaliado de forma incomparavelmente mais elevada do que tudo o que por seu intermédio possa ser alcançado em favor de alguma inclinação e, mesmo, caso se queira, da soma de todas as inclinações. Mesmo se por um infortúnio especial do destino ou por intermédio da avarenta provisão de uma natureza madrasta faltasse totalmente a essa vontade a capacidade de realizar seu propósito, se com seu maior esforço ainda assim nada fosse realizado e apenas restasse a vontade boa (certamente não como uma simples aspiração, mas como a soma de todos os meios na medida em que estão em nosso poder), ela seria como uma joia que brilha por si mesma, como algo que tem o seu valor pleno em si mesmo. A utilidade ou a inutilidade não pode acrescentar ou retirar algo desse valor. Seria apenas como o engaste que lhe possibilita ser mais bem manipulada no comércio comum, ou que atrai a atenção daqueles que não são suficientemente conhecedores, mas não para recomendá-la aos conhecedores e determinar o seu valor.

*

Comentário: Como a vontade boa tem de ser pensada como vontade pura, o querer que lhe é inerente não pode ser julgado seja em função de inclinações, seja pela possibilidade de sua realização ou mesmo pelos efeitos gerados pela sua realização, portanto, pelos resultados que propicia. Em termos muito claros, por exemplo, a máxima "os fins justificam os meios", "não se pode fazer uma omelete sem quebrar alguns ovos" etc. não são, para Kant, máximas morais. Tampouco é moral mentir em determinadas condições, dado que falar a verdade poderia provocar consequências desagradáveis. A esse respeito, ver *Sobre o suposto direito de mentir por filantropia*, no qual Kant assinala: "O direito nunca deve se adaptar à política, mas a política tem sempre de se adaptar ao direito" (8:429). Kant distingue neste parágrafo com clareza o que é bom do que é útil e a noção de virtude da noção de sabedoria, uma vez que saber julgar bem não acarreta agir bem, pois o julgar bem tem de ser acompanhado de uma vontade boa.

§4 Es liegt gleichwohl in dieser Idee von dem absoluten Werte des bloßen Willens, ohne einigen Nutzen bei Schätzung desselben in Anschlag zu bringen, etwas so Befremdliches, daß, unerachtet aller Einstimmung selbst der gemeinen Vernunft mit derselben, dennoch ein Verdacht entspringen muß, daß vielleicht bloß hochfliegende Phantasterei insgeheim zum Grunde liege, und die Natur in ihrer Absicht, warum sie unserm Willen Vernunft zur Regiererin beigelegt habe, falsch verstanden sein möge. Daher wollen wir diese Idee aus diesem Gesichtspunkte auf die Prüfung stellen.

*

Contudo, há nesta ideia do valor absoluto da mera vontade, sem levar em conta na sua avaliação qualquer utilidade, algo tão estranho que, mesmo a despeito de toda sua concordância com a razão comum, tem de surgir uma suspeita de que talvez seja no fundo uma mera fantasia secreta pairando no ar, e que a natureza possa ter sido mal-entendida no seu propósito de ter dado à razão o governo de nossa vontade. Por isso, colocaremos à prova essa ideia segundo este ponto de vista.

*

Comentário: A pretensão de avaliar uma vontade independente de quaisquer considerações utilitárias é razoável? Ela não seria uma fantasia? (Victor Delbos traduziu o "*das Phantasterei*" por "quimera transcendente".) Para responder, Kant pretende submetê-la à prova. Aliás, a noção de vontade boa tem aqui um sentido totalmente transcendental e não psicológico. Por conseguinte, é apenas neste último sentido que ela poderia se transformar em ídolo, em utopia. Para Kant, é duvidoso que haja no mundo um ato de vontade pura.

§5 In den Naturanlagen eines organisierten, d. i. zweckmäßig zum Leben eingerichteten Wesens nehmen wir es als Grundsatz an, daß kein Werkzeug zu irgend einem Zwecke in demselben angetroffen werde, als was auch zu demselben das schicklichste und ihm am meisten angemessen ist. Wäre nun an einem Wesen, das Vernunft und einen Willen hat, seine **Erhaltung**, sein **Wohlergehen**, mit einem Worte seine **Glückseligkeit**, der eigentliche Zweck der Natur, so hätte sie ihre Veranstaltung dazu sehr schlecht getroffen, sich die Vernunft des Geschöpfs zur Ausrichterin dieser ihrer Absicht zu ersehen. Denn alle Handlungen, die es in dieser Absicht auszuüben hat, und die ganze Regel seines Verhaltens würden ihm weit genauer durch Instinkt vorgezeichnet, und jener Zweck weit sicherer dadurch haben erhalten werden können, als es jemals durch Vernunft geschehen kann, und, sollte diese ja obendrein dem begünstigten Geschöpf erteilt worden sein, so würde sie ihm nur dazu haben dienen müssen, um über die glückliche Anlage seiner Natur Betrachtungen anzustellen, sie zu bewundern, sich ihrer zu erfreuen und der wohltätigen Ursache dafür dankbar zu sein; nicht aber, um sein Begehrungsvermögen jener schwachen und trüglichen Leitung zu unterwerfen und in der Naturabsicht zu pfuschen; mit einem Worte, sie würde verhütet haben, daß Vernunft nicht in **praktischen Gebrauch** ausschlüge, und die Vermessenheit hätte, mit ihren schwachen Einsichten ihr selbst den Entwurf der Glückseligkeit und der Mittel, dazu zu gelangen, auszudenken; die Natur würde nicht allein die Wahl der Zwecke, sondern auch der Mittel selbst übernommen, und beide mit weiser Vorsorge lediglich dem Instinkte anvertraut haben.

*

Na disposição natural de um ser organizado, ou seja, dirigido conforme a fins para a vida, supomos como princípio que não se encontrará nele nenhum instrumento para algum outro fim que não seja também o mais apropriado para aquele fim e o mais adaptado a ele. Ora, em um ser que tem razão e vontade, se sua **conservação**, seu **bem-estar**, em uma palavra, sua **felicidade**, fosse o próprio fim da natureza, ela atingiria muito mal seu objetivo caso seu arranjo para tal fosse escolher a razão da criatura para a orientação de seu propósito. Pois todas as ações que têm de ser exercidas para esse propósito e toda regra de sua conduta seriam delineadas para essa criatura de forma mais acurada pelo instinto, e aquele fim, desse modo, poderia ser obtido de forma mais segura do que jamais ocorreria com a razão; e se, ainda por cima, esta devesse ser dada a essa favorecida criatura, ela teria de servir apenas para ela refletir sobre a constituição afortunada de sua natureza, para admirá-la, para deleitar-se com ela e para ser grato por ela à causa benevolente; mas não para submeter sua capacidade apetitiva àquela direção fraca e enganosa e arruinando assim o propósito da natureza; numa palavra, a natureza teria prevenido a razão de não se desviar para um **uso prático** e ter a presunção de imaginar por si mesma, com seus fracos discernimentos, o projeto da felicidade e os meios para atingi-lo; a natureza não apenas teria se encarregado da escolha dos fins, mas também dos próprios meios, e teria confiado ambos, com sábia precaução, meramente ao instinto.

*

Comentário: Primeira suposição: em um ser dirigido conforme a fins deve existir um princípio básico que lhe é o mais apropriado para aqueles fins. Essa suposição de um princípio teleológico está exposta na *Crítica da Faculdade de Julgar*. Na primeira Introdução desta obra lê-se: "Ora, aqui se origina o conceito de conformidade a fins da natureza, aliás como conceito específico do poder reflexivo de julgar, e não da razão; na medida em que o fim não está no objeto, mas exclusivamente no sujeito, aliás na sua mera capacidade de refletir. Pois chamamos conforme a fins àquilo cuja existência parece pressupor uma representação dessa mesma coisa". Em outros termos, olhamos para os seres dirigidos a fins como se eles fossem organizados por princípios que visam a realização desses fins, princípios estes que se distinguem por serem os mais apropriados para tais fins. Isto não significa que possamos conhecer tais fins, podemos apenas pensá-los, ou seja, não é possível transformar o próprio princípio em um princípio constitutivo de objetos; é justamente por isso que o princípio não está no objeto, mas na mera capacidade de refletir do sujeito. Dado que o ser humano é um ser dotado de razão e vontade (P1), e se a busca da felicidade fosse o nosso único fim, ela teria de ser organizada por um princípio natural (P2), nesse sentido, tanto os meios para atingi-la como ela própria estariam sob a direção desse mesmo princípio, isto é, ambos estariam confiados ao instinto e teríamos toda justificativa para odiar a razão (C). No entanto, dado que a vontade pressupõe a capacidade de agir segundo leis, a questão prática é confiada à razão e não ao instinto. Logo, a vontade tem de ser pura e não contingente, governada por princípios naturais, e, por conseguinte, o fim da razão não pode ser a busca da felicidade. No lugar de Kant pensar que o ato é o fim e a vontade o meio, trata-se de ver o ato como realização da vontade, pensada como fim em si mesma.

Por outro lado, a natureza pensada neste parágrafo de forma teleológica é a natureza como totalidade, como conceito da razão e não como construção do entendimento, como fenômeno, como objeto do conhecimento.

Se o agir do homem fosse governado pelo instinto, não haveria liberdade transcendental, portanto, liberdade, e assim não haveria liberdade prática; o homem seria como uma máquina, submetido apenas à causalidade natural.

§6   In der Tat finden wir auch, daß, je mehr eine kultivierte Vernunft sich mit der Absicht auf den Genuß des Lebens und der Glückseligkeit abgibt, desto weiter der Mensch von der wahren Zufriedenheit abkomme, woraus bei vielen, und zwar den Versuchtesten im Gebrauche derselben, wenn sie nur aufrichtig genug sind, es zu gestehen, ein gewisser Grad von **Misologie**, d. i. Haß der Vernunft, entspringt, weil sie nach dem Überschlage alles Vorteils, den sie, ich will nicht sagen von der Erfindung aller Künste des gemeinen Luxus, sondern sogar von den Wissenschaften (die ihnen am Ende auch ein Luxus des Verstandes zu sein scheinen) ziehen, dennoch finden, daß sie sich in der Tat nur mehr Mühseligkeit auf den Hals gezogen, als an Glückseligkeit gewonnen haben, und darüber endlich den gemeinern Schlag der Menschen, welcher der Leitung des bloßen Naturinstinkts näher ist, und der seiner Vernunft nicht viel Einfluß auf sein Tun und Lassen verstattet, eher beneiden, als geringschätzen. Und so weit muß man gestehen, daß das Urteil derer, die die ruhmredige Hochpreisungen der Vorteile, die uns die Vernunft in Ansehung der Glückseligkeit und Zufriedenheit des Lebens verschaffen sollte, sehr mäßigen und sogar unter Null herabsetzen, keinesweges grämisch, oder gegen die Güte der Weltregierung undankbar sei, sondern daß diesen Urteilen insgeheim die Idee von einer andern und viel würdigern Absicht ihrer Existenz zum Grunde liege, zu welcher, und nicht der Glückseligkeit, die Vernunft ganz eigentlich bestimmt sei, und welcher darum, als oberster Bedingung, die Privatabsicht des Menschen größtenteils nachstehen muß.

*

De fato, também encontramos que quanto mais uma razão cultivada dá a si o propósito do gozo da vida e da felicidade, tanto mais o homem se afasta do verdadeiro contentamento; daí surgir em muitos, de fato nos mais calejados nesse uso, caso sejam apenas suficientemente honestos para confessar, um certo grau de **misologia**, isto é, de ódio à razão; pois eles, após o cálculo de todos os ganhos que extraem – não quero dizer da invenção de todas as artes do luxo comum, mas até das ciências (que para eles no final também parece ser um luxo do entendimento) –, descobrem que de fato só tiveram muito mais problemas do que ganharam em felicidade e por isso no fim invejam mais do que menosprezam o fardo comum dos homens que estão mais próximos da condução do puro instinto natural e não permitem que sua razão tenha muita influência sobre seu comportamento. E, por conseguinte, há de se confessar que o juízo daqueles que diminuem muito, e até reduzem a menos de zero, os louvores pomposos das vantagens que a razão nos deveria prover no tocante à felicidade e ao contentamento da vida de modo algum seria mal-humorado ou ingrato em relação à bondade do governo do mundo, mas que há na base desse juízo em segredo a ideia de outro propósito muito mais valioso da existência, para o qual, e não para a felicidade, a razão estaria muito propriamente destinada, e que é para este, portanto, que, como condição suprema, o propósito privado do homem tem de se subordinar em grande parte.

*

Comentário: Constata-se, segundo Kant, que, quando usamos a razão para buscar a felicidade, não atingimos o contentamento esperado, o que pode levar a um certo ódio à razão e a uma inveja das pessoas mais simples que parecem agir mais por instinto do que por cálculo racional. Philonenko, na sua revisão à tradução francesa de Delbos já citada e publicada pela Vrin em 1980, acredita que este parágrafo seja uma espécie de compromisso entre Rousseau e Voltaire. Ele cita uma carta de Rousseau a Voltaire de 18 de agosto de 1756, cujo contexto da passagem que se lê a seguir é dado pelo comentário de Rousseau a respeito da tese de que "poucas pessoas desejariam renascer nas mesmas condições em que viveram": "consulte um burguês honesto que passou uma vida obscura e tranquila, sem projetos e sem ambição; um bom artesão que vive comodamente do seu ofício; ou mesmo um camponês, não da França, onde se pretende que é preciso fazer com que morram de miséria, para que eles nos façam viver, mas do país, por exemplo, onde o Senhor está, e em geral de todo país livre. Ouso de fato postular que talvez não haja no cantão suíço um único montanhês descontente com a sua vida quase automática, e que não aceitasse de bom grado, no lugar do próprio paraíso, o destino de renascer sem cessar para vegetar assim perpetuamente" (Œuvres Complètes, vol. IV, Gallimard, p. 1.063). Por sua vez, Voltaire, no conto *Zadig*, faz com que o herói de mesmo nome diga: "Eis em que deu – dizia ele para consigo – ter-me acordado tarde; se houvesse dormido menos, seria rei da Babilônia e possuiria

Astartéia. As ciências, o caráter, a coragem, só serviram, pois, para meu infortúnio" (*Contos e Novelas, Zadig,* tradução de Mário Quintana, Clássicos de Bolso, p. 130). Embora Kant considere que sejamos excessivamente civilizados, ele aceita o progresso e vê seus perigos, mas considera que, embora a razão não possa nos levar à felicidade, ela pode nos tornar dignos de ser feliz.

§7 Denn da die Vernunft dazu nicht tauglich genug ist, um den Willen in Ansehung der Gegenstände desselben und der Befriedigung aller unserer Bedürfnisse (die sie zum Teil selbst vervielfältigt) sicher zu leiten, als zu welchem Zwecke ein eingepflanzter Naturinstinkt viel gewisser geführt haben würde, gleichwohl aber uns Vernunft als praktisches Vermögen, d. i. als ein solches, das Einfluß auf den **Willen** haben soll, dennoch zugeteilt ist: so muß die wahre Bestimmung derselben sein, einen, nicht etwa in anderer Absicht als **Mittel**, sondern **an sich selbst guten Willen** hervorzubringen, wozu schlechterdings Vernunft nötig war, wo anders die Natur überall in Austeilung ihrer Anlagen zweckmäßig zu Werke gegangen ist. Dieser Wille darf also zwar nicht das einzige und das ganze, aber er muß doch das höchste Gut, und zu allem Übrigen, selbst allem Verlangen nach Glückseligkeit, die Bedingung sein, in welchem Falle es sich mit der Weisheit der Natur gar wohl vereinigen läßt, wenn man wahrnimmt, daß die Kultur der Vernunft, die zur ersten und unbedingten Absicht erforderlich ist, die Erreichung der zweiten, die jederzeit bedingt ist, nämlich der Glückseligkeit, wenigstens in diesem Leben, auf mancherlei Weise einschränke, ja sie selbst unter nichts herabbringen könne, ohne daß die Natur darin unzweckmäßig verfahre, weil die Vernunft, die ihre höchste praktische Bestimmung in der Gründung eines guten Willens erkennt, bei Erreichung dieser Absicht nur einer Zufriedenheit nach ihrer eigenen Art, nämlich aus der Erfüllung eines Zwecks, den wiederum nur Vernunft bestimmt, fähig ist, sollte dieses auch mit manchem Abbruch, der den Zwecken der Neigung geschieht, verbunden sein.

*

Dado que a razão não é suficientemente apta para conduzir com segurança a vontade no que respeita aos seus objetos e à satisfação de todas as nossas carências (que ela mesma em parte multiplica), dado que um instinto inato natural nos conduziria para esse fim com muito mais certeza, mas visto que, no entanto, uma razão nos é atribuída como capacidade prática, isto é, como uma que deve ter influência sobre a **vontade**, e visto que a natureza sempre trabalha conforme a fins na distribuição de seus recursos, a verdadeira vocação da natureza tem de ser a de produzir uma vontade boa, não talvez **como meio** para um outro propósito, mas como **vontade boa**

em si mesma; para a qual uma razão foi absolutamente necessária. De fato, essa vontade não precisa ser o único bem e a totalidade do bem, mas tem de ser o sumo bem e a condição de todo o resto, mesmo de todas as exigências de felicidade; ela é inteiramente consistente com a sabedoria da natureza caso se perceba que o cultivo da razão, requerido para o propósito primeiro e incondicional, limita de muitas maneiras, pelo menos nesta vida, a realização da segunda, ou seja, da felicidade, que é sempre condicionada; podendo a mesma ser reduzida abaixo de nada, sem que por isso a natureza aja sem ser conforme a fins, porque a razão, que reconhece sua suma vocação prática no estabelecimento de uma vontade boa, ao alcançar esse propósito é capaz de um contentamento somente segundo sua própria índole, ou seja, da realização de um propósito que por sua vez é determinado apenas pela razão, mesmo que esse propósito deva estar ligado a muitos fracassos dos fins da inclinação.

*

Comentário: O início do presente parágrafo conclui o parágrafo anterior: a razão não é o melhor meio para obter felicidade, algo contingente e empírico; pois, se o objetivo da ação humana fosse obter satisfação, e dado que sempre existe algo que é o mais adequado para um determinado fim, esse fim seria mais bem alcançado pelo instinto. No entanto, como Kant assinala: "uma razão nos é atribuída como faculdade prática". Assim, a razão tem uma relação com a vontade, ou seja, a razão prática também visa algo: a vontade boa. Mas dado que a razão é sempre *a priori*, o fim que se realiza na vontade boa não pode ser nada empírico; ou seja, a vontade boa não pode ser realizada como meio para algo empírico. Portanto, o fim da vontade boa é a realização da própria vontade boa.

Para poder começar a entender a noção de sumo bem, é útil analisar a diferença entre interrogações: "Que devo fazer se eu quiser ser prudente?" e "Que devo fazer se eu quiser ser moral?". Pela primeira, quero ser feliz, ou seja, o bem envolvido é a felicidade; pela segunda, quero ser moral, isto é, o bem envolvido é a moralidade. Não é preciso muito esforço para dar- -se conta de que é bastante problemático conciliar os dois bens. Em outras palavras, não há princípio empírico que realize a façanha de promover a conciliação entre ambos. Se admitirmos que a suma felicidade seria obter a conciliação entre ambos, podemos chamar de "sumo bem" essa reunião, e de ideal do sumo bem, o princípio da razão que realiza essa conciliação. Dentro deste contexto, também é importante assinalar a modificação fundamental que Kant introduz em relação à divisão de Platão entre Logos e Eros, entre o aspecto racional e o aspecto motivacional da mente; ou seja, entre razão e emoção ou entre cabeça e coração. Para Kant, a razão também tem fins que são constituídos, portanto, fins que não são dados de antemão, mas pela própria atividade que a razão realiza. No interior dessa atividade, encontramos necessidades, satisfações, aspirações, pretensões etc., ou seja, um vocabulário que era usado para explicar o lado motivacional da mente em oposição ao lado racional. No entanto, o uso desse vocabulário não significa que Kant esteja introduzindo um vocabulário psicológico nas considerações sobre a razão. Todos esses termos têm sentido transcendental. Assim, no parágrafo acima, "inclinação", que se refere ao aspecto psicológico, opõe-se ao "interesse", que é transcendental. Uma inclinação é psicológica, tem motivação externa ao sujeito, e o seu fim é acidental em relação à razão; isto é, a razão é usada como meio para alcançá-lo. Por sua vez, o interesse é transcendental, a motivação é interna ao sujeito, seu fim é essencial em relação à razão, ou seja, ele tem como fim sua própria realização. A distinção entre fim e interesse da razão é a seguinte: fim tem um sentido teleológico e não implica uma falta ou privação. Em outras palavras, um ser completamente racional também tem fins. Por sua vez, um interesse está ligado à separação que existe entre o propósito abstrato e sua realização.

Finalmente, uma passagem da qual só certos trechos estão dados a seguir, retirada da *Crítica da Razão Prática*, Segundo Livro, Dialética da Razão Prática, Segunda Parte, Da Dialética da Razão Pura na determinação do conceito de sumo bem (5:110-1), serve para expor a distinção entre felicidade e virtude e precisar melhor a noção de sumo bem:

> O conceito de sumo já contém uma ambiguidade que, caso não se dê atenção, pode ocasionar querelas desnecessárias. O sumo pode significar o supremo ou também o completo. O primeiro é aquela condição em si mesma incondicionada, ou seja, que não é subordinada a nenhuma outra; o segundo, aquela totalidade que não é parte de uma totalidade maior do mesmo tipo.

Que virtude (como dignidade de ser feliz) seja a condição suprema [...] da busca de felicidade e que esta seja o sumo bem já foi provado na Analítica. [...] Ora, desde que virtude e felicidade juntas constituem a posse do sumo bem numa pessoa, e felicidade distribuída na proporção exata da moralidade constitui o sumo bem de um mundo possível, no qual o último significa a totalidade, o bem completo, no qual, contudo, virtude como a condição é sempre o sumo bem.

§8 Um aber den Begriff eines an sich selbst hochzuschätzenden und ohne weitere Absicht guten Willens, so wie er schon dem natürlichen gesunden Verstande beiwohnet und nicht so wohl gelehret als vielmehr nur aufgeklärt zu werden bedarf, diesen Begriff, der in der Schätzung des ganzen Werts unserer Handlungen immer obenan steht und die Bedingung alles übrigen ausmacht, zu entwickeln: wollen wir den Begriff der **Pflicht** vor uns nehmen, der den eines guten Willens, obzwar unter gewissen subjektiven Einschränkungen und Hindernissen, enthält, die aber doch, weit gefehlt daß sie ihn verstecken und unkenntlich machen sollten, ihn vielmehr durch Abstechung heben und desto heller hervorscheinen lassen.

*

Mas para desenvolver o conceito de vontade boa, em si mesma altamente estimável e independente de qualquer outro propósito – como já está presente no entendimento natural sadio e que não carece tanto de ser ensinado, mas somente de ser esclarecido, conceito este que está sempre em primeiro lugar na avaliação da totalidade do valor de nossas ações e que constitui a condição de todo o resto –, colocaremos diante de nós o conceito de **dever**, que contém o de vontade boa, embora sob certas limitações e impedimentos subjetivos, que, contudo, longe de ocultá-lo e torná-lo incognoscível, por contraste mais o ressaltam e assim o mostram mais claramente.

*

Comentário: Não se trata de conceber um novo princípio para a moral, dado que ele já habita o entendimento natural sadio, tampouco de ensiná-lo, pois ele já está presente nas ações das pessoas, mas de formulá-lo de modo a poder esclarecê-lo. O caminho para chegar a esse esclarecimento passa pela noção de dever. Dada a tese de que a noção de dever já contém a de uma vontade boa, ainda que sob certas limitações subjetivas, seu estudo necessariamente aponta para as oposições entre interesse e inclinação. Por outro lado, Kant inicia o argumento que levará à segunda seção na qual será discutida a noção de imperativo categórico. Se uma ação puder ser feita segundo a vontade boa, isto acarreta que a ação não será feita por motivo algum que a própria vontade boa, ou seja, por motivo que de modo algum é empírico. Por conseguinte, a ação não será determinada por um estado anterior do mundo, segundo a causalidade natural. Assim, é preciso supor que, se houver uma ação realizada por vontade boa, ela tem de ser possível por outro tipo de causalidade, a saber, a liberdade. Em outros termos, uma ação por vontade boa é resultado da liberdade do agente. Mas, sendo assim, ela não pode ser conhecida, somente pensada, e não pode ser entendida como fenômeno, ou seja, a questão também não é fenomênica; demonstração que será feita e estudada na *Crítica da Razão Prática*. Aqui Kant se limita a enunciar o princípio universal da moral.

§9 Ich übergehe hier alle Handlungen, die schon als pflichtwidrig erkannt werden, ob sie gleich in dieser oder jener Absicht nützlich sein mögen; denn bei denen ist gar nicht einmal die Frage, ob sie **aus Pflicht** geschehen sein mögen, da sie dieser sogar widerstreiten. Ich setze auch die Handlungen bei Seite, die wirklich pflichtmäßig sind, zu denen aber Menschen unmittelbar **keine Neigung** haben, sie aber dennoch ausüben, weil sie durch eine andere Neigung dazu getrieben werden. Denn da läßt sich leicht unterscheiden, ob die pflichtmäßige Handlung **aus Pflicht** oder aus selbstsüchtiger Absicht geschehen sei. Weit schwerer ist dieser Unterschied zu bemerken, wo die Handlung pflichtmäßig ist und das Subjekt noch überdem **unmittelbare** Neigung zu ihr hat. Z. B. es ist allerdings pflichtmäßig, daß der Krämer seinen unerfahrenen Käufer nicht überteure, und, wo viel Verkehr ist, tut dieses auch der kluge Kaufmann nicht, sondern hält einen festgesetzten allgemeinen Preis für jedermann, so daß ein Kind eben so gut bei ihm kauft, als jeder andere. Man wird also **ehrlich** bedient; allein das ist lange nicht genug, um deswegen zu glauben, der Kaufmann habe aus Pflicht und Grundsätzen der Ehrlichkeit so verfahren; sein Vorteil erforderte es; daß er aber überdem noch eine unmittelbare Neigung zu den Käufern haben sollte, um gleichsam aus Liebe keinem vor dem andern im Preise den Vorzug zu geben, läßt sich hier nicht annehmen. Also war die Handlung weder aus Pflicht, noch aus unmittelbarer Neigung, sondern bloß in eigennütziger Absicht geschehen.

*

Desconsidero aqui todas as ações que já podem ser reconhecidas como contrárias ao dever, mesmo que possam ser úteis para este ou aquele propósito, pois no seu caso a questão se foram executadas **por dever** nem se coloca, pois estão até em desacordo com ele. Também deixarei de lado as ações que são realmente conforme ao dever, mas para as quais o ser humano não tem imediatamente **inclinação alguma**, porém ainda assim pratica porque é impelido para elas por meio de outra inclinação. Pois nesse caso é fácil distinguir se a ação conforme ao dever ocorre **por dever** ou segundo um propósito egoísta. É muito mais difícil assinalar essa distinção quando a ação é conforme ao dever e o sujeito tem, além disso, uma inclinação **imediata** por ela. Por exemplo, é certamente conforme ao dever que um merceeiro não cobre a mais de seu freguês inexperiente, e, onde há muito comércio, o comerciante prudente também não cobra a mais, mas mantém um preço fixo geral para todos, de modo que uma criança pode comprar tão bem dele quanto qualquer outra pessoa. Portanto, é-se servido **honestamente**; mas isto ainda não é suficiente para acreditar que o comerciante tenha agido assim por dever e por princípios de honestidade; seu lucro o exige; mas não se pode supor aqui que ele devesse ter além disso uma inclinação imediata pelos fregueses, como se fosse por amor, para não dar preferência mais a um do que a outro no preço. Portanto, a ação não ocorreu nem por dever, nem ainda por inclinação imediata, mas apenas por propósito egoísta.

*

Comentário: Kant analisa a relação entre ação e dever. Uma primeira grande divisão já pode ser estabelecida: as ações contrárias ao dever e as ações conformes ao dever. Como se pretende analisar a relação entre ação e dever do ponto de vista da motivação, não interessa examinar as ações contrárias ao dever. A divisão seguinte é entre as ações conformes ao dever em que se consegue distinguir claramente um propósito egoísta daquelas em que isso não ocorre. A razão da divisão é novamente clara: se elas ocorrem por motivo egoísta, ou seja, por motivo subjetivo, elas não podem ser candidatas a ocorrer por dever. Em outras palavras, Kant quer investigar as ações que ocorrem conforme ao dever por dever. Na obra de Pufendorf, *O direito da natureza e das nações*, encontra-se que: "Uma ação para ser boa deve não somente preencher do ponto de vista material todas as condições postas pela lei, mas ainda ser regulada a respeito da forma; isto é, feita, não por ignorância ou por qualquer outra razão, mas exclusivamente tendo em vista à obediência que se deve à lei". Em outras palavras, pode-se dizer que Kant está procurando estabelecer uma fórmula do princípio universal da moral que justifique o mundo moral exposto, por exemplo, por Pufendorf. Os exemplos de Kant não são apresentados para ensinar a distinguir o que é moral do que não é moral, pois ele já pressupôs que o entendimento comum sadio é capaz de realizá-lo. Os exemplos são dados para tornar visível a motivação presente em cada caso, ou seja, eles "ressaltam mais e assim o mostram mais claramente". Dessa maneira, o exemplo do comerciante revela uma ação que tem como motivação algo externo ao dever, ou seja, o lucro.

§10 Dagegen sein Leben zu erhalten, ist Pflicht, und überdem hat jedermann dazu noch eine unmittelbare Neigung. Aber um deswillen hat die oft ängstliche Sorgfalt, die der größte Teil der Menschen dafür trägt, doch keinen innern Wert, und die Maxime derselben keinen moralischen Gehalt. Sie bewahren ihr Leben zwar **pflichtmäßig**, aber nicht **aus Pflicht**. Dagegen, wenn Widerwärtigkeiten und hoffnungsloser Gram den Geschmack am Leben gänzlich weggenommen haben; wenn der Unglückliche, stark an Seele, über sein Schicksal mehr entrüstet als kleinmütig oder niedergeschlagen, den Tod wünscht, und sein Leben doch erhält, ohne es zu lieben, nicht aus Neigung oder Furcht, sondern aus Pflicht: alsdann hat seine Maxime einen moralischen Gehalt.

*

Por outro lado, conservar a própria vida é um dever e ademais todos têm ainda uma inclinação imediata para tal. Mas por isso mesmo o cuidado frequentemente ansioso que grande parte dos seres humanos lhe dedica não tem, no entanto, valor interno algum, e a máxima dele, nenhum conteúdo moral. De fato, eles preservam sua vida **conforme ao dever**, mas não **por dever**. Por outro lado, caso amargor e pesar desesperador retirem totalmente o gosto pela vida, caso o infeliz, de espírito forte, mais indignado com seu destino do que desalentado ou derrotado, deseje a morte e, no entanto, conserve sua vida, sem amá-la, nem por inclinação ou medo, mas por dever, então sua máxima tem conteúdo moral.

*

Comentário: Kant divide os deveres em duas categorias: os deveres em relação a si mesmo e os deveres em relação ao outro. Neste parágrafo, estuda--se o dever em relação a si mesmo que é conforme ao dever e para o qual há uma inclinação imediata. Se a vida for conservada por inclinação, algo psicológico e contingente, então a conservação da vida não tem valor moral. No entanto, se contrária a todas as inclinações, a vida for conservada, ou seja, se for conservada por dever, então a ação é moral. Em suma, se a motivação da ação for racional, a ação será conforme ao dever e realizada por dever. Caso sua motivação seja por inclinação, ela pode se conformar ao dever, mas não é por dever. Apenas no primeiro caso ela tem valor moral.

§11 Wohltätig sein, wo man kann, ist Pflicht, und überdem gibt es manche so teilnehmend gestimmte Seelen, daß sie, auch ohne einen andern Bewegungsgrund der Eitelkeit oder des Eigennutzes, ein inneres Vergnügen daran finden, Freude um sich zu verbreiten, und die sich an der Zufriedenheit anderer, so fern sie ihr Werk ist, ergötzen können. Aber ich behaupte, daß in solchem Falle dergleichen Handlung, so pflichtmäßig, so liebenswürdig sie auch ist, dennoch keinen wahren sittlichen Wert habe, sondern mit andern Neigungen zu gleichen Paaren gehe, z. E. der Neigung nach Ehre, die, wenn sie glücklicherweise auf das trifft, was in der Tat gemeinnützig und pflichtmäßig, mithin ehrenwert ist, Lob und Aufmunterung, aber nicht Hochschätzung verdient; denn der Maxime fehlt der sittliche Gehalt, nämlich solche Handlungen nicht aus Neigung, sondern **aus Pflicht** zu tun. Gesetzt also, das Gemüt jenes Menschenfreundes wäre vom eigenen Gram umwölkt, der alle Teilnehmung an anderer Schicksal auslöscht, er hätte immer noch Vermögen, andern Notleidenden wohlzutun, aber fremde Not rührte ihn nicht, weil er mit seiner eigenen gnug beschäftigt ist, und nun, da keine Neigung ihn mehr dazu anreizt, risse er sich doch aus dieser tödlichen Unempfindlichkeit heraus, und täte die Handlung ohne alle Neigung, lediglich aus Pflicht, alsdann hat sie allererst ihren echten moralischen Wert. Noch mehr: wenn die Natur diesem oder jenem überhaupt wenig Sympathie ins Herz gelegt hätte, wenn er (übrigens ein ehrlicher Mann) von Temperament kalt und gleichgültig gegen die Leiden anderer wäre, vielleicht, weil er, selbst gegen seine eigene mit der besondern Gabe der Geduld und aushaltenden Stärke versehen, dergleichen bei jedem andern auch voraussetzt, oder gar fordert; wenn die Natur einen solchen Mann (welcher wahrlich nicht ihr schlechtestes Produkt sein würde) nicht eigentlich zum Menschenfreunde gebildet hätte, würde er denn nicht noch in sich einen Quell finden, sich selbst einen weit höhern Wert zu geben, als der eines gutartigen Temperaments sein mag? Allerdings! gerade da hebt der Wert des Charakters an, der moralisch und ohne alle Vergleichung der höchste ist, nämlich daß er wohltue, nicht aus Neigung, sondern aus Pflicht.

*

Ser caridoso, quando se pode, é dever; além disso, há tantas almas tão propensas a participar na caridade, que elas, sem nenhum outro motivo fútil ou egoísta, encontram uma satisfação interna em disseminar alegria à sua volta e podem deleitar-se com a satisfação dos outros, desde que seja sua obra. Mas eu assinalo que em tal caso uma ação dessa espécie, tão conforme ao dever, tão adorável quanto possa ser, também não tem, no entanto, nenhum valor moral verdadeiro, mas faz par com outras inclinações, por exemplo, inclinação pela honra, a qual, se por sorte tromba com o que é de fato de interesse comum e conforme ao dever, é consequentemente meritória, digna de recomendação e encorajamento, mas não de grande estima, pois falta à máxima o conteúdo moral, a saber, que tais ações sejam feitas não por inclinação, mas **por dever**. Suponha, então, que a mente daquele filantropo fosse obscurecida por desgosto pessoal que extinguisse toda simpatia pelo destino alheio, que ainda assim tivesse capacidade de fazer bem a outros necessitados, mas que a necessidade alheia não o afetasse, porque ele está suficientemente ocupado com a sua própria, e agora, que nenhuma inclinação o estimula para tal, ele, no entanto, se desprendesse dessa insensibilidade mortal e praticasse a ação sem qualquer inclinação, somente por dever, então ela teria primeiramente seu genuíno valor moral. Mais ainda: caso a natureza tivesse colocado no coração deste ou daquele homem pouca simpatia, caso este (de resto um homem honrado) fosse de temperamento frio e indiferente em relação aos sofrimentos alheios, talvez porque ele mesmo fosse provido de paciência singular e de persistente firmeza em relação aos próprios males, e por isso pressupusesse e até exigisse o mesmo no caso dos outros, caso a natureza não tivesse feito de tal homem (que na verdade não seria o seu pior produto) propriamente um filantropo, não poderia ele encontrar ainda dentro de si uma fonte que lhe pudesse dar um valor ainda mais elevado do que o de um temperamento de índole bondosa? Sem dúvida! É justamente aí que o valor do caráter emerge, que é moral e sem qualquer comparação o mais elevado, a saber, que ele faz o bem, não por inclinação, mas por dever.

*

Comentário: Neste parágrafo, estuda-se o dever em relação ao outro, mas segundo a mesma dicotomia do parágrafo anterior, isto é, distinguindo a motivação de uma ação conforme ao dever, se ela é racional ou sensível. Kant não esconde nos exemplos dados a artificialidade das ações na sociedade. No primeiro caso, temos uma pessoa de boa índole que deseja salvar a todos, que deseja espalhar a felicidade à sua volta. Suas ações são certamente conformes ao dever, mas sua motivação não é racional, ela resulta de uma inclinação. A seguir, de novo, Kant apresenta mais um caso em que a ação não poderia ser feita por inclinação alguma; na realidade, a pessoa não deveria realizar a ação, caso ela tivesse sua fonte nas inclinações. No entanto, caso seja realizada, é realizada por dever, e tem conteúdo moral. Tais exemplos não têm nenhuma outra motivação que defender a possibilidade de uma ação ser feita por dever e não por inclinação. Elas não visam apresentar um mundo moral infeliz em que as pessoas vestidas de negro agem moralmente.

§12   Seine eigene Glückseligkeit sichern, ist Pflicht (wenigstens indirekt), denn der Mangel der Zufriedenheit mit seinem Zustande, in einem Gedränge von vielen Sorgen und mitten unter unbefriedigten Bedürfnissen, könnte leicht eine große **Versuchung zu Übertretung der Pflichten** werden. Aber, auch ohne hier auf Pflicht zu sehen, haben alle Menschen schon von selbst die mächtigste und innigste Neigung zur Glückseligkeit, weil sich gerade in dieser Idee alle Neigungen zu einer Summe vereinigen. Nur ist die Vorschrift der Glückseligkeit mehrenteils so beschaffen, daß sie einigen Neigungen großen Abbruch tut und doch der Mensch sich von der Summe der Befriedigung aller unter dem Namen der Glückseligkeit keinen bestimmten und sichern Begriff machen kann; daher nicht zu verwundern ist, wie eine einzige, in Ansehung dessen, was sie verheißt, und der Zeit, worin ihre Befriedigung erhalten werden kann, bestimmte Neigung eine schwankende Idee überwiegen könne, und der Mensch, z. B. ein Podagrist, wählen könne, zu genießen, was ihm schmeckt und zu leiden was er kann, weil er, nach seinem Überschlage, hier wenigstens, sich nicht durch vielleicht grundlose Erwartungen eines Glücks, das in der Gesundheit stecken soll, um den Genuß des gegenwärtigen Augenblicks gebracht hat. Aber auch in diesem Falle, wenn die allgemeine Neigung zur Glückseligkeit seinen Willen nicht bestimmte, wenn Gesundheit für ihn wenigstens nicht so notwendig in diesen Überschlag gehörte, so bleibt noch hier, wie in allen andern Fällen, ein Gesetz übrig, nämlich seine Glückseligkeit zu befördern, nicht aus Neigung, sondern aus Pflicht, und da hat sein Verhalten allererst den eigentlichen moralischen Wert.

*

Assegurar sua própria felicidade é um dever (pelo menos, indireto), pois a falta de satisfação com seu estado, embaraçado por muitos problemas e no meio de carências insatisfeitas, poderia facilmente tornar-se uma grande **tentação para transgressão dos deveres**. Mas além disso, sem considerar aqui o dever, todos os homens já têm por si mesmos a mais forte e profunda inclinação para a felicidade, justamente porque nessa ideia todas as inclinações se unificam em uma soma. Ora, o preceito de felicidade é frequentemente constituído de tal forma que pode fazer grande dano a algumas inclinações, e, no entanto, o ser humano não pode fazer da soma da satisfação de todas as inclinações sob o nome de felicidade nenhum conceito determinado e fidedigno; portanto, não é de surpreender como uma única inclinação, determinada em vista do que ela promete e do tempo em que pode ser satisfeita, possa predominar sobre uma ideia irresoluta, e que o ser humano, por exemplo, um homem acometido de gota, possa optar por saborear o que lhe agrada e sofrer o quanto puder, porque, segundo o seu cálculo, pelo menos nesta ocasião não quis renunciar ao prazer do momento pela expectativa talvez sem fundamento de uma felicidade que se deve encontrar na saúde. Mas mesmo neste caso, quando a inclinação geral para a felicidade não determina sua vontade, quando a saúde, pelo menos para ele, não entra tão necessariamente no seu cálculo, ainda assim permanece residualmente aqui, como em todos os outros casos, uma lei, a saber, a de fomentar sua felicidade, não por inclinação, mas por dever, e é aí que sua conduta tem primeiramente valor propriamente moral.

*

Comentário: Kant volta-se para um dever para o qual não há inclinação imediata, que ele chama de inclinação indireta: a felicidade. Assegurar a própria felicidade é um dever em relação a si mesmo. Primeiro, porque o estado de infelicidade é fonte de inclinações para agir contrariamente ao dever. Segundo, há uma forte inclinação pela felicidade, que também pode se transformar em uma forte inclinação para desconsiderar outras inclinações. O exemplo dado a seguir serve para ilustrar essa tese: uma pessoa doente pode escolher ter um momento de prazer em detrimento da sua saúde futura, portanto, em detrimento da sua inclinação para conservar sua vida. Kant critica aqui o eudemonismo, a tese de que o verdadeiro motivo que leva o homem a agir moralmente é a felicidade, pois não se pode fazer da felicidade conceito determinado ou fidedigno. No entanto, Kant defende a possibilidade de uma relação com a felicidade que seria motivada pela razão e não por fatores psicológicos, ou seja, pela inclinação a ser feliz. Em outros termos, para aqueles que defendem que Kant afasta qualquer consideração de prudência (que devo fazer se eu quiser ser prudente, na qual o bem é a felicidade) da questão ética (que devo fazer se eu quiser ser moral, na qual o bem é a moralidade), temos que a busca da felicidade pode ter motivação racional, ou seja, ela pode ter valor propriamente moral, valor este contido na ideia do sumo bem. Por outro lado, um dos vínculos entre moralidade e felicidade está presente nas religiões, como resposta à questão "que devo esperar caso eu aja moralmente?".

§13 So sind ohne Zweifel auch die Schriftstellen zu verstehen, darin geboten wird, seinen Nächsten, selbst unsern Feind, zu lieben. Denn Liebe als Neigung kann nicht geboten werden, aber Wohltun aus Pflicht, selbst, wenn dazu gleich gar keine Neigung treibt, ja gar natürliche und unbezwingliche Abneigung widersteht, ist **praktische** und nicht **pathologische** Liebe, die im Willen liegt und nicht im Hange der Empfindung, in Grundsätzen der Handlung und nicht schmelzender Teilnehmung; jene aber allein kann geboten werden.

*

Sem dúvida, também cabe compreender do mesmo modo as passagens bíblicas em que se manda amar o seu próximo, mesmo o nosso inimigo. Pois, o amor como inclinação não pode ser mandado, mas fazer o bem pelo próprio dever, quando nenhuma inclinação impulsiona para tal e de fato se opõe a uma aversão invencível, é amor prático e não **patológico**, que reside na vontade e não na tendência do sentimento, nos princípios da ação e não em compaixão derretida, e este é o único que pode ser mandado.

*

Comentário: Amar o seu próximo, mesmo o nosso inimigo. Para Kant, esse mandamento do Evangelho de Mateus, 5:38, deve ser compreendido da seguinte forma. Em primeiro lugar, dado que amor como inclinação é sentimento, o amor não pode ser comandado. Em outras palavras, amor como móbil empírico não pode ser uma vontade submetida ao querer; por conseguinte, não tem sentido amar por dever. Logo, o amar não deve ser entendido na passagem como amor patológico, ou seja, como amor sensível, dependente da parte passiva da nossa constituição. O amor aqui é o amor no sentido prático, portanto, como dependente da atividade livre da razão, ou seja, como submetido ao dever. Nesse sentido, o mandamento evangélico não está ordenando que se sinta amor sensível pelo outro, pelo inimigo; algo que seria absurdo. Ele ordenada que se faça o bem ao outro, até mesmo ao inimigo. Nos primeiros princípios metafísicos da doutrina da virtude, segunda parte da *Metafísica da Moral*, lê-se: "Amor é uma questão de sentimento, não de querer, e não posso amar porque quero amar, menos ainda porque devo (não posso ser coagido a amar); assim dever de amar é absurdo. Mas benevolência, como conduta, pode ser submetida à lei do dever" (6:401).

§14 Der zweite Satz ist: eine Handlung aus Pflicht hat ihren moralischen Wert **nicht in der Absicht**, welche dadurch erreicht werden soll, **sondern in der Maxime, nach der sie beschlossen wird**, hängt also nicht von der Wirklichkeit des Gegenstandes der Handlung ab, sondern bloß von dem **Prinzip des Wollens**, nach welchem die Handlung, unangesehen aller Gegenstände des Begehrungsvermögens, geschehen ist. Daß die Absichten, die wir bei Handlungen haben mögen, und ihre Wirkungen, als Zwecke und Triebfedern des Willens, den Handlungen keinen unbedingten und moralischen Wert erteilen können, ist aus dem Vorigen klar. Worin kann also dieser Wert liegen, wenn er nicht im Willen in Beziehung auf deren verhoffte Wirkung, bestehen soll? Er kann nirgend anders liegen, **als im Prinzip des Willens** unangesehen der Zwecke, die durch solche Handlung bewirkt werden können; denn der Wille ist mitten inne zwischen seinem Prinzip a priori, welches formell ist, und zwischen seiner Triebfeder a posteriori, welche materiell ist, gleichsam auf einem Scheidewege, und, da er doch irgend wodurch muß bestimmt werden, so wird er durch das formelle Prinzip des Wollens überhaupt bestimmt werden müssen, wenn eine Handlung aus Pflicht geschieht, da ihm alles materielle Prinzip entzogen worden.

∗

A segunda proposição é: uma ação por dever tem seu valor moral **não no propósito** que deve ser alcançado por seu intermédio, **mas na máxima pela qual ela é decidida**, portanto, não depende da efetivação do objeto da ação, mas apenas do **princípio do querer**, segundo o qual a ação ocorre desconsiderando quaisquer dos objetos da capacidade apetitiva. Que os propósitos que possamos ter para ações e seus efeitos, como fins e móbeis da vontade, não possam dotar as ações de nenhum valor moral e incondicional, é claro do que precede. No que, portanto, pode repousar esse valor, se ele não deve consistir na vontade em relação ao efeito esperado da ação? Ele não pode repousar em lugar algum **que não seja no princípio da vontade**, desconsiderando os fins que poderiam ser efetivados por tal ação, pois a vontade está colocada no meio entre seu princípio *a priori*, que é formal, e seu móbil *a posteriori*, que é material, de modo semelhante a uma encruzilhada, e, no entanto, dado que ele tem de ser determinado por algo, ele terá de ser determinado pelo princípio formal da vontade em geral, caso ocorra uma ação por dever, pois lhe foi subtraído todo princípio material.

*

Comentário: A primeira proposição, desenvolvida desde o parágrafo 8, reza que a ação só tem valor moral caso seja conforme ao dever e realizada por dever. A segunda proposição, ao insistir que o valor da ação está na máxima e não na sua realização, recusa qualquer critério externo para avaliação desse mesmo valor, ou seja, qualquer crença de que o valor moral estaria nas consequências da ação moral. Assim, estão recusadas todas as concepções morais de natureza pragmática, pois na consideração do valor não entra nenhum princípio material. Define-se máxima como a regra que o agente se dá segundo razões subjetivas. Em outras palavras, para avaliar o valor moral da ação não se olha nem para a ação nem para os seus efeitos, mas para a máxima da qual ela é o resultado. Há três fatores presentes na avaliação de uma ação moral: (1) as consequências e o objeto da ação (descartados, como acabamos de mencionar); (2) o princípio da vontade, *a priori* e universal; e finalmente (3) o móbil material que ensejou a ação, necessariamente empírico, pois nossa ação ocorre no mundo. Como está dito acima, a vontade está no meio do caminho entre o princípio formal e seu móbil, que é empírico. Por conseguinte, um ser racional, dotado de intuição intelectual, não formularia máximas, pois não teria móbeis empíricos. Estes resultam da faculdade de desejar. O oposto do material é o formal. Só este pode ser universal e *a priori*; o material é sempre particular e *a posteriori*. Kant está procurando mostrar que o valor moral do dever só pode decorrer de algo formal, sob pena de não ser universal e necessário.

§15 Den dritten Satz, als Folgerung aus beiden vorigen, würde ich so ausdrücken: **Pflicht ist die Notwendigkeit einer Handlung aus Achtung fürs Gesetz**. Zum Objekte als Wirkung meiner vorhabenden Handlung kann ich zwar **Neigung** haben, aber **niemals Achtung**, eben darum, weil sie bloß eine Wirkung **und nicht Tätigkeit eines Willens** ist. Eben so kann ich für Neigung überhaupt, sie mag nun meine oder eines andern seine sein, nicht Achtung haben, ich kann sie höchstens im ersten Falle billigen, im zweiten bisweilen selbst lieben, d. i. sie als meinem eigenen Vorteile günstig ansehen. Nur das, was bloß als Grund, niemals aber als Wirkung mit meinem Willen verknüpft ist, was nicht meiner Neigung dient, sondern sie überwiegt, wenigstens diese von deren Überschlage bei der Wahl ganz ausschließt, mithin das bloße Gesetz für sich, kann ein Gegenstand der Achtung und hiemit ein Gebot sein. Nun soll eine Handlung aus Pflicht den Einfluß der Neigung, und mit ihr jeden Gegenstand des Willens ganz absondern, also bleibt nichts für den Willen übrig, was ihn bestimmen könne, als, objektiv, das **Gesetz** und, subjektiv, **reine Achtung** für dieses praktische Gesetz, mithin die Maxime,[1] einem solchen Gesetze, selbst mit Abbruch aller meiner Neigungen, Folge zu leisten.

*

Gostaria de expressar assim a terceira proposição, como consequência das duas precedentes: **dever é a necessidade de uma ação por respeito pela lei**. Por um objeto como efeito pretendido de minha ação, posso de fato ter **inclinação**, mas **nunca respeito**, justamente porque ele é apenas um efeito **e não uma atividade de uma vontade**. Do mesmo modo, não posso ter respeito por nenhuma inclinação, quer ela seja minha ou de um outro; no primeiro caso, posso no máximo aprová-la, e no segundo ocasionalmente até mesmo amá-la, isto é, considerá-la como favorável ao meu próprio interesse. Somente o que está conectado com minha vontade apenas como fundamento, mas nunca como efeito, o que não serve à minha inclinação,

---

[1] **Maxime** ist das subjektive Prinzip des Wollens; das objektive Prinzip (d. i. dasjenige, was alles vernünftigen Wesen auch subjektive zum praktischen Prinzip dienen würde, wenn Vernunft volle Gewalt über das Begehrungsvermögen hätte) ist das praktische **Gesetz**.

Uma **máxima** é o princípio subjetivo do querer; o princípio objetivo (isto é, aquele que também poderia servir subjetivamente como princípio prático para todo ser racional, caso a razão tivesse total controle sobre a capacidade apetitiva) é a lei prática.

mas que predomina sobre ela ou que pelo menos na estimativa da escolha a exclui totalmente, portanto, apenas a lei por si mesma pode ser objeto de respeito e, por conseguinte, mandamento. Ora, caso uma ação por dever deva ser completamente dissociada da inclinação e com ela de todo objeto da vontade, então resta para a vontade nada que poderia determiná-la exceto objetivamente a **lei** e subjetivamente o **puro respeito** por essa lei prática, consequentemente a máxima[1] de executar uma lei assim, mesmo tendo como consequência o malogro de todas as minhas inclinações.

∗

Comentário: Um ser finito é um ser cuja intuição é sensível; portanto, um ser que para agir precisa de um móbil empírico. No entanto, o valor moral da ação só pode ser conferido pela obediência à lei moral pela lei e não pelas consequências da ação ou pelas inclinações presentes no agente. Mas supor que as coisas se passem assim é supor que seres finitos possam ter como motivo para ação um interesse da razão. Resta saber como é possível conciliar a ideia de liberdade com a de obediência à lei pela lei, pois poderia parecer que, ao obedecer à lei pela lei, eu estivesse renunciando à minha liberdade. Dado que não posso conhecer a liberdade, mas apenas pensá-la, eu posso, por esse meio, dar-me conta de que, ao agir segundo à lei pela lei, estou deixando de lado toda a influência que o mundo sensível poderia ter sobre mim, e, por conseguinte, a lei só pode ter sua origem na própria razão e na minha liberdade de pensá-la. Dessa forma, no reconhecimento de que a minha vontade na ação moral tem como motivo a lei que emana da própria razão, nasce o sentimento de respeito pela lei. Nesse sentido, a noção de respeito marca o distanciamento do empírico presente na noção de inclinação, mas não leva muito mais longe que a noção de obediência presente, por exemplo, em Pufendorf.

A nota de Kant sobre a noção de máxima deixa clara a relação entre máxima, princípio subjetivo, e lei prática, princípio objetivo. Apenas em um ser que tivesse total controle sobre a faculdade apetitiva o princípio da ação seria a lei prática. Dado que nós estamos muito longe de ter tal controle, nós precisamos de máximas. Enquanto a máxima refere-se à ação, a lei prática refere-se somente ao dever, ao *deve* presente na lei e prescrito absolutamente pela razão.

§16 Es liegt also der moralische Wert der Handlung nicht in der Wirkung, die daraus erwartet wird, also auch nicht in irgend einem Prinzip der Handlung, welches seinen Bewegungsgrund von dieser erwarteten Wirkung zu entlehnen bedarf. Denn alle diese Wirkungen (Annehmlichkeit seines Zustandes, ja gar Beförderung fremder Glückseligkeit) konnten auch durch andere Ursachen zu Stande gebracht werden, und es brauchte also dazu nicht des Willens eines vernünftigen Wesens; worin gleichwohl das höchste und unbedingte Gute allein angetroffen werden kann. Es kann daher nichts anders als die **Vorstellung des Gesetzes** an sich selbst, **die freilich nur im vernünftigen Wesen stattfindet**, so fern sie, nicht aber die verhoffte Wirkung, der Bestimmungsgrund des Willens ist, das so vorzügliche Gute, welches wir sittlich nennen, ausmachen, welches in der Person selbst schon gegenwärtig ist, die darnach handelt, nicht aber allererst aus der Wirkung erwartet werden darf.[2]

---

[2] Man könnte mir vorwerfen, als suchte ich hinter dem Worte **Achtung** nur Zuflucht in einem dunkeln Gefühle, anstatt durch einen Begriff der Vernunft in der Frage deutliche Auskunft zu geben. Allein wenn Achtung gleich ein Gefühl ist, so ist es doch kein durch Einfluß **empfangenes**, sondern durch einen Vernunftbegriff **selbstgewirktes** Gefühl und daher von allen Gefühlen der ersteren Art, die sich auf Neigung oder Furcht bringen lassen, spezifisch unterschieden. Was ich unmittelbar als Gesetz für mich erkenne, erkenne ich mit Achtung, welche bloß das Bewußtsein der **Unterordnung** meines Willens unter einem Gesetz, ohne Vermittelung anderer Einflüsse auf meinen Sinn, bedeutet. Die unmittelbare Bestimmung des Willens durchs Gesetz und das Bewußtsein derselben heißt **Achtung**, so daß diese als **Wirkung** des Gesetzes aufs Subjekt und nicht als **Ursache** desselben angesehen wird. Eigentlich ist Achtung die Vorstellung von einem Wert, der meiner Selbstliebe Abbruch tut. Also ist es etwas, was weder als Gegenstand der Neigung, noch der Furcht, betrachtet wird, obgleich es mit beiden zugleich etwas Analogisches hat. Der **Gegenstand** der Achtung ist also lediglich das **Gesetz**, und zwar dasjenige, das wir uns selbst und doch als an sich notwendig auferlegen. Als Gesetz sind wir ihm unterworfen, ohne die Selbstliebe zu befragen; als uns von uns selbst auferlegt ist es doch eine Folge unsers Willens, und hat in der ersten Rücksicht Analogie mit Furcht, in der zweiten mit Neigung. Alle Achtung für eine Person ist eigentlich nur Achtung fürs Gesetz (der Rechtschaffenheit etc.), wovon jene uns das Beispiel gibt. Weil wir Erweiterung unserer Talent auch als Pflicht ansehen, so stellen wir uns an einer Person von Talenten auch gleichsam das **Beispiel eines Gesetzes** vor (**ihr durch Übung hierin ähnlich zu werden**) und das macht unsere Achtung aus. Alles moralische so genannte **Interesse** besteht lediglich in der **Achtung** fürs Gesetz.

Poderia ser objetado que eu procurei por trás da palavra **respeito** apenas refúgio em um sentimento obscuro, no lugar de dar por meio de um conceito da razão uma informação clara sobre a questão. Contudo, embora respeito seja mesmo um sentimento, ele, no entanto, não é **recebido** por meio de influência, mas um sentimento **autoproduzido** mediante um conceito de razão e assim especificamente distinto de todos os sentimentos do primeiro tipo, provocados por inclinação ou medo. O que reconheço imediatamente como lei para mim, reconheço com respeito, que significa simplesmente a consciência da **subordinação** de minha

*

Portanto, o valor moral da ação não repousa sobre o efeito que dela se poderia esperar; portanto, também não repousa em princípio algum da ação cujo motivo fosse emprestado desse efeito esperado. Pois, todos estes efeitos (amenizar sua situação, de fato até mesmo fomentar a felicidade alheia) também poderiam ser alcançados por outras causas, e para tanto não é preciso a vontade de um ser racional; na qual somente, no entanto, pode ser encontrado o sumo e incondicionado bem. Por isso, nada a não ser a **representação da lei** em si mesma, que **certamente só ocorre em seres racionais**, na medida em que ela, mas não o efeito esperado, é o fundamento de determinação da vontade, **pode constituir** o bem excelente, que chamamos moral, que já está presente na própria pessoa que age desse modo, mas que não deve ser esperado primeiramente do efeito.[2]

*

Comentário: As considerações de Kant conduzem à tese de que a moralidade pressupõe racionalidade, dado que, de todos os elementos analisados, apenas a lei moral restou como fonte da moralidade. Examinemos a grande nota posta por Kant para antecipar objeções ao uso do termo "respeito". Antes de iniciar propriamente, considere-se a oposição entre a obscuridade do sentimento e a clareza da razão. O primeiro problema é saber como é possível, após ter afastado todos os candidatos empíricos a serem fundamento da moralidade, afinal foi o que se expressou

---

vontade a uma lei, sem mediação de outras influências do meu sentido. A determinação imediata da vontade por uma lei e a sua consciência chamo de **respeito**, de modo que este deve ser visto como **efeito** da lei sobre o sujeito e não como sua causa. Respeito é propriamente a representação de um valor que faz dano ao meu amor-próprio. Portanto, é algo que não pode ser considerado, nem como objeto de uma inclinação, nem do medo, embora tenha algo de análogo ao mesmo tempo com ambos. O **objeto** do respeito é, por conseguinte, meramente a **lei**, e de fato aquela que impomos a **nós mesmos** e, no entanto, que é necessária em si mesma. Como lei, nós nos submetemos a ela, sem interrogar o amor-próprio; como algo que submetemos a nós por nós mesmos, ela é, no entanto, consequência de nossa vontade; em relação à primeira, tem analogia com o medo, e em relação à segunda, com a inclinação. Todo respeito por uma pessoa é propriamente apenas respeito pela lei (da integridade etc.), da qual ela nos dá o exemplo. Porque nós vemos a ampliação de nosso talento como dever, nós representamos uma pessoa de talento também, por assim dizer, como o **exemplo de uma lei** (**tornar-se assim como ela mediante exercício**), e é isto que constitui nosso respeito. Todo o chamado **interesse** moral consiste meramente **no respeito** pela lei.

pela tese de que a moralidade pressupõe racionalidade, recorrer ao respeito, dado que este é um sentimento; ou seja, não equivaleria a introduzir uma noção empírica no interior de uma concepção moral que se deseja *a priori* e universal? Para responder, Kant defende que o respeito não é um sentimento psicológico, mas um sentimento produzido por conceito da razão, ou seja, a fonte do respeito, como ele indica, não seria nem o medo nem a inclinação, portanto, nada sensível: o respeito é a consciência que eu tenho da subordinação da minha vontade a uma lei. Dado que o respeito é consciência dessa subordinação, ele não pode ser a causa da lei moral, mas apenas seu efeito. Em outros termos, Kant defende que (a) o sentimento de respeito não é algo empírico, mas sentimento puro; (b) mesmo assim, ele não é causa da moralidade, mas seu efeito. Portanto, Kant não está propondo que um sentimento empírico seja a causa da moralidade, pois ele não é nem empírico nem é causa, mas, respectivamente, puro e efeito. A lei moral é, assim, a causa intelectual do respeito e ele é, para Kant, o único sentimento que conhecemos *a priori*, cujo efeito é prático e não sensível. A moralidade não se origina do respeito à lei, mas do dever, isto é, a moralidade pressupõe agir por dever e não por respeito à lei.

Por que o respeito faz dano ao amor-próprio? Porque o homem, como ser que pertence a um mundo moral, deve respeitar o outro, ou seja, deve restringir o seu amor-próprio em nome da dignidade da humanidade presente no outro, ou seja, ver o outro como fim em si mesmo. Como a *Crítica da Razão Prática* assinala: "respeito é sempre dirigido somente a pessoas, nunca a coisas" (5:76). Pelas coisas posso ter inclinação, medo e até admiração, mas não respeito.

A lei como consequência de nossa vontade será desenvolvida posteriormente quando Kant usar o conceito de autonomia para mostrar que nós somos os legisladores da moralidade à qual nos submetemos. A analogia do respeito com o medo está baseada na ideia de submissão; a analogia com a inclinação, no fato de que a lei resulta de nossa vontade.

As pessoas de talento são admiradas devido ao fato de termos como dever a ampliação de nosso próprio talento; nesse sentido, a admiração nada mais é que admiração pela lei moral, ou seja, resulta do interesse e não de inclinação.

§17 Was kann das aber wohl für ein Gesetz sein, dessen Vorstellung, auch ohne auf die daraus erwartete Wirkung Rücksicht zu nehmen, den Willen bestimmen muß, damit dieser schlechterdings und ohne Einschränkung gut heißen könne? Da ich den Willen aller Antriebe beraubet habe, die ihm aus der Befolgung irgend eines Gesetzes entspringen könnten, so bleibt nichts als die allgemeine Gesetzmäßigkeit der Handlungen überhaupt übrig, welche allein dem Willen zum Prinzip dienen soll, d. i. ich soll niemals anders verfahren, als so, **daß ich auch wollen könne, meine Maxime solle ein allgemeines Gesetz werden.** Hier ist nun die bloße Gesetzmäßigkeit überhaupt (ohne irgend ein auf gewisse Handlungen bestimmtes Gesetz zum Grunde zu legen) das, was dem Willen zum Prinzip dient, und ihm auch dazu dienen muß, wenn Pflicht nicht überall ein leerer Wahn und chimärischer Begriff sein soll; hiemit stimmt die gemeine Menschenvernunft in ihrer praktischen Beurteilung auch vollkommen überein, und hat das gedachte Prinzip jederzeit vor Augen.

*

Mas, então, que lei pode ser esta, cuja representação, mesmo sem levar em consideração o efeito esperado dela, tem de determinar a vontade, para poder ser assim chamada de absolutamente boa e sem limitação? Dado que despojei a vontade de todo impulso que poderia surgir da obediência a alguma lei, nada resta a não ser de fato a conformidade das ações à lei universal, que sozinha deve servir à vontade como princípio, isto é, só devo proceder **como se eu também quisesse que minha máxima devesse se tornar uma lei universal.** Ora, aqui é de fato apenas a conformidade à lei (sem tomar por fundamento alguma lei determinada por certas ações) que serve à vontade de princípio e também tem de servi-la assim, caso o dever não deva ser em toda parte uma ilusão vazia e um conceito quimérico; com isso também concorda completamente a razão comum humana no seu julgamento prático, e tem sempre esse princípio diante dos olhos.

*

Comentário: Restou apenas a lei como fundamento da moral. Seu princípio, a ser formulado de diversos modos na próxima seção, resume-se aqui em uma proposição: devo agir como se quisesse que minha máxima devesse se tornar uma lei universal. Em outras palavras, a minha ação deve resultar de uma máxima. Em seguida, quero que essa máxima, necessariamente subjetiva, tenha o valor de um dever universal, ou seja, torne-se uma lei moral, necessariamente objetiva, portanto, despida de qualquer caráter subjetivo. Notem que o julgamento sobre a moralidade é realizado sobre a máxima e sobre a possibilidade de esta vir a ser uma lei universal, ou seja, não se julga a ação, mas a máxima que fundamenta a ação e a possibilidade de ela ser uma lei moral.

§18 Die Frage sei z. B.: darf ich, wenn ich im Gedränge bin, nicht ein Versprechen tun, in der Absicht, es nicht zu halten? Ich mache hier leicht den Unterschied, den die Bedeutung der Frage haben kann, ob es klüglich, oder ob es pflichtmäßig sei, ein falsches Versprechen zu tun. Das erstere kann ohne Zweifel öfters stattfinden. Zwar sehe ich wohl, daß es nicht gnug sei, mich vermittelst dieser Ausflucht aus einer gegenwärtigen Verlegenheit zu ziehen, sondern wohl überlegt werden müsse, ob mir aus dieser Lüge nicht hinterher viel größere Ungelegenheit entspringen könne, als die sind, von denen ich mich jetzt befreie, und, da die Folgen bei aller meiner vermeinten **Schlauigkeit** nicht so leicht vorauszusehen sind, daß nicht ein einmal verlornes Zutrauen mir weit nachtheiliger werden könnte, als alles Übel, das ich jetzt zu vermeiden gedenke, ob es nicht **klüglicher** gehandelt sei, hiebei nach einer allgemeinen Maxime zu verfahren, und es sich zur Gewohnheit zu machen, nichts zu versprechen, als in der Absicht, es zu halten. Allein es leuchtet mir hier bald ein, daß eine solche Maxime doch immer nur die besorglichen Folgen zum Grunde habe. Nun ist es doch etwas ganz anderes, aus Pflicht wahrhaft zu sein, als aus Besorgnis der nachtheiligen Folgen; indem, im ersten Falle, der Begriff der Handlung an sich selbst schon ein Gesetz für mich enthält, im zweiten ich mich allererst anderwärtsher umsehen muß, welche Wirkungen für mich wohl damit verbunden sein möchten. Denn, wenn ich von dem Prinzip der Pflicht abweiche, so ist es ganz gewiß böse; werde ich aber meiner Maxime der Klugheit abtrünnig, so kann das mir doch manchmal sehr vorteilhaft sein, wiewohl es freilich sicherer ist, bei ihr zu bleiben. Um indessen mich in Ansehung der Beantwortung dieser Aufgabe, ob ein lügenhaftes Versprechen pflichtmäßig sei, auf die allerkürzeste und doch untrügliche Art zu belehren, so frage ich mich selbst: würde ich wohl damit zufrieden sein, daß meine Maxime (mich durch ein unwahres Versprechen aus Verlegenheit zu ziehen) als ein allgemeines Gesetz (sowohl für mich als andere) gelten solle, und würde ich wohl zu mir sagen können: es mag jedermann ein unwahres Versprechen tun, wenn er sich in Verlegenheit befindet, daraus er sich auf andere Art nicht ziehen kann? So werde ich bald inne, daß ich zwar die Lüge, aber ein allgemeines Gesetz zu lügen gar nicht wollen könne; denn nach einem solchen würde es eigentlich gar kein Versprechen geben, weil es vergeblich wäre, meinen Willen in Ansehung meiner künftigen

Handlungen andern vorzugeben, die diesem Vorgeben doch nicht glauben, oder, wenn sie es übereilter Weise täten, mich doch mit gleicher Münze bezahlen würden, mithin meine Maxime, so bald sie zum allgemeinen Gesetze gemacht würde, sich selbst zerstören müsse.

*

Seja, por exemplo, a questão: não tenho o direito, quando estou pressionado, de fazer uma promessa com o propósito de não a manter? Distingo aqui facilmente o significado que a questão possa ter: se é prudente ou se é conforme ao dever fazer uma promessa falsa. A primeira sem dúvida pode ocorrer frequentemente. De fato, vejo perfeitamente que não é suficiente para sair de uma dificuldade presente servir-me desse subterfúgio, mas que tenho de refletir bem se essa mentira não poderia dar origem posteriormente a inconvenientes muito maiores do que aqueles dos quais agora me livro, e dado que, com toda a minha suposta **esperteza**, as consequências não são tão facilmente previsíveis, que a confiança em mim uma vez perdida poderia ser mais prejudicial que todo mal que eu agora penso evitar, se não seria agir de forma **mais prudente** comportar-se aqui segundo uma máxima universal e adquirir o hábito de nada prometer, senão quando se tem o propósito de manter a promessa. Mas logo se torna claro para mim que uma máxima assim tem sempre por fundamento apenas as consequências temidas. Ora, entretanto, é algo bastante diferente ser veraz por dever do que por temor às consequências adversas; enquanto no primeiro caso o conceito da ação em si mesmo já contém uma lei para mim, no segundo tenho primeiramente de procurar em outro lugar os efeitos sobre mim que poderiam estar ligados à ação. Pois, caso eu me desvie do princípio do dever, com certeza isto é completamente mal; mas, caso eu seja infiel à minha máxima de prudência, isto pode, no entanto, muitas vezes ser muito vantajoso para mim, embora seja certamente mais seguro conservá-la. No entanto, para guiar-me do modo mais curto, e no entanto inquestionável, com respeito à resposta desse problema, se uma promessa falsa seria conforme ao dever, pergunto a mim mesmo: eu estaria de fato contente que minha máxima (sair de uma dificuldade por meio de uma falsa promessa) devesse valer como lei universal (tanto para mim como para outros), e eu poderia de fato dizer para mim mesmo: todo homem pode fazer uma promessa falsa, caso ele se encontre em dificuldade, da qual ele não pode sair de outra maneira? Então, logo me dou conta de que de fato posso querer a mentira, mas não uma lei universal para mentir; pois segundo essa lei não poderia haver propriamente promessa alguma, porque seria vão declarar minha vontade com respeito às minhas futuras ações para outros que não acreditariam nessa declaração ou, caso o fizessem de forma incauta, me pagariam na mesma moeda; consequentemente minha máxima, tão logo ela fosse feita lei universal, teria de se autodestruir.

*

Comentário: Kant travou uma polêmica com Benjamin Constant exatamente sobre esta questão, ou seja, se haveria alguma situação em que mentir seria legítimo; no caso, por filantropia. Benjamin havia escrito em um panfleto, "Sobre as reações políticas", o seguinte:

> O princípio moral 'é um dever de dizer a verdade' tornaria qualquer sociedade impossível, caso fosse tomado de forma incondicional e simples. Temos provas a este respeito tiradas das consequências diretas de um filósofo alemão que o leva tão longe quanto defender que seria um crime mentir para um assassino que nos interrogasse se um amigo nosso teria buscado refúgio em nossa casa (p. 123).

E mais adiante:

> É um dever dizer a verdade. O conceito de dever é inseparável do conceito de direito. Ao dever de um corresponde os direitos do outro. Caso não haja direitos, não há deveres. Assim, dizer a verdade é um dever, mas somente para aquele que tem o direito à verdade. Mas ninguém tem direito a uma verdade que prejudica outras pessoas (p. 124).

O argumento de Kant consiste em apontar que é falacioso defender que "Dizer a verdade é um dever, mas somente para quem tem o direito à verdade". Isto seria equivalente a dizer que uma verdade lógica está sob o domínio da vontade. Em outros termos, Kant considera como equivalentes a verdade moral e a verdade lógica. Portanto, a questão tal como posta por Constant não tem sentido. Caso ela se transforme em duas questões (a) "há situações em que alguém não podendo se esquivar de responder sim ou não estaria autorizado a mentir, ou seja, teria o direito de mentir?" e (b) "alguém sob coação pode mentir para prevenir uma ameaça contra si mesmo ou contra outra pessoa?", ela merece uma investigação, cuja execução encontra-se em "Sobre o suposto direito de mentir por filantropia". Kant oferece neste parágrafo um critério: verificar se a máxima que governa a minha ação pode ser transformada em lei universal. O exemplo dado é o da promessa. Se eu faço uma promessa com a intenção de não a cumprir, a máxima correspondente a esta ação seria "é legítimo fazer promessas sem a intenção de cumprir". Caso ela seja pensada como lei, ou seja, como dever de prometer sem intenção de cumprir, ela implica contradição, pois prometer pressupõe a intenção de cumprir; seria como dizer "é dever ter a intenção de cumprir sem a intenção de cumprir". Nesse sentido, mais uma vez, comprova-se como Kant estabelece uma equivalência entre verdade moral e verdade lógica. Assim, as considerações finais sobre as falsas promessas não são no sentido de justificar empiricamente a necessidade de cumpri-las, mas de mostrar que há uma contradição interna na noção de falsa promessa.

Alguém poderia perguntar "não entraria uma parte de interesse quando afasto a ideia de promessa falsa pensando que de outro modo as pessoas não acreditariam em mim?". Primeiro, todo interesse da razão é interno à razão, assim, afastar a falsa promessa por temor de não ser acreditado pelos outros não pode ser um interesse da razão, dado que sua motivação é externa à razão; segundo, caso alguém não faça falsa promessa devido a esse temor, ele o está fazendo por inclinação e não por respeito à lei, por dever, logo a sua máxima não pode ser alçada à lei moral, e a sua ação não seria moral.

§19 Was ich also zu tun habe, damit mein Wollen sittlich gut sei, dazu brauche ich gar keine weit ausholende Scharfsinnigkeit. Unerfahren in Ansehung des Weltlaufs, unfähig auf alle sich eräugnende Vorfälle desselben gefaßt zu sein, frage ich mich nur: Kannst du auch wollen, daß deine Maxime ein allgemeines Gesetz werde? wo nicht, so ist sie verwerflich, und das zwar nicht um eines dir, oder auch anderen, daraus bevorstehenden Nachteils willen, sondern weil sie nicht als Prinzip in eine mögliche allgemeine Gesetzgebung passen kann; für diese aber zwingt mir die Vernunft unmittelbare Achtung ab, von der ich zwar jetzt noch nicht **einsehe**, worauf sie sich gründe (welches der Philosoph untersuchen mag), wenigstens aber doch so viel verstehe: daß es eine Schätzung des Wertes sei, welcher allen Wert dessen, was durch Neigung angepriesen wird, weit überwiegt, und daß die Notwendigkeit meiner Handlungen aus **reiner** Achtung fürs praktische Gesetz dasjenige sei, was die Pflicht ausmacht, der jeder andere Bewegungsgrund weichen muß, weil sie die Bedingung eines **an sich** guten Willens ist, dessen Wert über alles geht.

*

Para saber o que tenho de fazer para que o meu querer seja moralmente bom, não preciso de sutileza alguma que vá de A até Z. Inexperiente com respeito ao curso do mundo, incapaz de precaver-me em relação a todos os acontecimentos que ocorrem nele, eu me pergunto somente: você pode querer que a sua máxima se torne uma lei universal? Se não pode, então cabe rejeitá-la e de fato não por causa do prejuízo iminente para você ou também para outros, mas porque ela não pode ser um princípio numa possível legislação universal. Porém, para esta, a razão me exige respeito imediato, embora eu agora de fato ainda não **veja** no que se fundamenta (algo que o filósofo pode investigar), mas, no entanto, pelo menos isto eu compreendo bem: que seja uma avaliação de valor que predomine amplamente sobre todos os valores louvados pela inclinação e que a necessidade de minhas ações por **puro** respeito pela lei prática seja o que constitui o dever, ao qual todo outro motivo tem de ceder, porque ele é a condição de uma vontade boa **em si**, cujo valor supera todos.

*

Comentário: Há uma assimetria completa entre realizar uma ação por dever e realizá-la em função das suas consequências. No primeiro caso, eu tenho um critério infalível para determinar se ela é feita ou não por dever. No segundo caso, não tenho como saber as consequências da minha ação. Considere o exemplo do assassino. Se eu sei e indico a localização do meu amigo, eu posso estar certo de que mantive o dever de dizer a verdade, mas, se minto na esperança de evitar que algo lhe ocorra, nunca estou certo de que isto ocorrerá. E se o meu amigo por acaso encontrar-se no lugar que eu assinalei ao mentir, também serei criminalmente responsável pelas consequências. A razão prática tem função legisladora, e o princípio de sua aplicação pertence ao domínio de todas as pessoas, não precisa ser ensinado por ninguém, mas pode ser investigado pelo filósofo. Mas, dado que não preciso de sutilezas para distinguir o que é moral, por que uma filosofia moral seria necessária?

§20 So sind wir denn in der moralischen Erkenntnis der gemeinen Menschenvernunft bis zu ihrem Prinzip gelangt, welches sie sich zwar freilich nicht so in einer allgemeinen Form abgesondert denkt, aber doch jederzeit wirklich vor Augen hat und zum Richtmaße ihrer Beurteilung braucht. Es wäre hier leicht zu zeigen, wie sie mit diesem Kompasse in der Hand, in allen vorkommenden Fällen sehr gut Bescheid wisse, zu unterscheiden, was gut, was böse, pflichtmäßig, oder pflichtwidrig sei, wenn man, ohne sie im mindesten etwas Neues zu lehren, sie nur, wie Sokrates tat, auf ihr eigenes Prinzip aufmerksam macht, und daß es also keiner Wissenschaft und Philosophie bedürfe, um zu wissen, was man zu tun habe, um ehrlich und gut, ja sogar um weise und tugendhaft zu sein. Das ließe sich auch wohl schon zum voraus vermuten, daß die Kenntnis dessen, was zu tun, mithin auch zu wissen jedem Menschen obliegt, auch jedes, selbst des gemeinsten Menschen Sache sein werde. Hier kann man es doch nicht ohne Bewunderung ansehen, wie das praktische Beurteilungsvermögen vor dem theoretischen im gemeinen Menschenverstande so gar viel voraus habe. In dem letzteren, wenn die gemeine Vernunft es wagt, von den Erfahrungsgesetzen und den Wahrnehmungen der Sinne abzugehen, gerät sie in lauter Unbegreiflichkeiten und Widersprüche mit sich selbst, wenigstens in ein Chaos von Ungewißheit, Dunkelheit und Unbestand. Im praktischen aber fängt die Beurteilungskraft denn eben allererst an, sich recht vorteilhaft zu zeigen, wenn der gemeine Verstand alle sinnliche Triebfedern von praktischen Gesetzen ausschließt. Er wird alsdann sogar subtil, es mag sein, daß er mit seinem Gewissen, oder anderen Ansprüchen in Beziehung auf das, was Recht heißen soll, schikanieren, oder auch den Wert der Handlungen zu seiner eigenen Belehrung aufrichtig bestimmen will, und, was das meiste ist, er kann im letzteren Falle sich eben so gut Hoffnung machen, es recht zu treffen, als es sich immer ein Philosoph versprechen mag, ja ist beinahe noch sicherer hierin, als selbst der letztere, weil dieser doch kein anderes Prinzip als jener haben, sein Urteil aber, durch eine Menge fremder, nicht zur Sache gehöriger Erwägungen, leicht verwirren und von der geraden Richtung abweichend machen kann. Wäre es demnach nicht ratsamer, es in moralischen Dingen bei dem gemeinen Vernunfturteil bewenden zu lassen und höchstens nur Philosophie anzubringen, um das System der Sitten desto vollständiger und faßlicher, imgleichen die Regeln derselben zum Gebrauche (noch mehr aber zum Disputieren) bequemer darzustellen, nicht aber um selbst in praktischer Absicht den gemeinen Menschenverstand von seiner glücklichen Einfalt abzubringen, und ihn durch Philosophie auf einen neuen Weg der Untersuchung und Belehrung zu bringen?

*

Portanto, chegamos, no conhecimento moral da razão humana comum, até ao seu princípio, que certamente ela não concebe segregado deste modo em uma forma universal, mas que, no entanto, ela tem efetivamente sempre diante dos olhos e requerida como padrão para sua avaliação. Seria fácil mostrar aqui como ela, com esse compasso na mão, sabe muito bem distinguir em todas as situações ocorridas o que é bom, mau, conforme ao dever ou contrário ao dever, caso, sem que ela tenha de aprender algo minimamente novo, dirija, como Sócrates fez, sua atenção para seu próprio princípio, e, portanto, ela não precisa de ciência ou filosofia alguma para saber o que se deve fazer para ser honrado e bom, até mesmo sábio e virtuoso. Poder-se-ia até ter presumido de antemão que o conhecimento do que é adequado a todo homem fazer, consequentemente também saber, seria questão de todo homem, mesmo do mais comum. No entanto, aqui não se pode considerar sem admiração como a capacidade prática de avaliação está tão à frente da teórica no entendimento humano comum. Na última, caso a razão comum se arrisque a afastar-se das leis da experiência e das percepções dos sentidos, ela cai em incompreensões e contradições consigo mesma, no mínimo em um caos de incerteza, obscuridade e inconsistência. Mas, na prática, a capacidade de avaliar só começa a mostrar--se vantajosa precisamente quando o entendimento comum exclui todos os móbeis sensíveis das leis práticas. Ele então se torna até sutil, seja trapaceando com sua consciência ou com outras exigências relacionadas ao que se deve chamar de justo, seja querendo determinar sinceramente o valor das ações para sua própria instrução; e, o que é melhor, ele pode no último caso até ter a boa esperança de encontrar o justo, como um filósofo pode sempre prometer a si mesmo; de fato, aqui ele está quase mais seguro de si mesmo do que o filósofo, porque este, embora não tenha qualquer outro princípio que aquele, pode facilmente desorientar seu juízo por uma quantidade de considerações alheias que não pertencem ao tema e desviar-se da direção justa. Portanto, não seria mais aconselhável, nas questões morais, contentar-se com o juízo racional comum e, quando muito, recorrer à filosofia apenas para expor o sistema da moral o mais completo e inteligível e expor suas regras para um uso mais cômodo (mais ainda para contestações), mas não para desviar o entendimento humano comum, mesmo no propósito prático, de sua afortunada simplicidade e conduzi-lo por meio da filosofia a um novo caminho de investigação e instrução?

*

Comentário: A razão comum só apreende a moralidade em situações concretas, diferente da razão moral filosófica, que se volta para o universal, portanto, para o abstrato; ou seja, a razão comum sabe aplicar o princípio moral em situações cotidianas, mas é incapaz de lhe dar uma formulação abstrata, universal, que é justamente o propósito de Kant na *Fundamentação*. Em outras palavras, uma filosofia moral é necessária para que se possa estabelecer com clareza a formulação do princípio moral, de modo a evitar a tentação de lhe acrescentar móbeis empíricos.

Do mesmo modo que Sócrates, Kant acredita que os homens sejam capazes de fazer juízos morais adequados. Mas, diferente do filósofo grego, que buscava estabelecer os tipos gerais de juízos morais, Kant busca derivar do dever o que funda a sua possibilidade, ou seja, responder à questão: como os juízos morais são possíveis? A investigação desta questão é outra razão para justificar a necessidade de uma filosofia moral.

Na relação entre razão teórica e razão prática existe nítida vantagem desta em relação àquela no que se refere à razão comum. Pois, no plano teórico, quanto mais nos afastamos da experiência, mais somos levados a criar verdadeiros castelos no ar, ou seja, existe uma propensão a se criar utopias, a iludir-se; no entanto, no plano prático, quanto mais deixamos de lado os móbeis empíricos, mais o nosso juízo moral é válido. As duas justificativas têm de ser pesadas contra a propensão dos filósofos de se desviarem do ensinamento da razão comum e assim deturparem a própria moral. Podemos resumir as coisas até aqui da seguinte maneira: é preciso confrontar a exigência de uma filosofia moral com o valor do juízo da razão comum e da simplicidade da inteligência moral humana.

§21 Es ist eine herrliche Sache um die Unschuld, nur ist es auch wiederum sehr schlimm, daß sie sich nicht wohl bewahren läßt und leicht verführt wird. Deswegen bedarf selbst die Weisheit – die sonst wohl mehr im Tun und Lassen, als im Wissen besteht – doch auch der Wissenschaft, nicht um von ihr zu lernen, sondern ihrer Vorschrift Eingang und Dauerhaftigkeit zu verschaffen. Der Mensch fühlt in sich selbst ein mächtiges Gegengewicht gegen alle Gebote der Pflicht, die ihm die Vernunft so hochachtungswürdig vorstellt, an seinen Bedürfnissen und Neigungen, deren ganze Befriedigung er unter dem Namen der Glückseligkeit zusammenfaßt. Nun gebietet die Vernunft, ohne doch dabei den Neigungen etwas zu verheißen, unnachlaßlich, mithin gleichsam mit Zurücksetzung und Nichtachtung jener so ungestümen und dabei so billig scheinenden Ansprüche (die sich durch kein Gebot wollen aufheben lassen) ihre Vorschriften. Hieraus entspringt aber eine **natürliche Dialektik**, d. i. ein Hang, wider jene strenge Gesetze der Pflicht zu vernünfteln, und ihre Gültigkeit, wenigstens ihre Reinigkeit und Strenge in Zweifel zu ziehen, und sie, wo möglich, unsern Wünschen und Neigungen angemessener zu machen, d. i. sie im Grunde zu verderben und um ihre ganze Würde zu bringen, welches denn doch selbst die gemeine praktische Vernunft am Ende nicht gutheißen kann.

*

Há algo de magnífico na inocência, mas também, por outro lado, algo de muito mal: ela não consegue se proteger adequadamente e é facilmente seduzida. Por isso, mesmo a sabedoria – que, de qualquer forma, consiste mais em comportar-se do que em saber – precisa ainda da ciência, não para aprender dela, mas para conferir acesso e durabilidade aos seus preceitos. O ser humano sente dentro de si um poderoso contrapeso contra todos os mandamentos do dever que a razão representa para ele como dignos de sumo respeito, as suas carências e inclinações, cuja completa satisfação ele agrupa sob o nome de felicidade. Ora, a razão impõe irredutivelmente seus preceitos, sem, no entanto, prometer nada às inclinações, portanto, como se tivesse desconsideração e desprezo por aquelas pretensões tão impetuosas, além disso tão aparentemente vulgares (e que se recusam a ser suprimidas por qualquer mandamento). Mas disto resulta uma **dialética natural**, ou seja, uma tendência para racionalizar contra toda lei rigorosa do dever e para duvidar de sua validade, no mínimo de sua pureza e rigor, e, onde possível, adequá-las às nossas aspirações e inclinações, ou seja, corrompê-las na base e atingir toda sua dignidade, algo, no entanto, que a própria razão prática comum no final não pode chamar de boa.

*

Comentário: Neste parágrafo, Kant introduz a ideia de inocência para poder afastá-la como critério da moralidade. O primeiro problema com a inocência é a sua tendência a se deixar facilmente seduzir, ou seja, as inclinações têm grande atração sobre ela. O ser humano como ser racional é também atraído por tudo aquilo que é próprio à sensibilidade. O resultado é o que Kant chama aqui de "dialética natural", a saber, a tentação de misturar o princípio da moralidade, que é puro, com as inclinações da sensibilidade. Justamente para evitar esta última torna-se necessária uma filosofia moral. Contudo, não reside apenas na sensibilidade a possibilidade de corromper a moralidade, há toda uma doutrina do mal radical que Kant expõe em *A religião nos limites da razão simples* – o mal que se origina de máximas contrárias ao bem. Existe no homem um mal radical, uma propensão (o fundamento subjetivo da possibilidade de uma inclinação) enraizada na sua espécie, a desviar-se da máxima de moralidade, ainda que seja consciente dela. "Pode-se distinguir três graus distintos desta propensão (lembrando que propensão está sempre ligada à capacidade moral de escolha). Há inicialmente a fraqueza do coração humano na observância das máximas adotadas ou a fragilidade da natureza humana; segundo, a propensão para adulterar móbeis morais com imorais (mesmo quando feito com boa intenção, e sob máximas do bem), ou seja, impureza; terceiro, a propensão para adotar máximas más; isto é, a depravação da natureza humana ou do coração humano" (6:29). E adiante:

> [...] temos de pressupor o mal como subjetivamente necessário em todo ser humano, mesmo nos melhores. Ora, desde que esta propensão tem de ser considerada em si mesma moralmente má, uma vez que não é uma predisposição natural, mas algo por que um ser humano pode ser responsabilizado, consequentemente ela tem de consistir em máximas do poder de escolha

contrário à lei, e ainda assim, por causa da liberdade, tais máximas têm de ser vistas como acidentais, uma circunstância que não concorda com a universalidade do mal a menos que sua fundamentação subjetiva suprema não estivesse em todos os casos entrelaçada com a própria humanidade, como se estivesse enraizada na mesma: de modo que podemos chamar este fundamento de uma propensão natural para o mal, e, desde que em todas as ocasiões decorre da própria falta de alguém, podemos além disso chamá-la de um mal radical inato na natureza humana (embora sempre produzido por nós mesmos) (6:32).

§22 So wird also die **gemeine Menschenvernunft** nicht durch irgend ein Bedürfnis der Spekulation (welches ihr, so lange sie sich genügt, bloße gesunde Vernunft zu sein, niemals anwandelt), sondern selbst aus praktischen Gründen angetrieben, aus ihrem Kreise zu gehen, und einen Schritt ins Feld einer **praktischen Philosophie** zu tun, um daselbst, wegen der Quelle ihres Prinzips und richtigen Bestimmung desselben in Gegenhaltung mit den Maximen, die sich auf Bedürfnis und Neigung fußen, Erkundigung und deutliche Anweisung zu bekommen, damit sie aus der Verlegenheit wegen beiderseitiger Ansprüche herauskomme, und nicht Gefahr laufe, durch die Zweideutigkeit, in die sie leicht gerät, um alle ächte sittliche Grundsätze gebracht zu werden. Also entspinnt sich eben sowohl in der praktischen gemeinen Vernunft, wenn sie sich kultiviert, unvermerkt eine **Dialektik**, welche sie nötigt, in der Philosophie hülfe zu suchen, als es ihr im theoretischen Gebrauche widerfährt, und die erstere wird daher wohl eben so wenig, als die andere, irgendwo sonst, als in einer vollständigen Kritik unserer Vernunft, Ruhe finden.

*

Portanto, a **razão humana comum** não é impelida por qualquer necessidade especulativa (que nunca se apodera dela na medida em que ela se satisfaz em ser apenas uma razão sadia), mas pelos próprios motivos práticos, a sair de seu círculo e dar um passo para dentro do campo de uma **filosofia prática**, para obter aí informação e instrução clara acerca da fonte de seu princípio e da correta determinação dele, em oposição às máximas baseadas na carência e na inclinação, de modo que ela possa sair do embaraço devido a pretensões opostas e não corra o perigo, por causa da ambiguidade em que facilmente cai, de perder todos os princípios morais prescritos. Por conseguinte, desenvolve-se imperceptivelmente também na razão prática comum, caso ela seja cultivada, uma **dialética**, que a obriga a procurar auxílio na filosofia, como ocorre no uso teorético, e tanto a primeira como não menos a segunda não podem encontrar repouso em nenhum outro lugar senão em uma crítica completa da nossa razão.

*

Comentário: A *Crítica da Razão Pura* mostrou que os limites do conhecimento estão fixados pela experiência, embora esta esteja condicionada pelas formas *a priori* que impomos às coisas, de modo que não as conhecemos como elas são em si, mas como são para nós; em outras palavras, pela função legisladora da razão impomos leis aos fenômenos. No domínio prático, torna-se igualmente necessária uma crítica para mostrar que a moral, a saber, o seu princípio, fundamenta-se no poder legislador da razão e não em quaisquer móbeis empíricos. Aliás, foi a própria dialética da *CRP* que tornou necessária a investigação do campo prático quando se mostrou que as ideias transcendentais, a liberdade da vontade, a imortalidade da alma e a existência de Deus, não podiam ser objetos de conhecimento, mas podiam e deviam ser os objetos do domínio prático. Não custa enfatizar que a filosofia de Kant é essencialmente metodológica, na qual as analogias e metáforas com vias, caminhos, percursos aparecem em grande número.

ZWEITER ABSCHNITT

SEGUNDA SEÇÃO

*

ÜBERGANG VON DER POPULÄREN SITTLICHEN
WELTWEISHEIT ZUR METAPHYSIK DER SITTEN

TRANSIÇÃO DA FILOSOFIA MORAL
POPULAR PARA A METAFÍSICA DA MORAL

§1   Wenn wir unsern bisherigen Begriff der Pflicht aus dem gemeinen Gebrauche unserer praktischen Vernunft gezogen haben, so ist daraus keinesweges zu schließen, als hätten wir ihn als einen Erfahrungsbegriff behandelt. Vielmehr, wenn wir auf die Erfahrung vom Tun und Lassen der Menschen Acht haben, treffen wir häufige und, wie wir selbst einräumen, gerechte Klagen an, daß man von der Gesinnung, aus reiner Pflicht zu handeln, so gar keine sichere Beispiele anführen könne, daß, wenn gleich manches dem, was **Pflicht** gebietet, **gemäß** geschehen mag, dennoch es immer noch zweifelhaft sei, ob es eigentlich **aus Pflicht** geschehe und also einen moralischen Wert habe. Daher es zu aller Zeit Philosophen gegeben hat, welche die Wirklichkeit dieser Gesinnung in den menschlichen Handlungen schlechterdings abgeleugnet und alles der mehr oder weniger verfeinerten Selbstliebe zugeschrieben haben, ohne doch deswegen die Richtigkeit des Begriffs von Sittlichkeit in Zweifel zu ziehen, vielmehr mit inniglichem Bedauren der Gebrechlichkeit und Unlauterkeit der menschlichen Natur Erwähnung taten, die zwar edel gnug sei, sich eine so achtungswürdige Idee zu ihrer Vorschrift zu machen, aber zugleich zu schwach, um sie zu befolgen, und die Vernunft, die ihr zur Gesetzgebung dienen sollte, nur dazu braucht, um das Interesse der Neigungen, es sei einzeln oder, wenn es hoch kommt, in ihrer größten Verträglichkeit unter einander, zu besorgen.

*

Embora até agora tenhamos extraído o nosso conceito de dever do uso comum de nossa razão prática, não cabe de modo algum concluir que o tenhamos tratado como conceito empírico. Pelo contrário, embora tenhamos atentado para a experiência de agir e omitir dos homens, temos frequentemente encontrado, como nós mesmos admitimos, queixas justificadas de que nenhum exemplo seguro poderia ser dado do ponto de vista de que se age por puro dever; que, embora muitas vezes algo possa ocorrer **de acordo com** o que o **dever** manda, ainda assim é sempre duvidoso se ocorre propriamente **por dever** e que, portanto, tenha valor moral. Por isso, em todas as épocas existiram filósofos que negaram absolutamente a realidade desse ponto de vista sobre as ações humanas e atribuíram tudo a um amor-próprio mais ou menos refinado, sem, no entanto, por isso, colocar em dúvida a justeza do conceito de moralidade; pelo contrário, falaram com profundo pesar da fraqueza e da vilania da natureza humana, que de fato seria suficientemente nobre para fazer sua diretiva de uma ideia assim tão digna de respeito, mas ao mesmo tempo fraca demais para segui-la, e a razão, que deveria servi-la para legislar, é requerida apenas para ocupar-se com o interesse das inclinações, seja de algumas, ou, no máximo, com a maior compatibilidade possível entre elas.

*

Comentário: O conceito de dever, na primeira seção, foi tratado durante o exame da consciência moral comum. No entanto, não significa que o conceito de dever seja um conceito empírico. Pois, como foi mostrado, o que tem valor moral é o dever pelo dever, ou seja, sem nenhum móbil empírico. Por outro lado, tampouco a noção de dever pode ser concebida como ato da consciência moral comum. A análise procurou mostrar o dever como fato da razão, ou seja, como algo objetivo e universal. Uma indicação a mais de que não se trata de um conceito empírico é que se pode duvidar se seria possível encontrar na experiência comum dos homens um exemplo de uma ação realizada conforme o dever por dever. Quando ela é realizada conforme o dever, podemos dizer que a ação seja legal, mas não que ela seja moral. Uma obra que ressalte o papel da razão como conciliadora entre as diversas inclinações, como se lê no final deste parágrafo, é uma obra dedicada à prudência, mas nunca uma obra moral, pois não considera o papel legislador da razão.

§2 In der Tat ist es schlechterdings unmöglich, durch Erfahrung einen einzigen Fall mit völliger Gewißheit auszumachen, da die Maxime einer sonst pflichtmäßigen Handlung lediglich auf moralischen Gründen und auf der Vorstellung seiner Pflicht beruht habe. Denn es ist zwar bisweilen der Fall, daß wir bei der schärfsten Selbstprüfung gar nichts antreffen, was außer dem moralischen Grunde der Pflicht mächtig gnug hätte sein können, uns zu dieser oder jener guten Handlung und so großer Aufopferung zu bewegen; es kann aber daraus gar nicht mit Sicherheit geschlossen werden, daß wirklich gar kein geheimer Antrieb der Selbstliebe, unter der bloßen Vorspiegelung jener Idee, die eigentliche bestimmende Ursache des Willens gewesen sei, dafür wir denn gerne uns mit einem uns fälschlich angemaßten edlern Bewegungsgrunde schmeicheln, in der Tat aber selbst durch die angestrengteste Prüfung hinter die geheimen Triebfedern niemals völlig kommen können, weil, wenn vom moralischen Werte die Rede ist, es nicht auf die Handlungen ankommt, die man sieht, sondern auf jene innere Prinzipien derselben, die man nicht sieht.

*

De fato, é absolutamente impossível localizar na experiência com plena certeza um único caso em que a máxima de uma ação, de resto conforme ao dever, esteja baseada apenas na fundamentação moral e na representação de seu dever. Na verdade, ocasionalmente é o caso de que nós, por intermédio da mais penetrante autoanálise, não encontremos nada que poderia ter sido suficientemente forte, fora o fundamento moral do dever, para nos mover para esta ou aquela boa ação e para um sacrifício tão grande; mas disso não pode ser inferido com certeza que efetivamente nenhum impulso secreto de amor-próprio, sob a mera aparência daquela ideia, seja a causa verdadeiramente determinante da vontade; pois gostamos de nos vangloriar com um motivo nobre que falsamente nos atribuímos, pois de fato nunca pode vir completamente à tona o móbil secreto, mesmo mediante o mais rigoroso exame; porque, quando se fala de valor moral, o que importa não é a ação que se vê, mas o princípio interno dela, que não se vê.

*

Comentário: Notem que o valor moral da ação não pode ser obtido por introspecção, ou seja, pela mais penetrante autoanálise, dada a inclinação dos homens para atribuir-se falsamente que estão agindo conforme o dever por dever. Em outras palavras, o amor-próprio tem uma inclinação por achar que age moralmente, quando, na verdade, o móbil de sua ação seria o próprio amor-próprio. Assim, o valor moral da ação não está na ação, mas no princípio da ação, e este não é algo que possa ser observado. Kant não está negando a possibilidade da existência de ações morais entre os homens, mas sim a impossibilidade de provar que tais ações existam.

§3 Man kann auch denen, die alle Sittlichkeit, als bloßes Hirngespinst einer durch Eigendünkel sich selbst übersteigenden menschlichen Einbildung, verlachen, keinen gewünschteren Dienst tun, als ihnen einzuräumen, daß die Begriffe der Pflicht (so wie man sich auch aus Gemächlichkeit gerne überredet, daß es auch mit allen übrigen Begriffen bewandt sei) lediglich aus der Erfahrung gezogen werden mußten; denn da bereitet man jenen einen sichern Triumph. Ich will aus Menschenliebe einräumen, daß noch die meisten unserer Handlungen pflichtmäßig seien; sieht man aber ihr Tichten und Trachten näher an, so stößt man allenthalben auf das liebe Selbst, was immer hervorsticht, worauf, und nicht auf das strenge Gebot der Pflicht, welches mehrmalen Selbstverleugnung erfordern würde, sich ihre Absicht stützet. Man braucht auch eben kein Feind der Tugend, sondern nur ein kaltblütiger Beobachter zu sein, der den lebhaftesten Wunsch für das Gute nicht sofort für dessen Wirklichkeit hält, um (vornehmlich mit zunehmenden Jahren und einer durch Erfahrung teils gewitzigten, teils zum Beobachten geschärften Urteilskraft) in gewissen Augenblicken zweifelhaft zu werden, ob auch wirklich in der Welt irgend wahre Tugend angetroffen werde. Und hier kann uns nun nichts vor dem gänzlichen Abfall von unseren Ideen der Pflicht bewahren und gegründete Achtung gegen ihr Gesetz in der Seele erhalten, als die klare Überzeugung, daß, wenn es auch niemals Handlungen gegeben habe, die aus solchen reinen Quellen entsprungen wären, dennoch hier auch davon gar nicht die Rede sei, ob dies oder jenes geschehe, sondern die Vernunft für sich selbst und unabhängig von allen Erscheinungen gebiete, was geschehen soll, mithin Handlungen, von denen die Welt vielleicht bisher noch gar kein Beispiel gegeben hat, an deren Tunlichkeit sogar der, so alles auf Erfahrung gründet, sehr zweifeln möchte, dennoch durch Vernunft unnachlaßlich geboten sei, und daß z. B. reine Redlichkeit in der Freundschaft um nichts weniger von jedem Menschen gefordert werden könne, wenn es gleich bis jetzt gar keinen redlichen Freund gegeben haben möchte, weil diese Pflicht als Pflicht überhaupt, vor aller Erfahrung, in der Idee einer den Willen durch Gründe a priori bestimmenden Vernunft liegt.

*

Também não se pode servir melhor aos desejos daqueles que ridicularizam toda moralidade, como mera fantasia da imaginação humana que por arrogância ultrapassa a si mesma, do que lhes conceder que o conceito de dever (como por preguiça gostamos de nos convencer que também seria o caso de todos os outros conceitos) teria de ser extraído apenas da experiência; pois desse modo se prepara para eles um triunfo certo. Quero conceder por amor à humanidade que até a maioria de nossas ações seja conforme ao dever; mas, caso se olhe de mais perto suas aspirações e inspirações, depara-se em todo lugar com o amado eu, que sempre se faz notar; é neste, e não no mandamento estrito do dever que repetidamente exigiria autorrenúncia, que o propósito se apoia. Não é necessário ser inimigo da virtude, mas somente um observador de sangue-frio que não tome imediatamente a aspiração mais intensa pelo bem como sua realidade, para (principalmente com o passar dos anos e de uma faculdade de julgar, tornada pela experiência em parte mais perspicaz, em parte mais penetrante em observar) duvidar em certos momentos se também se encontraria efetivamente qualquer virtude verdadeira no mundo. E então nada pode nos proteger da completa ruína de nossas ideias de dever e nada pode conservar o respeito fundamentado por sua lei em nossa alma do que a clara convicção de que, mesmo que nunca existissem ações que se originassem de tais fontes puras, ainda assim o que está em questão não é se isto ou aquilo ocorreu, mas se a razão por si mesma e independente de todos os fenômenos manda o que deve ocorrer; por consequência, ações de que o mundo até agora talvez ainda não tenha dado nenhum exemplo, cuja própria exequibilidade, para aqueles que fundam tudo na experiência, possa ser muito duvidosa, ainda assim seriam inflexivelmente prescritas pela razão, e, por exemplo, a pura lealdade na amizade não pode ser menos exigida de todo homem, mesmo que até agora não tenha havido nenhum amigo leal, porque esse dever, como dever em geral anterior a toda experiência, reside na ideia de uma razão que determina a vontade por meio de fundamentos *a priori*.

*

Comentário: Os que obteriam um triunfo certo são os empiristas. Tanto no domínio da razão teorética, como no da razão prática, os empiristas, por derivarem todos os conceitos da experiência, acabam por tornar irremediavelmente subjetiva tanto a ciência como a moralidade. Dado que a moralidade é o domínio do dever ser e não do ser, o fato de uma ação conforme o dever por dever não ter jamais ocorrido não acarreta a falsidade de que algo deva ocorrer por dever. Assim, a moralidade é o domínio da razão e não o da experiência.

§4 Setzt man hinzu, daß, wenn man dem Begriffe von Sittlichkeit nicht gar alle Wahrheit und Beziehung auf irgend ein mögliches Objekt bestreiten will, man nicht in Abrede ziehen könne, daß sein Gesetz von so ausgebreiteter Bedeutung sei, daß es nicht bloß für Menschen, sondern alle **vernünftige Wesen überhaupt**, nicht bloß unter zufälligen Bedingungen und mit Ausnahmen, sondern **schlechterdings notwendig** gelten müsse: so ist klar, daß keine Erfahrung, auch nur auf die Möglichkeit solcher apodiktischen Gesetze zu schließen, Anlaß geben könne. Denn mit welchem Rechte können wir das, was vielleicht nur unter den zufälligen Bedingungen der Menschheit gültig ist, als allgemeine Vorschrift für jede vernünftige Natur in unbeschränkte Achtung bringen, und wie sollen Gesetze der Bestimmung **unseres** Willens für Gesetze der Bestimmung des Willens eines vernünftigen Wesens überhaupt, und, nur als solche, auch für den unsrigen gehalten werden, wenn sie bloß empirisch wären, und nicht völlig a priori aus reiner, aber praktischer Vernunft ihren Ursprung nähmen?

*

Caso se acrescente que, a menos que se queira recusar ao conceito de moralidade toda a verdade e toda a relação com um objeto possível, não se pode discordar de que sua lei seja de tão extensa significação que tenha de valer não apenas para os homens, mas para todo **ser racional em geral**, não apenas sob condições fortuitas e com exceções, mas com **absoluta necessidade**: então é claro que nenhuma experiência pode dar oportunidade para inferir sequer a possibilidade de tais leis apodíticas. Pois, com que direito nós poderíamos ter respeito ilimitado como prescrição universal para toda natureza racional, o que talvez seja somente válido sob as condições contingentes do ser humano, e como deveriam as leis da determinação de **nossa** vontade ser tomadas como leis da determinação da vontade de um ser racional em geral, e somente como tal, caso elas fossem apenas empíricas e não tivessem sua origem completamente *a priori* em uma razão pura, mas prática?

*

Comentário: Este parágrafo é mais uma defesa da concepção de que a moral está baseada na razão e não na experiência. Caso a moralidade fosse derivada da experiência humana, ela só teria valor para os homens e não poderia pretender universalidade absoluta. Ela seria função da natureza humana. Mas se isto fosse verdadeiro, a ação moral estaria determinada por essa mesma natureza e, portanto, não haveria liberdade e, *a fortiori*, moralidade. Por outro lado, notem que Kant ainda não estabeleceu a identidade entre puro e prático, ou seja, que uma razão prática é necessariamente pura, como está presente na *Crítica da Razão Prática*.

§5 Man könnte auch der Sittlichkeit nicht übler raten, als wenn man sie von Beispielen entlehnen wollte. Denn jedes Beispiel, was mir davon vorgestellt wird, muß selbst zuvor nach Prinzipien der Moralität beurteilt werden, ob es auch würdig sei, zum ursprünglichen Beispiele, d. i. zum Muster zu dienen, keinesweges aber kann es den Begriff derselben zu oberst an die Hand geben. Selbst der Heilige des Evangelii muß zuvor mit unserm Ideal der sittlichen Vollkommenheit verglichen werden, ehe man ihn dafür erkennt; auch sagt er von sich selbst: was nennt ihr mich (den ihr sehet) gut, niemand ist gut (das Urbild des Guten) als der einige Gott (den ihr nicht sehet). Woher aber haben wir den Begriff von Gott, als dem höchsten Gut? Lediglich aus der **Idee**, die die Vernunft a priori von sittlicher Vollkommenheit entwirft, und mit dem Begriffe eines freien Willens unzertrennlich verknüpft. Nachahmung findet im Sittlichen gar nicht statt, und Beispiele dienen nur zur Aufmunterung, d. i. sie setzen die Tunlichkeit dessen, was das Gesetz gebietet, außer Zweifel, sie machen das, was die praktische Regel allgemeiner ausdrückt, anschaulich, können aber niemals berechtigen, ihr wahres Original, das in der Vernunft liegt, bei Seite zu setzen und sich nach Beispielen zu richten.

*

Também não se poderia aconselhar pior a moralidade do que querer derivá-la de exemplos. Pois, todo exemplo, que me é exposto, tem primeiro de ser julgado segundo princípios morais, para saber se ele é digno de servir de exemplo original, ou seja, de modelo, mas de modo algum pode dar o seu conceito supremo. Mesmo o Santo do Evangelho tem de ser comparado antes com o nosso ideal de perfeição moral, antes de ser reconhecido como tal, também ele diz de si mesmo: por que vós me chamais de bom (a mim que vós vedes)? Ninguém é bom (o protótipo do bem) senão somente Deus (que vós não vedes). Mas donde tiramos o conceito de Deus, como o de sumo bem? Apenas da **ideia** de que a razão projeta *a priori* de perfeição moral, e que está ligada indissoluvelmente com o conceito de uma vontade livre. Imitação não encontra lugar algum na moralidade, e os exemplos servem somente para encorajamento, ou seja, colocam fora de dúvida a exequibilidade do que a lei manda, tornam intuitivo o que a regra prática expressa de forma mais geral, mas não podem jamais justificar que se ponha de lado sua verdade original, que reside na razão, e que sejamos orientados por exemplos.

*

Comentário: Kant entende o Cristo como sendo um símbolo, ou seja, como algo que simboliza um ideal; ideal no sentido de personificar uma ideia; no caso, a ideia de perfeição moral. Mas Cristo pode ser entendido como exemplo empírico do bem? Na nota 54, p. 78, Delbos acredita que a passagem do Evangelho seja Mateus, 19:17. A citação completa é: "Aí alguém se aproximou dele e disse: 'Mestre, que farei de bom para ter a vida eterna?' Respondeu: 'Por que me perguntas sobre o que é bom? O Bom é um só. Mas se queres entrar para a Vida, guarda os mandamentos'". Philonenko, na mesma nota, tem razão ao apontar que a referência da passagem de Kant não é esta, pois o que se pergunta aqui é, na verdade, "que devo fazer?" e "que posso esperar, caso faça o que devo fazer?". Em outras palavras, a passagem não mostra Cristo como ideal de perfeição. A passagem correta encontra-se em Marcos, 10:17: "Ao retomar o seu caminho, alguém correu e ajoelhou-se diante dele, perguntando: 'Bom Mestre, que farei para herdar a vida eterna?' Jesus respondeu: 'Por que me chamas de bom? Ninguém é bom senão Deus'" ou em Lucas 18:18: "Certo homem de posição lhe perguntou: 'Bom Mestre, que devo fazer para herdar a vida eterna?' Jesus respondeu: 'Por que me chamas de bom? Ninguém é bom, senão Deus'". Nestas duas passagens, no contexto da pergunta "Que devo fazer?", e com a resposta sendo a mesma dada em Mateus – seguir os mandamentos –, Jesus responde que ninguém é bom, ou seja, na experiência não se encontra o bem, apenas em Deus, algo que está fora da experiência possível. Em outros termos, Kant pretende usar essa passagem para defender que Jesus não é um exemplo empírico do bem, que o bem não é algo que possa ser extraído da experiência, portanto, é algo *a priori*. Assim, não tem sentido uma concepção de moral que recorra a exemplos; no máximo, ela mostra a possibilidade de executar uma ação conforme o dever por dever.

§6 Wenn es denn keinen echten obersten Grundsatz der Sittlichkeit gibt, der nicht unabhängig von aller Erfahrung bloß auf reiner Vernunft beruhen müßte, so glaube ich, es sei nicht nötig, auch nur zu fragen, ob es gut sei, diese Begriffe, so wie sie, samt den ihnen zugehörigen Prinzipien, a priori feststehen, im allgemeinen (in abstracto) vorzutragen, wofern das Erkenntnis sich vom gemeinen unterscheiden und philosophisch heißen soll. Aber in unsern Zeiten möchte dieses wohl nötig sein. Denn, wenn man Stimmen sammelte, ob reine von allem Empirischen abgesonderte Vernunfterkenntnis, mithin Metaphysik der Sitten, oder populäre praktische Philosophie vorzuziehen sei, so errät man bald, auf welche Seite das Übergewicht fallen werde.

*

Pois, se não houver nenhum princípio supremo e genuíno de moralidade que, independentemente de toda experiência, tenha de ser baseado apenas na razão pura, então acredito que não seja necessário sequer perguntar se seria uma coisa boa expor estes conceitos de modo geral (*in abstracto*), como eles são estabelecidos *a priori*, junto com os princípios que lhes pertencem, caso o conhecimento deva se distinguir do comum e chamar--se filosófico. Mas em nossa época essa pergunta poderia ser bem necessária. Pois caso se contassem os votos se seria preferível um conhecimento racional puro separado de todo empírico, consequentemente de uma metafísica moral, ou de uma filosofia prática popular, logo se adivinharia de que lado o sobrepeso cairia.

*

Comentário: Afastada toda tentativa de fundamentar a moralidade na experiência, Kant volta-se agora para a crítica da filosofia prática vulgar, que goza de apoio popular. Nos parágrafos seguintes, ele aponta os defeitos desse tipo de filosofia e dá as condições necessárias para que mesmo uma obra de divulgação possa, ainda assim, ser rigorosa.

§7 Diese Herablassung zu Volksbegriffen ist allerdings sehr rühmlich, wenn die Erhebung zu den Prinzipien der reinen Vernunft zuvor geschehen und zur völligen Befriedigung erreicht ist, und das würde heißen, die Lehre der Sitten zuvor auf Metaphysik **gründen**, ihr aber, wenn sie fest steht, nachher durch Popularität **Eingang** verschaffen. Es ist aber äußerst ungereimt, dieser in der ersten Untersuchung, worauf alle Richtigkeit der Grundsätze ankommt, schon willfahren zu wollen. Nicht allein, daß dieses Verfahren auf das höchst seltene Verdienst einer wahren **philosophischen Popularität** niemals Anspruch machen kann, indem es gar keine Kunst ist, gemeinverständlich zu sein, wenn man dabei auf alle gründliche Einsicht Verzicht tut: so bringt es einen ekelhaften Mischmasch von zusammengestoppelten Beobachtungen und halbvernünftelnden Prinzipien zum Vorschein, daran sich schale Köpfe laben, weil es doch etwas gar Brauchbares fürs alltägliche Geschwätz ist, wo Einsehende aber Verwirrung fühlen, und unzufrieden, ohne sich doch helfen zu können, ihre Augen wegwenden, obgleich Philosophen, die das Blendwerk ganz wohl durchschauen, wenig Gehör finden, wenn sie auf einige Zeit von der vorgeblichen Popularität abrufen, um nur allererst nach erworbener bestimmter Einsicht mit Recht populär sein zu dürfen.

*

Este descenso até conceitos populares é certamente bastante louvável, caso o ascenso a princípios da razão pura tenha ocorrido primeiro e alcançado sua plena satisfação, e isto quer dizer que a doutrina da Moral está **fundamentada** primeiro na metafísica, e depois, caso esteja firmemente estabelecida, lhe é dado **acesso** à sua popularidade. Mas é completamente absurdo já querer satisfazê-la na primeira investigação, da qual depende toda exatidão dos princípios. Não somente esse procedimento não pode nunca pretender o mérito muito raro de ter uma verdadeira **popularidade filosófica**, pois não há nenhuma arte em ser em geral compreendido, caso se renuncie a todo discernimento fundamentado, como ele traz à luz uma mixórdia intragável de observações descosidas e princípios semirracionais com os quais se refestelam as cabeças ocas, porque há aí, no entanto, algo bastante útil para os mexericos cotidianos, mas os que têm algum discernimento se sentem confusos e descontentes, entretanto, sem serem capazes de ajudar a si mesmos, desviam seu olhar; enquanto os filósofos, que descortinam muito bem a fraude, encontram poucos ouvintes quando por algum tempo se afastam da pretensa popularidade para só depois de adquirir um discernimento determinado poderem com direito ser populares.

*

Comentário: Kant explicita agora as condições para que uma filosofia moral possa se tornar popular: ela deve ser precedida de uma fundamentação metafísica. Em outras palavras, é preciso estabelecer os princípios *a priori* da moralidade, antes de poder lhes dar uma formulação que seja acessível e possa gozar de popularidade. No caso presente, é preciso determinar, por meio do exame da consciência moral comum, o princípio que governa seus julgamentos morais, dado que as pessoas que o usam são incapazes de formulá-lo. A filosofia popular que pretende dar acesso imediato à filosofia, por não distinguir com clareza o que é empírico do que é *a priori*, acaba por misturá-los e oferece algo que pode ser útil para a tagarelice cotidiana – as ofertas estão descritas no parágrafo seguinte –, mas que, aos olhos daqueles que têm algum discernimento, é motivo de descrença. Em suma, a filosofia popular, ao buscar a popularidade, acaba por afastar as pessoas da verdadeira filosofia. Os filósofos que têm condições de discernir a fraude também sofrem os efeitos dessa falsa popularização, pois eles, ao proceder da forma correta, não gozam de apoio popular.

§8 Man darf nur die Versuche über die Sittlichkeit in jenem beliebten Geschmacke ansehen, so wird man bald die besondere Bestimmung der menschlichen Natur (mit unter aber auch die Idee von einer vernünftigen Natur überhaupt), bald Vollkommenheit, bald Glückseligkeit, hier moralisches Gefühl, dort Gottesfurcht, von diesem etwas, von jenem auch etwas, in wunderbarem Gemische antreffen, ohne daß man sich einfallen läßt zu fragen, ob auch überall in der Kenntnis der menschlichen Natur (die wir doch nur von der Erfahrung herhaben können) die Prinzipien der Sittlichkeit zu suchen seien, und, wenn dieses nicht ist, wenn die letztere völlig a priori, frei von allem Empirischen, schlechterdings in reinen Vernunftbegriffen und nirgend anders, auch nicht dem mindesten Teile nach, anzutreffen sein, den Anschlag zu fassen, diese Untersuchung als reine praktische Weltweisheit, oder (wenn man einen so Verschrieenen Namen nennen darf) als Metaphysik[3] der Sitten, lieber ganz abzusondern, sie für sich allein zu ihrer ganzen Vollständigkeit zu bringen, und das Publikum, das Popularität verlangt, bis zum Ausgange dieses Unternehmens zu vertrösten.

*

Basta olhar para as tentativas de moralidade nos gostos mais populares, para encontrar ora a determinação especial da natureza humana (às vezes

---

[3] Man kann, wenn man will, (so wie die reine Mathematik von der angewandten, die reine Logik von der angewandten unterschieden wird, also) die reine Philosophie der Sitten (Metaphysik) von der angewandten (nämlich auf die menschliche Natur) unterscheiden. Durch diese Benennung wird man auch so fort erinnert, daß die sittlichen Prinzipien nicht auf die Eigenheiten der menschlichen Natur gegründet, sondern für sich a priori bestehend sein müssen, aus solchen aber, wie für jede vernünftige Natur, also auch für die menschlich, praktische Regeln müssen abgeleitet werden können.

Pode-se, caso se queira (do mesmo modo que se distingue a matemática pura da aplicada, a lógica pura da aplicada), distinguir a filosofia da moral pura (metafísica) da aplicada (à natureza humana). Por meio dessa designação também recordamos imediatamente que os princípios morais não estão fundados nas particularidades da natureza humana, mas têm de estar apoiados em si mesmos *a priori*, e de tais, como de toda natureza racional, portanto também da humana, tem de ser possível derivar regras práticas.

Comentário: Kant reforça a tese de que a moral não está fundada em características humanas, mas na razão. A aplicação da filosofia moral à natureza humana é objeto da *Metafísica da Moral*. Nesse sentido, ela difere da *Fundamentação*, que enuncia a fórmula do princípio fundamental da moralidade, e da Crítica da Razão Prática, que mostra o caráter sintético *a priori* desse princípio.

acompanhada da ideia de uma natureza racional), ora a perfeição, ora a felicidade, aqui o sentimento moral, ali o temor a Deus, um pouco disto, um pouco também daquilo, numa mistura maravilhosa, sem que ocorra perguntar se é mesmo no conhecimento da natureza humana (que, no entanto, somente podemos retirar da experiência) que se deve procurar os princípios da moralidade, e, caso não seja assim, caso os últimos devam ser encontrados totalmente *a priori*, liberados de tudo que é empírico, somente em conceitos puros da razão e em nada mais, mesmo na sua parte ínfima, cabe tomar a decisão de distinguir completamente esta investigação como filosofia prática pura ou (caso se permita usar um nome tão desacreditado) como metafísica[3] da moral, de modo a conduzi-la por si mesma até sua completa perfeição e pedir paciência ao público que anseia por popularidade, até o final desta empresa.

*

Comentário: O resultado da falta de rigor, da ausência de uma separação clara entre o empírico e o *a priori*, resulta numa pluralidade de referências para a moral, as quais acabam por impossibilitar qualquer orientação real e por transformar a questão moral em uma questão de gosto, no sentido culinário. É preciso ter paciência para poder chegar a princípios *a priori*, organizados segundo um plano da razão. Mais uma vez, se a moral fosse extraída da natureza humana, ela seria impossível, dado que ela excluiria a liberdade prática. Assim, a fonte da moral está na razão e não no homem. O homem é um ser capaz de racionalidade, mas não é idêntico à razão, como explica a nota ao parágrafo. A metafísica está desacreditada justamente porque não realizou uma investigação prévia que permitisse apoiá-la sob princípios sólidos. Aliás, a pluralidade de fontes para a moral está também vinculada à ideia de que poderia haver teoria moral. Para Kant, não há teoria moral. Há apenas a exigência de universalidade e a possibilidade de poder pensar a liberdade. A metafísica da moral é totalmente *a priori* e, portanto, não pode emprestar nada do campo empírico.

§9 Es ist aber eine solche völlig isolierte Metaphysik der Sitten, die mit keiner Anthropologie, mit keiner Theologie, mit keiner Physik oder Hyperphysik, noch weniger mit verborgenen Qualitäten (die man hypophysisch nennen könnte) vermischt ist, nicht allein ein unentbehrliches Substrat aller theoretischen, sicher bestimmten Erkenntnis der Pflichten, sondern zugleich ein Desiderat von der höchsten Wichtigkeit zur wirklichen Vollziehung ihrer Vorschriften. Denn die reine und mit keinem fremden Zusatze von empirischen Anreizen vermischte Vorstellung der Pflicht und überhaupt des sittlichen Gesetzes hat auf das menschliche Herz durch den Weg der Vernunft allein (die hiebei zuerst inne wird, daß sie für sich selbst auch praktisch sein kann) einen so viel mächtigern Einfluß, als alle andere Triebfedern),[4] die man aus dem empirischen Felde aufbieten mag, daß sie

---

[4] Ich habe einen Brief vom sel. Vortrefflichen **Sulzer**, worin er mich fragt: was doch die Ursache sein möge, warum die Lehren der Tugend, so viel Überzeugendes sie auch für die Vernunft haben, doch so wenig ausrichten. Meine Antwort wurde durch die Zurüstung dazu, um sie vollständig zu geben, verspätet. Allein es ist keine andere, als daß die Lehrer selbst ihre Begriffe nicht ins Reine gebracht haben, und, indem sie es gut machen wollen, dadurch, daß sie allerwärts Bewegursachen zum Sittlichguten auftreiben, um die Arznei recht kräftig zu machen, sie sie verderben. Denn die gemeinste Beobachtung zeigt, daß, wenn man eine Handlung der Rechtschaffenheit vorstellt, wie sie von aller Absicht auf irgend einen Vorteil, in dieser oder einer andern Welt, abgesondert, selbst unter den größten Versuchungen der Not, oder der Anlockung, mit standhafter Seele ausgeübt worden, sie jede ähnliche Handlung, die nur im mindesten durch eine fremde Triebfeder affiziert war, weit hinter sich lasse und verdunkle, die Seele erhebe und den Wunsch errege, auch so handeln zu können. Selbst Kinder von mittlerem Alter fühlen diesen Eindruck, und ihnen sollte man Pflichten auch niemals anders vorstellen.

Possuo uma carta do falecido e excelente Sulzer, na qual ele me pergunta qual poderia ser a causa de as doutrinas da virtude, embora tendo elementos tão persuasivos também para a razão, orientarem, no entanto, tão pouco. Minha resposta foi retardada pela preparação em dá-la de forma completa. Contudo, não há resposta alguma a dar do que esta: os próprios mestres não têm conduzido seus conceitos para a pureza, e, ao querer se destacar pela descoberta em toda parte de motivos para o bem moral, de modo a tornar sua medicina realmente forte, eles a corrompem. Pois a observação mais comum mostra que, caso se represente uma ação de probidade como se ela fosse separada de todo propósito de obter alguma vantagem, neste ou no outro mundo, mesmo sob a maior tentação da necessidade ou da sedução, exercida com firmeza da alma, ela deixa muito para trás e eclipsa toda ação semelhante que foi afetada apenas minimamente por um móvel espúrio; ela eleva a alma e desperta a aspiração de também poder comportar-se assim. Mesmo as crianças de idade mediana sentem essa impressão, e jamais se deveria apresentar para elas os deveres de outra maneira.

Comentário: Johann Georg Sulzer é um partidário da chamada filosofia popular, criticada por Kant nesses parágrafos iniciais da segunda seção da *Fundamentação*. A razão de os preceitos dados pelos moralistas não exercerem efeito algum reside no fato de eles justificarem a moral por uma pluralidade de móveis. Quanto mais eles aumentam a lista no sentido de

im Bewußtsein ihrer würde die letzteren verachtet und nach und nach ihr Meister werden kann; an dessen Statt eine vermischte Sittenlehre, die aus Triebfedern von Gefühlen und Neigungen und zugleich aus Vernunftbegriffen zusammengesetzt ist, das Gemüt zwischen Bewegursachen, die sich unter kein Prinzip bringen lassen, die nur sehr zufällig zum Guten, öfters aber auch zum Bösen leiten können, schwankend machen muß.

*

Mas uma metafísica da moral assim, completamente isolada, que não está misturada com nenhuma antropologia, com nenhuma teologia, com nenhuma física ou hiperfísica, muito menos com qualidades ocultas (que se poderiam chamar de hipofísicas), não é somente um substrato indispensável de todo conhecimento teorético, seguramente determinado do dever, é também um desiderato da mais alta importância para a realização efetiva de seus preceitos. Pois a representação pura do dever e em geral da lei moral que não está misturada com nenhum acréscimo espúrio de incentivos empíricos tem sobre o coração humano, por via somente da razão (que com isso primeiro se torna consciente de que também pode ser por si mesma prática), uma influência muito mais poderosa que todos os outros móveis[4] que podem ser mobilizados pelo campo empírico, que ela na consciência de sua dignidade despreza os últimos e pode pouco a pouco tornar-se seu mestre; por sua vez, uma doutrina da moral mista que junta móveis dos sentimentos e das inclinações e também conceitos da razão tem de fazer oscilar o ânimo entre motivos que não podem ser colocados sob princípio algum, que apenas de modo muito contingente podem conduzir ao bem, mas frequentemente também conduzem para o mal.

*

Comentário: Hiperfísica seria uma ciência que conheceria os objetos que estariam fora da experiência. Para Kant, ela é impossível, pois só há

---

reforçar sua posição, mais eles tornam espúria sua concepção. Em suma, a resposta de Kant é simples: as doutrinas morais orientam pouco porque estão muito mal fundamentadas.

conhecimento dos objetos da experiência. Lembrando que conhecer um objeto é equivalente a saber construí-lo. Hipofísicas, porque esses pretensos objetos fora da experiência estariam dissimulados sob aparências sensíveis. A razão se exprime primeiro como consciência de si e de seu caráter prático, ou seja, regulador. Ela põe para si mesma leis que impõem deveres. Assim, a razão é o motivo da moralidade e não algo deste mundo ou fora dele. A mistura de fontes, sem princípio organizador, não conduz necessariamente ao bem.

§10 Aus dem Angeführten erhellt: daß alle sittliche Begriffe völlig a priori in der Vernunft ihren Sitz und Ursprung haben und dieses zwar in der gemeinsten Menschenvernunft eben sowohl, als der im höchsten Maße spekulativen; daß sie von keinem empirischen und darum bloß zufälligen Erkenntnisse abstrahiert werden können; daß in dieser Reinigkeit ihres Ursprungs eben ihre Würde liege, um uns zu obersten praktischen Prinzipien zu dienen; daß man jedesmal so viel, als man Empirisches hinzu tut, so viel auch ihrem ächten Einflusse und dem uneingeschränkten Werte der Handlungen entziehe; daß es nicht allein die größte Notwendigkeit in theoretischer Absicht, wenn es bloß auf Spekulation ankommt, erfordere, sondern auch von der größten praktischen Wichtigkeit sei, ihre Begriffe und Gesetze aus reiner Vernunft zu schöpfen, rein und unvermengt vorzutragen, ja den Umfang dieses ganzen praktischen oder reinen Vernunfterkenntnisses, d. i. das ganze Vermögen der reinen praktischen Vernunft, zu bestimmen, hierin aber nicht, wie es wohl die spekulative Philosophie erlaubt, ja gar bisweilen notwendig findet, die Prinzipien von der besondern Natur der menschlichen Vernunft abhängig zu machen, sondern darum, weil moralische Gesetze für jedes vernünftige Wesen überhaupt gelten sollen, sie schon aus dem allgemeinen Begriffe eines vernünftigen Wesens überhaupt abzuleiten und auf solche Weise alle Moral, die zu ihrer Anwendung auf Menschen der Anthropologie bedarf, zuerst unabhängig von dieser als reine Philosophie, d. i. als Metaphysik, vollständig (welches sich in dieser Art ganz abgesonderter Erkenntnisse wohl tun läßt) vorzutragen, wohl bewußt, daß es, ohne im Besitze derselben zu sein, vergeblich sei, ich will nicht sagen, das Moralische der Pflicht in allem, was pflichtmäßig ist, genau für die spekulative Beurteilung zu bestimmen, sondern sogar im bloß gemeinen und praktischen Gebrauche, vornehmlich der moralischen Unterweisung, unmöglich sei, die Sitten auf ihre ächte Prinzipien zu gründen und dadurch reine moralische Gesinnungen zu bewirken und zum höchsten Weltbesten den Gemütern einzupfropfen.

*

Do que foi dito, torna-se evidente que todos os conceitos morais têm sua sede e sua origem completamente *a priori* na razão, e, de fato, tanto na razão humana mais comum como na que é especulativa no mais alto grau;

que eles não podem ser abstraídos de nenhum conhecimento empírico e, portanto, meramente contingente; que justamente nessa pureza de sua origem reside a sua dignidade para que eles possam nos servir como princípios práticos supremos; que cada vez que lhes acrescentamos algo empírico diminuímos em igual medida sua influência genuína e o valor ilimitado das ações; que não só o exige a maior necessidade para propósitos teoréticos, quando se trata de mera especulação, mas é também da maior importância prática para extrair seus conceitos e leis da razão pura, para expô-los de forma pura e sem mistura, e de fato para determinar a extensão da totalidade deste conhecimento racional puro ou prático, ou seja, a totalidade da capacidade da razão pura prática; mas aqui não se deve, como certamente permite a filosofia especulativa, e chega até mesmo a achar necessário, tornar os princípios dependentes da natureza particular da razão humana, porém, dado que as leis morais devem valer para todo ser racional em geral, cabe derivá-las do conceito universal de um ser racional em geral, e desta forma expor toda moral – que para a sua **aplicação** aos homens precisa da Antropologia –, inicialmente independente desta como filosofia pura, isto é, como metafísica, e de maneira completa (que é bem fácil de fazer neste tipo de conhecimento totalmente segregado), bem consciente de que, sem estar de posse desta, não quero dizer que seria vão determinar o elemento moral do dever em tudo que é conforme ao dever justamente para o juízo especulativo, até o mero uso comum e prático, em especial a instrução moral, mas que seria impossível fundamentar a moral sobre seus princípios genuínos e por meio desta produzir convicções morais puras e enxertá-las nos ânimos para o sumo bem do mundo.

*

Comentário: A diferença entre a razão comum, examinada na primeira seção, e a razão filosófica, que se inicia aqui, na segunda seção, é apenas de grau e não de natureza. A diferença de grau espelha apenas o grau de abstração da razão filosófica em relação à comum. Por ter a capacidade de ser muito mais abstrata, de afastar-se completamente do empírico, ela pode chegar a enunciar a fórmula do princípio fundamental da moral. O plano da filosofia moral está esboçado nesta passagem: "derivar as leis morais do conceito universal de um ser racional em geral". Acima, "puro ou prático" foi traduzido em francês e mantido na edição de Kant da coleção *Os Pensadores* como "puro, mas prático". A aplicação da moral pressupõe a Antropologia porque os homens, dada a sua finitude, vivem os dilemas morais no mundo da experiência; aliás, por isso mesmo, eles não se guiam pelo dever que está ligado à lei moral, mas por máximas que aspiram a ser leis morais.

§11 Um aber in dieser Bearbeitung nicht bloß von der gemeinen sittlichen Beurteilung (die hier sehr achtungswürdig ist) zur philosophischen, wie sonst geschehen ist, sondern von einer populären Philosophie, die nicht weiter geht, als sie durch Tappen vermittelst der Beispiele kommen kann, bis zur Metaphysik (die sich durch nichts Empirisches weiter zurückhalten läßt und, indem sie den ganzen Inbegriff der Vernunfterkenntnis dieser Art ausmessen muß, allenfalls bis zu Ideen geht, wo selbst die Beispiele uns verlassen) durch die natürlichen Stufen fortzuschreiten, müssen wir das praktische Vernunftvermögen von seinen allgemeinen Bestimmungsregeln an bis dahin, wo aus ihm der Begriff der Pflicht entspringt, verfolgen und deutlich darstellen.

*

Contudo, para progredir por meio de passos naturais neste trabalho não apenas do juízo moral comum (que é aqui muito digno de respeito) para o filosófico, como já ocorreu, mas de uma filosofia popular que não vai além daquilo a que ela pode chegar tateando por meio de exemplos até a metafísica (que não se deixa reter por nada empírico e que, na medida em que tem de medir a soma total do conhecimento racional desse tipo, vai eventualmente até às ideias, onde mesmo os exemplos nos abandonam), precisamos seguir e apresentar claramente a capacidade prática da razão, desde suas regras universais de determinação até o ponto em que se origina dela o conceito de dever.

*

Comentário: O juízo moral comum é digno de muito respeito porque ele exprime a dignidade da lei moral. Kant emprestou a noção de **ideia** de Platão, ele a usa para designar um conceito da razão, portanto, com função reguladora, em oposição aos conceitos do entendimento, às categorias, cuja função pode ser constitutiva. As ideias não correspondem a objeto algum da experiência, ou seja, elas não se concretizam de forma alguma; toda tentativa de transformá-las em objeto é dialética; por conseguinte, não há como dar exemplos das ideias. Se o objetivo foi exposto no parágrafo anterior, "derivar as leis morais do conceito universal de um ser racional em geral", aqui se dá o método: examinar as regras universais de determinação da razão prática de modo a mostrar como o conceito de dever se origina dessas regras.

§12 Ein jedes Ding der Natur wirkt nach Gesetzen. Nur ein vernünftiges Wesen hat das Vermögen, nach der Vorstellung der Gesetze, d. i. nach Prinzipien, zu handeln, oder einen Willen. Da zur Ableitung der Handlungen von Gesetzen Vernunft erfordert wird, so ist der Wille nichts anders als praktische Vernunft. Wenn die Vernunft den Willen unausbleiblich bestimmt, so sind die Handlungen eines solchen Wesens, die als objektiv notwendig erkannt werden, auch subjektiv notwendig, d. i. der Wille ist ein Vermögen, nur dasjenige zu wählen, was die Vernunft unabhängig von der Neigung als praktisch notwendig, d. i. als gut, erkennt. Bestimmt aber die Vernunft für sich allein den Willen nicht hinlänglich, ist dieser noch subjektiven Bedingungen (gewissen Triebfedern) unterworfen, die nicht immer mit den objektiven übereinstimmen; mit einem Worte, ist der Wille nicht an sich völlig der Vernunft gemäß (wie es bei Menschen wirklich ist): so sind die Handlungen, die objektiv als notwendig erkannt werden, subjektiv zufällig, und die Bestimmung eines solchen Willens, objektiven Gesetzen gemäß, ist **Nötigung**; d. i. das Verhältnis der objektiven Gesetze zu einem nicht durchaus guten Willen wird vorgestellt als die Bestimmung des Willens eines vernünftigen Wesens zwar durch Gründe der Vernunft, denen aber dieser Wille seiner Natur nach nicht notwendig folgsam ist.

*

Cada coisa da natureza age segundo leis. Só um ser racional tem a capacidade para agir **segundo a representação** das leis, isto é, segundo princípios, ou só ele tem uma **vontade**. Dado que para derivar ações de leis é exigida uma **razão**, a vontade não é outra coisa senão razão prática. Se a razão determina a vontade infalivelmente, então as ações de tal ser reconhecidas como objetivamente necessárias também são subjetivamente necessárias, isto é, a vontade é uma capacidade para escolher apenas aquela que a razão reconhece, independente de inclinação, como praticamente necessária, isto é, como boa. Caso a razão por si só não determine adequadamente a vontade, caso ainda esteja submetida a condições subjetivas (a certos móbeis) que nem sempre estão de acordo com as objetivas, em resumo, caso a vontade não seja **em si** completamente conforme à razão (como é efetivamente o caso nos seres humanos), então as ações reconhecidas como objetivamente necessárias são subjetivamente contingentes, e a determinação de tal vontade, conforme a leis objetivas, é **coerção**; isto é, a relação das leis objetivas com uma vontade que não é completamente boa é representada como a determinação da vontade de um ser racional, de fato, por meio de fundamentos da razão, mas fundamentos a que essa vontade, pela sua natureza, não é necessariamente obediente.

*

Comentário: "Ser racional" é o ser que age segundo a representação de leis. O termo "representação" em Kant não designa uma realidade mental, um traço material no cérebro etc., mas simplesmente que algo se apresenta. Dizer que o "ser racional" é o ser que age segundo a representação de leis significa dizer que o ser racional age em função de leis, ou seja, que ele apresenta, oferece, para si mesmo, leis. Esse agir segundo leis é chamado por Kant de vontade. De novo, o conceito não é de modo algum psicológico, mas designa a capacidade de agir segundo leis. Uma vez que não há relação imediata entre a lei, instância universal, e a ação, instância particular, para passar da lei para a ação, é exigida uma razão. Quando Kant defende que "a vontade é a capacidade superior de desejar", ele está indicando que a vontade é a capacidade de fazer com que o desejo seja determinado por conceitos, pela representação dos fins, ou seja, que o desejo seja conduzido por uma regra. Quando o querer é conduzido por móbeis empíricos, ele não é livre; ele está submetido a leis causais; só quando é conduzido pela razão, o querer é livre e pode-se julgar a ação do ponto de vista moral. A vontade boa é boa pela forma, e não pelos fins que ela se põe. Em Deus, vontade e razão não se distinguem, assim como subjetivo de objetivo. No homem, todas essas noções são distintas, de modo que aquilo que do ponto de vista da razão é objetivamente necessário pode, do ponto de vista da vontade, ser subjetivamente contingente, pois a vontade não se submete sem mais à razão, daí que para os homens a moral apareça sob a forma da coerção, ou seja, como o dever de fazer algo.

§13 Die Vorstellung eines objektiven Prinzips, sofern es für einen Willen nötigend ist, heißt ein Gebot (der Vernunft), und die Formel des Gebots heißt **Imperativ**.

*

A representação de um princípio objetivo, na medida em que é coercitivo para uma vontade, chama-se mandamento (da razão), e a fórmula do mandamento chama-se **imperativo**.

*

Comentário: Portanto, o imperativo só tem sentido para seres em que a razão e a vontade se distinguem, ou seja, para seres em que a vontade deve ser coagida a seguir a razão. Em outras palavras, vontade e lei estão separadas, pois a vontade pode ser governada por princípios distintos da lei moral.

§14 Alle Imperativen werden durch ein **Sollen** ausgedrückt und zeigen dadurch das Verhältnis eines objektiven Gesetzes der Vernunft zu einem Willen an, der seiner subjektiven Beschaffenheit nach dadurch nicht notwendig bestimmt wird (eine Nötigung). Sie sagen, daß etwas zu tun oder zu unterlassen gut sein würde, allein sie sagen es einem Willen, der nicht immer darum etwas tut, weil ihm vorgestellt wird, daß es zu tun gut sei. Praktisch **gut** ist aber, was vermittelst der Vorstellungen der Vernunft, mithin nicht aus subjektiven Ursachen, sondern objektiv, d. i. aus Gründen, die für jedes vernünftige Wesen, als ein solches, gültig sind, den Willen bestimmt. Es wird vom **Angenehmen** unterschieden, als demjenigen, was nur vermittelst der Empfindung aus bloß subjektiven Ursachen, die nur für dieses oder jenes seinen Sinn gelten, und nicht als Prinzip der Vernunft, das für jedermann gilt, auf den Willen Einfluß hat.[5]

---

[5] Die Abhängigkeit des Begehrungsvermögens von Empfindungen heißt Neigung, und diese beweiset also jederzeit ein **Bedürfnis**. Die Abhängigkeit eines zufällig bestimmbaren Willens aber von Prinzipien der Vernunft heißt ein **Interesse**. Dieses findet also nur bei einem abhängigen Willen statt, der nicht von selbst jederzeit der Vernunft gemäß ist; beim göttlichen Willen kann man sich kein Interesse gedenken. Aber auch der menschliche Wille kann woran ein **Interesse nehmen**, ohne darum **aus Interesse zu handeln**. Das erste bedeutet das **praktische** Interesse an der Handlung, das zweite das **pathologische** Interesse am Gegenstande der Handlung. Das erste zeigt nur Abhängigkeit des Willens von Prinzipien der Vernunft an sich selbst, das zweite von den Prinzipien derselben zum Behuf der Neigung an, da nämlich die Vernunft nur die praktische Regel angibt, wie dem Bedürfnisse der Neigung abgeholfen werde. Im ersten Falle interessiert mich die Handlung, im zweiten der Gegenstand der Handlung (so fern er mir angenehm ist). Wir haben im ersten Abschnitte gesehen: daß bei einer Handlung aus Pflicht nicht auf das Interesse am Gegenstande, sondern bloß an der Handlung selbst und ihrem Prinzip in der Vernunft (der Gesetz) gesehen werden müsse.

A dependência da capacidade apetitiva das sensações chama-se inclinação, e esta, portanto, sempre indica uma **carência**. A dependência de uma vontade determinada de forma contingente, mas segundo princípios da razão, chama-se **interesse**. Portanto, este se encontra apenas em uma vontade dependente que não é em si mesma sempre conforme à razão; no caso da vontade divina não se pode pensar em nenhum interesse. Mas também a vontade humana pode **ter um interesse** em algo, sem por isso **agir por interesse**. Pois o primeiro significa o interesse **prático** na ação, e o segundo, o interesse **patológico** no objeto da ação. O primeiro indica apenas dependência da vontade em relação aos princípios da razão em si mesmos, e o segundo, dos próprios princípios em prol da inclinação, pois a razão dá apenas a regra prática, como se socorresse a carência da inclinação. No primeiro caso, interessa-me a ação; no segundo, o objeto da ação (na medida em que ele me é agradável). Vimos na primeira seção que no caso de uma ação por dever não temos de olhar para o interesse no objeto, mas apenas na própria ação e no seu princípio na razão (a lei).

Comentário: O par inclinação e carência aponta para o caráter contingente e não racional do homem. O termo "interesse", embora já se refira ao aspecto racional, pois envolve princípios racionais, não implica necessariamente um ser absolutamente racional, dado que o interesse só existe em seres cuja vontade é determinada de forma contingente. Portanto, Deus

*

Todos os imperativos são expressos por **dever** e indicam desta forma a relação entre uma lei objetiva da razão e uma vontade que, segundo sua constituição subjetiva, não é necessariamente determinada por ela (uma coerção). Eles dizem que fazer ou deixar de fazer algo seria bom, contudo, dizem para uma vontade que nem sempre faz algo porque lhe é representado que fazê-lo seria bom. Mas praticamente **bom** é o que determina a vontade por meio das representações da razão, e, desta forma, não por causas subjetivas, mas objetivas, isto é, por fundamentos válidos para todo ser racional como tal. É distinguível do **agradável**, como aquele que influencia a vontade somente por meio da sensação devido a causas meramente subjetivas, que valem somente para os sentidos deste ou daquele, e não como princípio da razão que vale para todos.[5]

*

Comentário: A primeira sentença do parágrafo explica o motivo de ser do imperativo, a saber, a constituição subjetiva da vontade faz com que a vontade não seja determinada pela razão. Assim, a relação entre ambas é expressa pelo dever, assinalando que a relação entre razão e vontade nos seres humanos é feita de forma coercitiva.

---

não tem interesse, pois sua vontade é sempre conforme à razão. Notem que essa proposição não nos informa nada sobre Deus, pois é um juízo analítico declarar que a vontade de Deus é sempre conforme à razão. Dado que o mesmo não ocorre no homem, podemos distinguir um interesse prático na ação – ou seja, a ação que depende apenas de princípios da razão – de um interesse patológico – isto é, a ação que depende da inclinação. No primeiro caso, o interesse está na ação; no segundo, no objeto da ação. Em outras palavras, no primeiro caso, a ação é realizada em função de si mesma; no segundo, do seu resultado.

§15 Ein vollkommen guter Wille würde also eben sowohl unter objektiven Gesetzen (des Guten) stehen, aber nicht dadurch als zu gesetzmäßigen Handlungen **genötigt** vorgestellt werden können, weil er von selbst, nach seiner subjektiven Beschaffenheit, nur durch die Vorstellung des Guten bestimmt werden kann. Daher gelten für den **göttlichen** und überhaupt für einen **heiligen** Willen keine Imperativen; das **Sollen** ist hier am unrechten Orte, weil das **Wollen** schon von selbst mit dem Gesetz notwendig einstimmig ist. Daher sind Imperativen nur Formeln, das Verhältnis objektiver Gesetze des Wollens überhaupt zu der subjektiven Unvollkommenheit des Willens dieses oder jenes vernünftigen Wesens, z. B. des menschlichen Willens, auszudrücken.

*

Portanto, uma vontade perfeitamente boa estaria igualmente submetida a leis objetivas (do bem), mas não poderia por isso ser representada como **coercitiva** para ações conforme à lei, porque ela, por si mesma, segundo sua constituição subjetiva, só pode ser determinada pela representação do bem. Assim, para a vontade **divina** e em geral para uma vontade **santa** não valem quaisquer imperativos; o **dever** está aqui fora de lugar, porque o **querer** já está por si mesmo necessariamente em uníssono com a lei. Assim, os imperativos são apenas fórmulas para expressar a relação entre as leis objetivas do querer em geral e a imperfeição subjetiva da vontade deste ou daquele ser racional, por exemplo, da vontade humana.

*

Comentário: Mais uma vez, Kant recorda que, para uma vontade divina, não tem sentido a noção de dever ou de coerção, pois o querer está sempre de acordo com princípios racionais, isto é, não há inclinação, porque a intuição é sempre intelectual e ativa, enquanto para nós ela é sensível e passiva.

§16 Alle **Imperativen** nun gebieten entweder **hypothetisch**, oder **kategorisch**. Jene stellen die praktische Notwendigkeit einer möglichen Handlung als Mittel, zu etwas anderem, was man will (oder doch möglich ist, daß man es wolle), zu gelangen, vor. Der kategorische Imperativ würde der sein, welcher eine Handlung als für sich selbst, ohne Beziehung auf einen andern Zweck, als objektiv-notwendig vorstellte.

*

Ora, todos os **imperativos** prescrevem ou **hipotética** ou **categoricamente**. Aqueles representam a necessidade prática de uma ação possível como meio para alcançar qualquer outra coisa que se quer (ou que é possível de se querer). O imperativo categórico seria aquele que representa uma ação como objetivamente necessária por si mesma, sem referência a um outro fim.

*

Comentário: Kant já havia distinguido no período pré-crítico, em *Investigação relativa à inteligibilidade dos princípios da teologia natural e da moralidade*, de 1764, entre necessidade problemática e necessidade legal, na qual a primeira indica a realização de algo como meio para alcançar outra coisa, pensada como fim, e a segunda, a realização de algo em função de si mesma, ou seja, como seu fim (2:298). A distinção entre imperativo hipotético e categórico não se restringe a dizer que no primeiro eu devo fazer x caso eu queira y e que no segundo é o próprio fazer x que é visado – a diferença também está em que apenas o imperativo categórico implica necessidade. Pois, no caso do hipotético, o fim a ser alcançado pode ser apenas um fim considerado como possível, sem que eu o realize, ou pode ser um fim real e, apesar disso, eu também não preciso realizá-lo; pois o imperativo hipotético tem a forma de um condicional: se quiser x, faça y, mas nada obriga a que se queira efetivamente x. No caso do categórico, não há uma ação pensada como condição; ou seja, não se realiza uma ação moral em função de nada que não seja a própria lei; a ação não é a condição da lei moral. A ação expressa a lei moral.

§17 Weil jedes praktische Gesetz eine mögliche Handlung als gut und darum, für ein durch Vernunft praktisch bestimmbares Subjekt, als notwendig vorstellt, so sind alle Imperativen Formeln der Bestimmung der Handlung, die nach dem Prinzip eines in irgend einer Art guten Willens notwendig ist. Wenn nun die Handlung bloß **wozu anderes** als Mittel, gut sein würde, so ist der Imperativ **hypothetisch**; wird sie als **an sich** gut vorgestellt, mithin als notwendig in einem an sich der Vernunft gemäßen Willen, als Prinzip desselben, so ist er **kategorisch**.

*

Porque toda lei prática representa uma ação possível como boa e por isso como necessária para um sujeito praticamente determinável pela razão, todos os imperativos são fórmulas da determinação da ação necessária segundo o princípio de uma vontade que de algum modo é boa. Ora, caso a ação seja boa meramente como meio para **alguma outra coisa**, o imperativo é **hipotético**; caso ela seja representada como boa **em si**, consequentemente como necessária em uma vontade conforme à razão em si, como seu princípio, então o imperativo é **categórico**.

*

Comentário: Kant enfatiza o caráter de necessidade do imperativo categórico quando comparado com o imperativo hipotético ao assinalar o caráter condicional deste: "a ação seja boa meramente como meio para alguma outra coisa", ou seja, ela não é boa em si, mas como meio.

§18 Der Imperativ sagt also, welche durch mich mögliche Handlung gut wäre, und stellt die praktische Regel in Verhältnis auf einen Willen vor, der darum nicht sofort eine Handlung tut, weil sie gut ist, teils weil das Subjekt nicht immer weiß, daß sie gut sei, teils weil, wenn es dieses auch wüßte, die Maximen desselben doch den objektiven Prinzipien einer praktischen Vernunft zuwider sein könnten.

*

Portanto, o imperativo diz qual ação possível para mim seria boa, e ele representa a regra prática em relação a uma vontade que não faz imediatamente uma ação porque ela é boa, em parte porque o sujeito nem sempre sabe que ela é boa, em parte porque, mesmo que o soubesse, suas próprias máximas, no entanto, poderiam ser opostas aos princípios objetivos de uma razão prática.

*

Comentário: As consequências da finitude humana sobre a moral são assinaladas: (1) não se sabe se a ação é boa (e não se ela seria boa, marcando o caráter atemporal da moralidade); (2) as máximas humanas podem ser opostas aos princípios da razão, isto é, o homem pode orientar sua ação segundo máximas que conduzem à ação má.

§19 Der hypothetische Imperativ sagt also nur, daß die Handlung zu irgend einer **möglichen** oder **wirklichen** Absicht gut sei. Im erstern Falle ist er ein **problematisch**, im zweiten ein **assertorisch**-praktisches Prinzip. Der kategorische Imperativ, der die Handlung ohne Beziehung auf irgend eine Absicht, d. i. auch ohne irgend einen andern Zweck für sich als objektiv notwendig erklärt, gilt als ein **apodiktisch** (praktisches) Prinzip.

*

Assim, o imperativo hipotético diz apenas que a ação é boa para algum propósito **possível** ou **efetivo**. No primeiro caso, ele é um princípio prático **problemático**, no segundo, um princípio prático **assertórico**. O imperativo categórico, que declara a ação como sendo objetivamente necessária por si mesma sem referência a algum outro propósito, isto é, sem qualquer outro fim, vale como princípio (prático) **apodítico**.

*

Comentário: As distinções assinaladas acima são agora designadas pelos termos "problemático", "assertórico" e "apodítico", retirados da tabela das categorias, mais especificamente, da categoria da modalidade: os imperativos hipotéticos ou são problemáticos (o fim é possível) ou assertóricos (o fim é real). Os imperativos categóricos são apodíticos.

§20 Man kann sich das, was nur durch Kräfte irgend eines vernünftigen Wesens möglich ist, auch für irgend einen Willen als mögliche Absicht denken, und daher sind der Prinzipien der Handlung, so fern diese als notwendig vorgestellt wird, um irgend eine dadurch zu bewirkende mögliche Absicht zu erreichen, in der Tat unendlich viel. Alle Wissenschaften haben irgend einen praktischen Teil, der aus Aufgaben besteht, daß irgend ein Zweck für uns möglich sei, und aus Imperativen, wie er erreicht werden könne. Diese können daher überhaupt Imperativen der **Geschicklichkeit** heißen. Ob der Zweck vernünftig und gut sei, davon ist hier gar nicht die Frage, sondern nur, was man tun müsse, um ihn zu erreichen. Die Vorschriften für den Arzt, um seinen Mann auf gründliche Art gesund zu machen, und für einen Giftmischer, um ihn sicher zu töten, sind in so fern von gleichem Wert, als eine jede dazu dient, ihre Absicht vollkommen zu bewirken. Weil man in der frühen Jugend nicht weiß, welche Zwecke uns im Leben aufstoßen dürften, so suchen Eltern vornehmlich ihre Kinder recht **vielerlei** lernen zu lassen, und sorgen für die **Geschicklichkeit** im Gebrauch der Mittel zu allerlei **beliebigen** Zwecken, von deren keinem sie bestimmen können, ob er etwa wirklich künftig eine Absicht ihres Zöglings werden könne, wovon es indessen doch **möglich** ist, daß er sie einmal haben möchte, und diese Sorgfalt ist so groß, daß sie darüber gemeiniglich verabsäumen, ihnen das Urteil über den Wert der Dinge, die sie sich etwa zu Zwecken machen möchten, zu bilden und zu berichtigen.

*

Pode-se pensar que o que é possível somente pelas forças de algum ser racional também é para alguma vontade um propósito possível, por isso os princípios da ação, na medida em que esta é representada como necessária para atingir algum propósito possível provocado dessa maneira, são de fato inumeráveis. Todas as ciências têm alguma parte prática, que consiste em tarefas pelas quais de algum modo um fim seria possível para nós, e de imperativos de como o fim poderia ser alcançado. Estes poderiam, assim, ser chamados, em geral, de imperativos de **habilidade**. Se o fim seria racional e bom, não cabe aqui a questão, mas somente o que se teria de fazer para alcançá-lo. As prescrições para o médico tornar seu homem saudável de modo fundamentado e para um envenenador estar certo de matá-lo são neste sentido de igual valor, na medida em que qualquer uma delas serve para realizar perfeitamente seu propósito. Porque não se sabe na primeira juventude que fins poderiam vir ao nosso encontro na vida, os pais procuram sobretudo mandar ensinar apropriadamente a suas crianças **muitas coisas** e provêm a habilidade no uso de meios para todos os fins **sem importar quais**, os quais eles não podem determinar se irão tornar-se efetivamente no futuro um propósito de seu discípulo, embora seja **possível** que se tornem; e esta preocupação é tão grande que os pais comumente negligenciam formar e corrigir o juízo das crianças sobre o valor das coisas que elas poderão tomar como seus fins.

*

Comentário: Os imperativos de habilidade são imperativos técnicos. Eles nos informam como alcançar algo que se deseja, mas nada dizem sobre o valor moral desse propósito. Assim, no exemplo dado, Kant indica que o conhecimento técnico para salvar a vida de alguém ou para matá-lo é o mesmo, embora o valor moral seja completamente distinto. Nesse sentido, ele alerta os pais que se preocupam em ensinar os filhos como chegar a inúmeros fins, sem se preocupar em ensinar o seu valor moral. Essa passagem indica claramente que a preocupação maior de Kant nesta obra parece recair muito mais sobre o campo prático do que sobre o campo teorético, dado que os imperativos de habilidade nada mais são do que a realização da teoria, e, portanto, nada dizem sobre o valor moral das ações.

§21 Es ist gleichwohl **ein** Zweck, den man bei allen vernünftigen Wesen (so fern Imperative auf sie, nämlich als abhängige Wesen, passen) als wirklich voraussetzen kann, und also eine Absicht, die sie nicht etwa bloß haben **können**, sondern von der man sicher voraussetzen kann, daß sie solche insgesamt nach einer Naturnotwendigkeit **haben**, und das ist die Absicht auf **Glückseligkeit**. Der hypothetische Imperativ, der die praktische Notwendigkeit der Handlung, als Mittel zur Beförderung der Glückseligkeit, vorstellt, ist **assertorisch**. Man darf ihn nicht bloß als notwendig, zu einer ungewissen, bloß möglichen Absicht, vortragen, sondern zu einer Absicht, die man sicher und a priori bei jedem Menschen voraussetzen kann, weil sie zu seinem Wesen gehört. Nun kann man die Geschicklichkeit in der Wahl der Mittel zu seinem eigenen größten Wohlsein **Klugheit**[6] im engsten Verstande nennen. Also ist der Imperativ, der sich auf die Wahl der Mittel zur eigenen Glückseligkeit bezieht, d. i. die Vorschrift der Klugheit, noch immer **hypothetisch**; die Handlung wird nicht schlechthin, sondern nur als Mittel zu einer anderen Absicht geboten.

*

No entanto, há **um** fim que efetivamente pode ser pressuposto em todos os seres racionais (na medida em que imperativos se aplicam a eles, ou seja, como seres dependentes) e, portanto, um propósito que eles não apenas **poderiam** ter, mas que se pode certamente pressupor que todos

---

[6] Das Wort Klugheit wird in zwiefachen Sinn genommen, einmal kann es den Namen Weltklugheit, im zweiten den der Privatklugheit führen. Die erst ist die Geschicklichkeit eines Menschen, auf andere Einfluß zu haben, um sie zu seinem Absichten zu gebrauchen. Die zweite die Einsicht, alle diese Absichten zu seinem eigenen dauernden Vorteil zu vereinigen. Die letztere ist eigentlich diejenige, worauf selbst der Wert der erstern zurückgeführt wird, und wer in der erstern Art klug ist, nicht aber in der zweiten, von dem könnte man besser sagen: er ist gescheit und verschlagen, im ganzen aber doch unklug.

A palavra "prudência" é tomada em sentido duplo: no primeiro, ela designa prudência em relação ao mundo, no segundo, prudência privada. A primeira é a habilidade de um homem de influenciar outros, de modo a usá-los para seus propósitos. A segunda o discernimento de reunir todos esses propósitos para sua vantagem própria e permanente. Esta é propriamente aquela à qual remete mesmo o valor da primeira, e quem é hábil no primeiro sentido, mas não no segundo, pode-se bem dizer dele: é sagaz e astucioso, mas, no todo, imprudente.

Comentário: O valor da prudência é medido não pela habilidade em manipular os homens, mas em fixar para si uma diretiva própria e permanente. Assim, a prudência pressupõe uma ideia reguladora, própria e permanente.

eles **tenham** segundo uma necessidade natural: o propósito da **felicidade**. O imperativo hipotético que representa a necessidade prática da ação como meio para a promoção da felicidade é **assertórico**. Não cabe expô-lo meramente como necessário para algum propósito incerto, meramente possível, mas para um propósito que se pode pressupor como certo e *a priori* para todo homem, porque pertence à sua essência. Ora, pode-se chamar a habilidade na escolha dos meios para seu próprio e maior bem--estar de **prudência**[6] no sentido mais restrito. Portanto, o imperativo que se refere à escolha dos meios para a própria felicidade, ou seja, o preceito de prudência, é sempre **hipotético**; a ação não é prescrita absolutamente, mas apenas como meio para outro propósito.

*

Comentário: Seres racionais para os quais a moral é um dever têm o propósito (*Absicht*) de serem felizes, pois sua sensibilidade acarreta inclinações que devem ser satisfeitas; nesse sentido, tal propósito pode ser pressuposto em todos os homens. Essa noção de felicidade, cuja origem está dada pela condição de ser sensível, não existe para seres absolutamente racionais. Mas eles tampouco ambicionam o sumo bem, pois não há para eles necessidade alguma a ser satisfeita, mesmo as da razão. Para seres como nós, a felicidade é um propósito universal, porém não implica necessidade apodítica, apenas assertórica. A felicidade só tem valor caso seja consequência do exercício da virtude, ou seja, temos de ser dignos de ser felizes; portanto, a busca da felicidade não deve ser um empecilho para a realização do dever. Como a felicidade é consequência de algo que lhe é anterior, chama-se prudência a habilidade na escolha dos meios para a própria felicidade; assim, o imperativo ligado à felicidade é um imperativo de prudência que, por envolver a coordenação entre meios e fins, é um imperativo hipotético.

§22 Endlich gibt es einen Imperativ, der, ohne irgend eine andere durch ein gewisses Verhalten zu erreichende Absicht als Bedingung zum Grunde zu legen, dieses Verhalten unmittelbar gebietet. Dieser Imperativ ist **kategorisch**. Er betrifft nicht die Materie der Handlung und das, was aus ihr erfolgen soll, sondern die Form und das Prinzip, woraus sie selbst folgt, und das Wesentlich-Gute derselben besteht in der Gesinnung, der Erfolg mag sein, welcher er wolle. Dieser Imperativ mag der der **Sittlichkeit** heißen.

*

Finalmente há um imperativo que, sem se basear e sem ter como condição qualquer outro propósito a ser alcançado por certa conduta, prescreve imediatamente essa conduta. Este imperativo é categórico. Ele não se ocupa com a matéria da ação e com o que deve resultar dela, mas com a forma e o princípio dos quais ela mesma resulta, e o essencialmente bom na ação consiste no seu modo de ser, seja qual for o resultado. Este imperativo pode ser chamado de imperativo da **moralidade**.

*

Comentário: Caso existisse uma base ou condição para uma ação boa, ou seja, um antecedente, o imperativo para a ação boa teria de ser hipotético e a ação seria boa em função de algo distinto dela mesma, ou seja, por alguma ocorrência no mundo. Mas, se assim fosse, uma ação boa não seria boa por si mesma, porém em função de algo do mundo, por conseguinte, em função de algo contingente. Como tudo que é material é dado pelo mundo, resta apenas a forma da ação. Portanto, o imperativo categórico explicita que a ação é feita em função de si mesma e não de algo antecedente; tampouco ela é feita em vista de seu resultado, ou seja, ela não visa realizar um consequente, pois este de novo seria algo material e, por conseguinte, contingente. Dado esse argumento, o imperativo moral tem de ser categórico, envolvendo uma relação que não é temporal, seja causal ou teleológica.

§23 Das Wollen nach diesen dreierlei Prinzipien wird auch durch die **Ungleichheit** der Nötigung des Willens deutlich unterschieden. Um diese nun auch merklich zu machen, glaube ich, daß man sie in ihrer Ordnung am angemessensten so benennen würde, wenn man sagte: sie wären entweder **Regeln** der Geschicklichkeit, oder **Ratschläge** der Klugheit, oder Gebote (Gesetze) der Sittlichkeit. Denn nur das **Gesetz** führt den Begriff einer **unbedingten** und zwar objektiven und mithin allgemein gültigen **Notwendigkeit** bei sich, und Gebote sind Gesetze, denen gehorcht, d. i. auch wider Neigung Folge geleistet, werden muß. Die **Ratgebung** enthält zwar Notwendigkeit, die aber bloß unter subjektiver gefälliger Bedingung, ob dieser oder jener Mensch dieses oder jenes zu seiner Glückseligkeit zähle, gelten kann; dagegen der kategorische Imperativ durch keine Bedingung eingeschränkt wird und als absolut-, obgleich praktisch-notwendig ganz eigentlich ein Gebot heißen kann. Man könnte die ersteren Imperative auch **technisch** (zur Kunst gehörig), die zweiten **pragmatisch**[7] (zur Wohlfahrt), die dritten **moralisch** (zum freien Verhalten überhaupt, d. i. zu den Sitten gehörig) nennen.

*

O querer segundo esses três tipos de princípio também se distingue claramente pela **dessemelhança** na coerção da vontade. Ora, para também torná-la notável, acredito que o mais apropriado seja denominá-los por sua ordem, caso se diga: ou são **regras** da habilidade, ou **conselhos** de prudência, ou **mandamentos** (leis) da moralidade. Pois, somente a **lei** traz

---

[7] Mich deucht, die eigentliche Bedeutung des Worts **pragmatisch** könne so am genauesten bestimmt werden. Denn pragmatisch werden die **Sanktionen** genannt, welche eigentlich nicht aus dem Rechte der Staaten, als notwendige Gesetze, sondern aus der **Vorsorge** für die allgemeine Wohlfahrt fließen. Pragmatisch ist eine Geschichte abgefaßt, wenn sie klug macht, d. i., die Welt belehrt, wie sie ihren Vorteil besser, oder wenigstens eben so gut, als die Vorwelt, besorgen könne.

Parece-me que o significado próprio da palavra **pragmático** poderia ser determinado de forma mais precisa assim. Pois, são chamadas de pragmáticas as **sanções** que decorrem propriamente não do direito dos Estados como leis necessárias, mas da **precaução** com o bem-estar geral. Uma história é concebida de forma pragmática caso ela torne prudente, isto é, ensine o mundo como ele pode obter para si melhor proveito, ou no mínimo tão bem como obtido pelo mundo anterior.

Comentário: Uma antropologia pragmática é uma exposição da natureza humana segundo um propósito de prudência.

consigo o conceito de uma necessidade **incondicionada** e objetiva e, assim, válida universalmente, e mandamentos são leis que têm de ser obedecidas, isto é, seguidas mesmo contra uma inclinação. O **aconselhar** contém de fato necessidade, mas que vale somente sob condição subjetiva e contingente, se esse ou aquele homem conta isto ou aquilo para sua felicidade; ao contrário, o imperativo categórico não é limitado por condição alguma, e, como necessário, absoluta embora praticamente, pode ser chamado bastante estritamente um mandamento. Poder-se-ia também chamar o primeiro imperativo **técnico** (pertence à arte), o segundo **pragmático**[7] (pertence ao bem-estar), o terceiro **moral** (pertencente a uma conduta livre como tal, ou seja, à moral).

*

Comentário: Para examinar a relação entre os três princípios, a saber, de habilidade, de prudência e de moralidade, do ponto de vista do querer, é suficiente estudar como regras, conselhos e mandamentos funcionam como dispositivos de coerção. Tanto as regras como os conselhos envolvem apenas necessidade subjetiva e contingente, pois só obrigam o querer em função de alguma outra coisa que se ambiciona. Todavia, os mandamentos obrigam de forma necessária e universal, ou seja, sua necessidade não é condicionada por coisa alguma. Esses três princípios apontam para três doutrinas distintas da filosofia de Kant, todas relacionadas com os fins que o homem se dá. Assim, teríamos uma doutrina da habilidade, uma doutrina da felicidade e, finalmente, uma doutrina da sabedoria. Toda a argumentação de Kant está dedicada a mostrar que as duas primeiras doutrinas não podem pretender fundamentar a doutrina da sabedoria, dado o caráter empírico das duas primeiras em oposição ao caráter *a priori* da última. A ciência seria a porta estreita que conduz à doutrina da sabedoria, pois a ciência newtoniana mostrou que o homem tem liberdade para se afastar da percepção e formular uma teoria que impomos às coisas.

§24 Nun entsteht die Frage: wie sind alle diese Imperative möglich? Diese Frage verlangt nicht zu wissen, wie die Vollziehung der Handlung, welche der Imperativ gebietet, sondern wie bloß die Nötigung des Willens, die der Imperativ in der Aufgabe ausdrückt, gedacht werden könne. wie ein Imperativ der Geschicklichkeit möglich sei, bedarf wohl keiner besondern Erörterung. Wer den Zweck will, will (so fern die Vernunft auf seine Handlungen entscheidenden Einfluß hat) auch das dazu unentbehrlich notwendige Mittel, das in seiner Gewalt ist. Dieser Satz ist, was das Wollen betrifft, analytisch; denn in dem Wollen eines Objekts als meiner Wirkung wird schon meine Kausalität als handelnde Ursache, d. i. der Gebrauch der Mittel, gedacht, und der Imperativ zieht den Begriff notwendiger Handlungen zu diesem Zwecke schon aus dem Begriff eines Wollens dieses Zwecks heraus (die Mittel selbst zu einer vorgesetzten Absicht zu bestimmen, dazu gehören allerdings synthetische Sätze, die aber nicht den Grund betreffen, den Aktus des Willens, sondern das Objekt wirklich zu machen). Daß, um eine Linie nach einem sichern Prinzip in zwei gleiche Teile zu Teilen, ich aus den Enden derselben zwei Kreuzbogen machen müsse, das lehrt die Mathematik freilich nur durch synthetische Sätze; aber daß, wenn ich weiß, durch solche Handlung allein könne die gedachte Wirkung geschehen, ich, wenn ich die Wirkung vollständig will, auch die Handlung wolle, die dazu erforderlich ist, ist ein analytischer Satz; denn etwas als eine auf gewisse Art durch mich mögliche Wirkung und mich in Ansehung ihrer auf dieselbe Art handelnd vorstellen, ist ganz einerlei.

*

Agora surge a questão: como são todos estes imperativos possíveis? Essa pergunta não exige saber como pode ser pensada a execução da ação que o imperativo manda, mas simplesmente como ser pensada a coerção da vontade expressa pelo imperativo na tarefa. Como um imperativo de habilidade seria possível, não requer nenhuma discussão especial. Quem quer o fim também quer (na medida em que a razão tenha influência decisiva sobre as suas ações) o meio necessário e indispensável para tal, que está em seu poder. Essa proposição é, no que se refere ao querer, analítica; pois no querer de um objeto como meu efeito, minha causalidade como causa atuante, ou seja, o uso dos meios, já está pensada, e o imperativo extrai o conceito de ações necessárias para esse fim somente do conceito de um querer desse fim (determinar os próprios meios para um propósito proposto certamente faz parte das proposições sintéticas, mas estas não dizem respeito ao fundamento que efetiva o ato de vontade, e sim ao que efetiva o objeto). Que para dividir uma linha, segundo um princípio seguro, em duas partes iguais, tenho que das extremidades dessas linhas traçar dois arcos de círculo, a matemática ensina com certeza apenas por proposições sintéticas; mas que, quando sei que por meio apenas dessa ação pode ocorrer o efeito pensado, eu, se quiser completamente o efeito, também quero a ação que é requerida para tal, é uma proposição analítica; pois, representar algo de certo modo como um efeito possível para mim e em vista disto me representar como agindo deste modo, é a mesma coisa.

*

Comentário: Kant procura mostrar como os imperativos hipotéticos constituem juízos analíticos, diferente do imperativo categórico, que é um juízo sintético *a priori*. Assim, a questão sobre a possibilidade do juízo é na verdade uma questão sobre a natureza do juízo. Os juízos hipotéticos são analíticos porque seria contraditório alguém querer x e não querer os meios para obter x, como bem observa o provérbio: "quem quer o fim, quer os meios". Notem que a relação entre x e os meios é sintética, mas não a relação entre querer x e querer os meios para obter x. No entanto, não é analítica a relação entre querer ser moral e ser moral. Uma outra maneira de entender o que está sendo discutido é dar-se conta de que a pergunta de Kant poderia ser apreendida como: qual a fonte do dever moral? Em outras palavras, qual o fundamento do dever moral? Não pode ser a experiência, pois nesta não se encontra nenhuma fonte de coerção que tenha valor absoluto. A única fonte possível está na própria razão, mais precisamente, na autonomia da vontade.

§25 Die Imperativen der Klugheit würden, wenn es nur so leicht wäre, einen bestimmten Begriff von Glückseligkeit zu geben, mit denen der Geschicklichkeit ganz und gar übereinkommen und eben sowohl analytisch sein. Denn es würde eben sowohl hier, als dort, heißen: wer den Zweck will, will auch (der Vernunft gemäß notwendig) die einzigen Mittel, die dazu in seiner Gewalt sind. Allein es ist ein Unglück, daß der Begriff der Glückseligkeit ein so unbestimmter Begriff ist, daß, obgleich jeder Mensch zu dieser zu gelangen wünscht, er doch niemals bestimmt und mit sich selbst einstimmig sagen kann, was er eigentlich wünsche und wolle. Die Ursache davon ist: daß alle Elemente, die zum Begriff der Glückseligkeit gehören, insgesamt empirisch sind, d. i. aus der Erfahrung müssen entlehnt werden, daß gleichwohl zur Idee der Glückseligkeit ein absolutes Ganze, ein Maximum des Wohlbefindens, in meinem gegenwärtigen und jedem zukünftigen Zustande erforderlich ist. Nun ist's unmöglich, daß das einsehendste und zugleich allervermögendste, aber doch endliche Wesen sich einen bestimmten Begriff von dem mache, was er hier eigentlich wolle. Will er Reichtum, wie viel Sorge, Neid und Nachstellung könnte er sich dadurch nicht auf den Hals ziehen. Will er viel Erkenntnis und Einsicht, vielleicht könnte das ein nur um desto schärferes Auge werden, um die Übel, die sich für ihn jetzt noch verbergen und doch nicht vermieden werden können, ihm nur um desto schrecklicher zu zeigen, oder seinen Begierden, die ihm schon genug zu schaffen machen, noch mehr Bedürfnisse aufzubürden. Will er ein langes Leben, wer steht ihm dafür, daß es nicht ein langes Elend sein würde? Will er wenigstens Gesundheit, wie oft hat noch Ungemächlichkeit des Körpers von Ausschweifung abgehalten, darein unbeschränkte Gesundheit würde haben fallen lassen, u. s. w. Kurz, er ist nicht vermögend, nach irgend einem Grundsatze, mit völliger Gewißheit zu bestimmen, was ihn wahrhaftig glücklich machen werde, darum, weil hiezu Allwissenheit erforderlich sein würde. Man kann also nicht nach bestimmten Prinzipien handeln, um glücklich zu sein, sondern nur nach empirischen Ratschlägen, z. B. der Diät, der Sparsamkeit, der Höflichkeit, der Zurückhaltung u. s. w., von welchen die Erfahrung lehrt, daß sie das Wohlbefinden im Durchschnitt am meisten befördern. Hieraus folgt, daß die Imperativen der Klugheit, genau zu reden, gar nicht gebieten, d. i. Handlungen objektiv als praktisch-**notwendig** darstellen, können, daß sie eher für Anratungen (consilia) als Gebote (praecepta) der Vernunft zu halten sind, daß die Aufgabe: sicher und allgemein zu bestimmen, welche Handlung die Glückseligkeit eines vernünftigen Wesens befördern werde, völlig unauflöslich, mithin kein Imperativ in Ansehung derselben möglich sei, der im strengen Verstande geböte, das zu tun, was glücklich macht, weil Glückseligkeit nicht ein Ideal der Vernunft, sondern der Einbildungskraft ist, was bloß auf empirischen Gründen beruht, von denen man vergeblich erwartet, daß sie eine Handlung bestimmen sollten, dadurch die Totalität einer in der Tat unendlichen Reihe von Folgen erreicht würde. Dieser Imperativ der Klugheit würde indessen, wenn man annimmt, die Mittel zur Glückseligkeit ließen sich sicher angeben, ein analytisch-praktischer Satz sein; denn er ist von dem Imperativ der Geschicklichkeit nur darin unterschieden, daß bei diesem der Zweck bloß möglich, bei jenem aber gegeben ist; da beide aber bloß die Mittel zu demjenigen gebieten, von dem man voraussetzt, daß man es als Zweck wollte: so ist der Imperativ, der das Wollen der Mittel für den, der den Zweck will, gebietet, in beiden Fällen analytisch. Es ist also in Ansehung der Möglichkeit eines solchen Imperativs auch keine Schwierigkeit.

*

Os imperativos de prudência, se fosse tão fácil dar somente um conceito determinado de felicidade, concordariam totalmente com os de habilidade e do mesmo modo seriam analíticos. Pois poder-se-ia dizer do mesmo modo tanto aqui como lá: quem quer o fim também quer (necessariamente, conforme à razão) os únicos meios que para tal estão em seu poder. Contudo, é um infortúnio que o conceito de felicidade seja um conceito tão indeterminado, que, embora todo homem aspire alcançá-la, ele, no entanto, nunca pode dizer de forma determinada e consistente consigo mesmo o que ele propriamente quer e a que aspira. A causa disso é que todos os elementos pertencentes ao conceito de felicidade são no seu todo empíricos, isto é, têm de ser emprestados da experiência, embora para a ideia de felicidade seja exigida uma totalidade absoluta, um máximo de bem-estar no meu estado atual e em todo estado futuro. Ora, é impossível para o ser mais perspicaz e ao mesmo tempo mais poderoso, mas, no entanto, finito, formular para si mesmo um conceito determinado do que ele propriamente quer aqui. Caso queira riqueza, quanta preocupação, inveja e cilada ele não poderia por isso atrair para si? Caso queira muito conhecimento e discernimento, talvez isso possa tornar-se apenas um olhar mais agudo para mostrar a ele, de modo ainda mais terrível, os males que até então se dissimulavam para ele, e que, no entanto, não podem ser evitados, ou talvez carregar seus apetites, que já lhe dão bastante trabalho, de mais carências ainda. Caso queira uma vida longa, quem lhe garante que ela não seria uma longa miséria? Caso queira pelo menos saúde, quão frequentemente a indisposição do corpo preserva de excessos alguém que uma saúde ilimitada os teria permitido, e assim por diante. Em resumo, ele não é capaz de determinar, segundo qualquer princípio, com absoluta certeza, o que lhe tornaria verdadeiramente feliz, porque, para tal, seria requerida onisciência. Por conseguinte, não se pode agir segundo princípios determinados para ser feliz, mas apenas segundo conselhos empíricos, por exemplo, a dieta, a parcimônia, a cortesia, a moderação, e assim por diante, que a experiência ensina serem as mais indispensáveis na média para o bem-estar. Disso segue que os imperativos de prudência, para falar com precisão, não podem mandar de modo algum, isto é, apresentar as ações objetivamente como praticamente **necessárias**, que eles têm de ser tidos mais como conselhos (*consilia*) do que como mandos (*praecepta*) da razão; que o problema de determinar com certeza e universalidade que ação poderia promover a felicidade de um ser racional é completamente insolúvel, de modo que não há imperativo algum que, em sentido estrito, poderia mandá-lo fazer o que poderia torná-lo feliz; porque a felicidade não é um ideal da razão, mas da imaginação, baseada meramente em fundamentos empíricos, dos quais é vão esperar que eles devam determinar uma ação por meio da qual a totalidade de uma série de consequências, de fato infinita, possa ser alcançada. O imperativo de prudência poderia, no entanto, ser uma proposição prática analítica caso seja suposto que os meios para felicidade possam ser indicados com certeza; pois ele se distingue do imperativo de habilidade somente nisto: que no caso deste o fim é meramente possível, enquanto naquele o fim é dado; mas, desde que ambos meramente mandam os meios para o que é pressuposto que se queira como fim, o imperativo que manda querer os meios para quem quer o fim é em ambos os casos analítico. Portanto, em relação à possibilidade de tal imperativo também não há dificuldade alguma.

*

Comentário: A diferença entre os imperativos técnicos e os de prudência reside apenas no fato de que no caso destes é difícil determinar qual seria exatamente o conteúdo do fim almejado, ou seja, o que nos tornaria felizes; o que introduz uma complicação na escolha dos meios. No entanto, como no caso do técnico, quem deseja o que o torna feliz também deseja o meio que realiza esse fim. Em outras palavras, o imperativo hipotético de prudência é também analítico, pois seria contraditório desejar algo que me torna feliz e não desejar o meio para alcançá-lo. Kant, nesse parágrafo, prepara a argumentação para um futuro parágrafo no qual defende a possibilidade de que a natureza humana tenha uma particularidade que leve todos os homens a agir no sentido de realizar um determinado fim. Como já se pode antecipar, tal fim seria a felicidade, ou seja, a felicidade é um fim que a natureza humana põe para si mesma. No entanto, dado que esse fim é totalmente empírico, ele não pode, por conseguinte, servir como princípio moral. Em outras palavras, embora Kant reconheça que existe uma tendência na natureza humana para realizar um mesmo fim, a felicidade, esse fim não pode ser tomado como fundamento da moral, dadas as exigências de necessidade e universalidade da moral. A noção de felicidade está ligada à de um bem-estar absoluto, o que já indica que a felicidade deve funcionar mais como ideia do que como algo que possa ser realizado empiricamente. Por outro lado, a busca pela felicidade também indica que nós, como seres sensíveis, portanto, finitos, temos carências e desconhecemos as consequências de nossas ações, assim, a coerção imposta à vontade pela busca da felicidade será sempre contingente e de modo algum absoluta, por conseguinte, não pode exercer a função de fornecer um princípio de legislação. Logo, a razão não pode estar subordinada à felicidade. Mas ser feliz é um fim para seres racionais finitos – se Kant fala do homem, é na medida em que este é o único ser racional finito conhecido –, seres que devem subordinar a busca da felicidade à razão, de modo a deslocar a questão dessa busca para o mérito de ser feliz; em outras palavras, ao lado da felicidade que tem origem na sensibilidade, existe outra encerrada na concepção do Sumo Bem – homens virtuosos que vivem no reino dos fins, ou seja, no reino em que há uma proporção direta entre felicidade e moralidade.

§26 Dagegen, wie der Imperativ der **Sittlichkeit** möglich sei, ist ohne Zweifel die einzige einer Auflösung bedürftige Frage, da er gar nicht hypothetisch ist und also die objektiv-vorgestellte Notwendigkeit sich auf keine Voraussetzung stützen kann, wie bei den hypothetischen Imperativen. Nur ist immer hiebei nicht aus der Acht zu lassen, daß es **durch kein Beispiel**, mithin empirisch, auszumachen sei, ob es überall irgend einen dergleichen Imperativ gebe, sondern zu besorgen, daß alle, die kategorisch scheinen, doch versteckter Weise hypothetisch sein mögen. Z. B. wenn es heißt: du sollt nichts betrüglich versprechen, und man nimmt an, daß die Notwendigkeit dieser Unterlassung nicht etwa bloße Ratgebung zu Vermeidung irgend eines andern Übels sei, so daß es etwa hieße: du sollt nicht lügenhaft versprechen, damit du nicht, wenn es offenbar wird, dich um den Kredit bringest; sondern eine Handlung dieser Art müsse für sich selbst als böse betrachtet werden, der **Imperativ des Verbots** sei also kategorisch: so kann man doch in keinem Beispiel mit Gewißheit dartun, daß der Wille hier ohne andere Triebfeder, bloß durchs Gesetz, bestimmt werde, ob es gleich so scheint; denn es ist immer möglich, daß ingeheim Furcht vor Beschämung, vielleicht auch dunkle Besorgnis anderer Gefahren Einfluß auf den Willen haben möge. Wer kann das Nichtsein einer Ursache durch Erfahrung beweisen, da diese nichts weiter lehrt, als daß wir jene nicht wahrnehmen? Auf solchen Fall aber würde der sogenannte moralische Imperativ, der als ein solcher kategorisch und unbedingt erscheint, in der Tat nur eine pragmatische Vorschrift sein, die uns auf unsern Vorteil aufmerksam macht, und uns bloß lehrt, diesen in Acht zu nehmen.

*

Por outro lado, como seria possível o imperativo da **moralidade** é sem dúvida a única questão que necessita de solução, pois ele de modo algum é hipotético, e, portanto, a necessidade objetivamente representada não pode se apoiar em pressuposto algum, como no caso dos imperativos hipotéticos. Não se pode aqui jamais perder de vista que não é somente comprovado **por meio de exemplo algum**, isto é, empiricamente, se haveria mesmo tal imperativo, mas que se deve temer que todos aqueles que parecem ser categóricos possam ser, no entanto, de forma velada, hipotéticos. Por exemplo, quando se diz, "você não deve prometer de forma fraudulenta", e se supõe que a necessidade dessa abstenção não seria apenas um conselho para evitar algum outro mal, de modo a dizer: "você não deve prometer de forma mentirosa, para que você não perca, caso seja revelado, sua credibilidade"; mas se uma ação dessa espécie tivesse de ser considerada por si mesma como má, o **imperativo da proibição** seria, portanto, categórico; no entanto, não se pode dar com certeza exemplo algum de que a vontade aqui seja determinada meramente por meio da lei, sem outro móbil, embora pareça ser assim; pois é sempre possível que um temor velado da vergonha e talvez também a apreensão obscura de outros perigos tenham influenciado a vontade. Quem pode provar a inexistência de uma causa por meio da experiência, visto que esta não ensina nada além de que não a percebemos? Mas neste caso o assim chamado imperativo moral, que como tal parece ser categórico e incondicionado, seria de fato apenas um preceito pragmático que chama a nossa atenção para nossa vantagem e meramente nos ensina a levá-lo em consideração.

*

Comentário: Se o imperativo moral fosse hipotético, isto significaria que a relação entre o antecedente e o consequente seria dedutiva, e que este, como fim, pressuporia aquele como meio; dado que o fim é a boa ação, significaria que haveria uma condição prévia para realização da própria boa ação; mas, se assim fosse, a ação seria boa em função de outra coisa da qual ela seria a consequência lógica; ou seja, quem desejasse a boa ação também desejaria sua condição. No entanto, dado que a boa ação é incondicionada, esse imperativo não pode ser hipotético. Ele tem de ser categórico; assim sendo, o imperativo liga a vontade à lei moral. Ele não liga a ação que a vontade realiza a um fim material. Ele vincula a máxima a uma lei objetiva e incondicionada. Mostrar que essa ligação é sintética *a priori* é tarefa da *Crítica da Razão Prática*. Na presente obra é suficiente indicar que, como a ligação é entre uma máxima e a lei moral objetiva, é impossível dar empiricamente uma prova da existência de tais imperativos. No entanto, é preciso afastar a suposição de que os imperativos morais seriam, no fundo, imperativos de prudência. Para fazê-lo, Kant apresenta tipos de relação entre máximas e a lei moral.

§27 Wir werden also die Möglichkeit eines **kategorischen** Imperativs gänzlich a priori zu untersuchen haben, da uns hier der Vorteil nicht zu statten kommt, daß die Wirklichkeit desselben in der Erfahrung gegeben, und also die Möglichkeit nicht zur Festsetzung, sondern bloß zur Erklärung nötig wäre. So viel ist indessen vorläufig einzusehen: daß der kategorische Imperativ allein als ein praktisches **Gesetz** laute, die übrigen insgesamt zwar **Prinzipien** des Willens, aber nicht Gesetze heißen können; weil, was bloß zur Erreichung einer beliebigen Absicht zu tun notwendig ist, an sich als zufällig betrachtet werden kann, und wir von der Vorschrift jederzeit los sein können, wenn wir die Absicht aufgeben, dahingegen das unbedingte Gebot dem Willen kein Belieben in Ansehung des Gegenteils frei läßt, mithin allein diejenige Notwendigkeit bei sich führt, welche wir zum Gesetze verlangen.

*

Portanto, teremos de investigar totalmente *a priori* a possibilidade de um imperativo **categórico**, pois não temos aqui a vantagem de sua realidade ser dada na experiência, e, portanto, a possibilidade não seria necessária para estabelecê-lo, mas somente para explicá-lo. Entretanto, neste momento é suficiente discernir que somente o imperativo categórico expressa uma **lei** prática, que todos os outros podem ser chamados de fato **princípios** da vontade, mas não leis; porque o que é necessário fazer meramente para alcançar um propósito arbitrário pode ser considerado em si como contingente, e podemos sempre dispensar o preceito, caso abandonemos o propósito; ao contrário, o mando incondicional não deixa para a vontade arbitrariedade alguma no que respeita ao oposto, de modo que ele sozinho traz consigo aquela necessidade que requeremos de uma lei.

*

Comentário: Apesar de Kant avisar com todas as letras que não será aqui que será investigada de forma *a priori* a possibilidade do imperativo categórico, existem comentadores que acham que ele daria tal explicação aqui e a que argumentação seria diferente daquela encontrada na *Crítica da Razão Prática*. Por outro lado, devemos reter a distinção entre princípios da vontade (presentes nas doutrinas da habilidade e da prudência) e lei moral. No primeiro caso, o abandono do propósito implica o abandono dos meios; no segundo, o mando é incondicional; assim, só o imperativo categórico expressa uma lei prática.

§28 Zweitens ist bei diesem kategorischen Imperativ oder Gesetze der Sittlichkeit der Grund der Schwierigkeit (die Möglichkeit desselben einzusehen) auch sehr groß. Er ist ein synthetisch-praktischer Satz[8] a priori, und da die Möglichkeit der Sätze dieser Art einzusehen so viel Schwierigkeit im theoretischen Erkenntnisse hat, so läßt sich leicht abnehmen, daß sie im praktischen nicht weniger haben werde.

*

Em segundo lugar, no caso deste imperativo categórico ou lei da moralidade, o fundamento da dificuldade (de discernir sua própria possibilidade) é também muito grande. Ele é uma proposição[8] sintética prática *a priori*, e visto que é tão difícil discernir a possibilidade desse tipo de proposição no conhecimento teórico, é fácil presumir que no prático ela não será menor.

*

Comentário: Dado que o problema colocado por este ser, o ser finito racional, é sintético, a proposição do imperativo categórico é sintética *a priori*; dado que foi muito difícil estabelecer a possibilidade de juízos sintéticos *a priori* no caso dos juízos cognitivos, não deve ser mais fácil estabelecê-la para juízos morais.

---

[8]   Ich verknüpfe mit dem Willen, ohne vorausgesetzte Bedingung aus irgend einer Neigung, die Tat, a priori, mithin notwendig (obgleich nur objektiv, d.i. unter der Idee einer Vernunft, die über alle subjektive Bewegursachen völlig Gewalt hätte). Dieses ist also ein praktischer Satz, der das Wollen einer Handlung nicht aus einem anderen schon vorausgesetzten analytisch ableitet (denn wir haben keinen so vollkommen Willen), sondern mit dem Begriff des Willens als eines vernünftigen Wesens unmittelbar, als etwas, das in ihm nicht enthalten ist, verknüpft.

Eu ligo com a vontade, sem condição pressuposta de qualquer inclinação, o ato, *a priori*, e, portanto, necessariamente (embora somente objetivamente, isto é, sob a ideia de uma razão que teria sobre todos os motivos subjetivos completo poder). Esta é, por conseguinte, uma proposição prática que não deriva o querer de uma ação analiticamente de outro já pressuposto (pois não temos uma vontade tão perfeita), mas liga imediatamente o conceito de vontade de um ser racional com algo que não está contido nele.

Comentário: Há três possíveis relações entre objetivo e subjetivo no que se refere à vontade: (1) um ser cuja vontade é totalmente imperfeita, ou seja, totalmente determinada por condições subjetivas, está impossibilitado de pensar a ligação entre a vontade e a lei moral, pois esta é objetiva; (2) um ser cuja vontade é perfeita, isto é, determinada de forma totalmente objetiva; neste caso, a ligação é de identidade, pois a vontade não se distingue da lei; (3) um ser cuja vontade é livre, mas imperfeita. Neste ser, ou seja, no ser racional finito, coloca-se a questão de saber como ele pode se interessar pela lei moral. Só esse ser coloca um problema para a filosofia.

§29 Bei dieser Aufgabe wollen wir zuerst versuchen, ob nicht vielleicht der bloße Begriff eines kategorischen Imperativs auch die Formel desselben an die Hand gebe, die den Satz enthält, der allein ein kategorischer Imperativ sein kann; denn wie ein solches absolutes Gebot möglich sei, wenn wir auch gleich wissen, wie es lautet, wird noch besondere und schwere Bemühung erfordern, die wir aber zum letzten Abschnitte aussetzen.

*

Nesta tarefa, queremos inicialmente investigar se o mero conceito de imperativo categórico também não pode dar sua fórmula contendo a proposição que sozinha pode ser um imperativo categórico; pois como seria possível tal mando absoluto, mesmo que conheçamos como ele se expressa, é ainda requerido um esforço especial e difícil, mas que deixaremos para a última seção.

*

Comentário: A questão da possibilidade do juízo sintético *a priori* é deixada para a terceira seção. Aqui, Kant se limita a estudar se o imperativo categórico também não dá a sua formulação; ou seja, qual a fórmula do imperativo categórico e como se pode deduzir dela o dever. Repetindo, não se procura resolver aqui a questão da possibilidade.

§30   Wenn ich mir einen **hypothetischen** Imperativ überhaupt denke, so weiß ich nicht zum voraus, was er enthalten werde: bis mir die Bedingung gegeben ist. Denke ich mir aber einen **kategorischen** Imperativ, so weiß ich sofort, was er enthalte. Denn da der Imperativ außer dem Gesetze nur die Notwendigkeit der Maxime[9] enthält, diesem Gesetze gemäß zu sein, das Gesetz aber keine Bedingung enthält, auf die es eingeschränkt war, so bleibt nichts als die Allgemeinheit eines Gesetzes überhaupt übrig, welchem die Maxime der Handlung gemäß sein soll, und welche Gemäßheit allein der Imperativ eigentlich als notwendig vorstellt.

*

Caso eu pense um imperativo **hipotético** em geral, não sei de antemão o que ele conterá, até que me seja dada a condição. Mas se eu penso um imperativo **categórico**, sei imediatamente o que ele contém. Pois aí o imperativo, além da lei, contém somente a necessidade de que a máxima[9] seja conforme a essa lei, mas a lei não contém condição alguma que a limitaria, não resta nada a não ser a universalidade de uma lei como tal, à qual a máxima da ação deve ser conforme, e é só essa conformidade que o imperativo propriamente representa como necessária.

*

Comentário: Kant exprime a diferença entre o imperativo hipotético e o categórico pelo fato de o primeiro, na medida em que envolve uma relação

---

[9]   Maxime ist das subjektive Prinzip zu handeln, und muß vom **objektive Prinzip**, nämlich dem praktischen Gesetze, unterschieden werden. Jene enthält die praktische Regel, die die Vernunft den Bedingungen des Subjekts gemäß (öfters der Unwissenheit oder auch den Neigungen desselben) bestimmt, und ist also der Grundsatz, nach welchem das Subjekt **handelt**; das Gesetz aber ist das objektive Prinzip, gültig für jedes vernünftige Wesen, und der Grundsatz, nach dem es **handeln soll**, d.i. ein Imperativ.

Máxima é o princípio subjetivo de agir e tem de ser distinguido do **princípio objetivo**, a saber, da lei prática. Aquela contém a regra prática determinada pela razão em conformidade com as condições do sujeito (frequentemente sua ignorância ou também suas inclinações), e é, portanto, o princípio segundo o qual o sujeito **age**; mas a lei é o princípio objetivo, válido para todo ser racional, e é o princípio segundo o qual ele **deve agir**, ou seja, um imperativo.

Comentário: Kant distingue entre a máxima, princípio subjetivo, e a lei moral. Notem que a máxima é afetada pela condição humana (ignorância e inclinação); estudar a relação entre a máxima e a lei moral é explorar o imperativo categórico, dado que é por meio dele que essa relação é estabelecida.

do tipo "se quero x devo fazer y", só está determinado quando sei que quero x, pois a relação entre querer x e querer fazer y é analítica. Por outro lado, o imperativo categórico já é determinado de antemão, pois não há condição prévia alguma, dado que ele expressa somente a necessidade de que a máxima seja conforme à lei moral.

§31 Der kategorische Imperativ ist also nur ein einziger, und zwar dieser: **handle nur nach derjenigen Maxime, durch die du zugleich wollen kannst, daß sie ein allgemeines Gesetz werde.**

*

Portanto, há somente um único imperativo categórico e de fato este: **aja somente segundo aquela máxima pela qual você pode querer ao mesmo tempo que ela se torne uma lei universal.**

*

Comentário: Conclusão: para Kant, há um único imperativo categórico, que pode ser formulado de vários modos, como veremos a seguir, mostrando, portanto, relações de equivalência entre as diversas formulações. Por outro lado, não há, como no hipotético, relação entre meios e fins, nada é retirado da experiência. Assim, o imperativo categórico é formal. No entanto, formal não significa que seja sem conteúdo, vazio, pois o conteúdo é dado justamente pela lei universal. Pois a forma do querer puro, ou seja, do querer em que não há elemento da experiência, é a forma da universalidade, a forma da validade universal, a aptidão para erigir a máxima em lei universal. Em suma, o princípio da validade universal das máximas como leis é "a forma de uma razão prática". Portanto, a máxima de minha ação é orientada pela ideia de universalidade. Também é pura bobagem acreditar que a moral examinada seja uma moral individual, pois a própria ideia de universalidade arranca a máxima, que é concreta, de sua subjetividade.

§32 Wenn nun aus diesem einigen Imperativ alle Imperativen der Pflicht, als aus ihrem Prinzip, abgeleitet werden können, so werden wir, ob wir es gleich unausgemacht lassen, ob nicht überhaupt das, was man Pflicht nennt, ein leerer Begriff sei, doch wenigstens anzeigen können, was wir dadurch denken und was dieser Begriff sagen wolle.

*

Ora, caso possamos derivar desse único imperativo todos os imperativos de dever, como seu princípio, então, embora deixemos irresoluto se o que chamamos dever não seria como tal um conceito vazio, seríamos no mínimo capazes de mostrar o que nós pensamos por meio dele e o que esse conceito quer dizer.

*

Comentário: Deixando para outro lugar determinar se o dever seria um conceito vazio, Kant dá-se como tarefa (1) mostrar o que se pode pensar por meio do imperativo categórico; (2) indicar o sentido do imperativo categórico.

§33 Weil die Allgemeinheit des Gesetzes, wornach Wirkungen geschehen, dasjenige ausmacht, was eigentlich **Natur** im allgemeinsten Verstande (der Form nach), d. i. das Dasein der Dinge, heißt, so fern es nach allgemeinen Gesetzen bestimmt ist, so könnte der allgemeine Imperativ der Pflicht auch so lauten: **handle so, als ob die Maxime deiner Handlung durch deinen Willen zum allgemeinen Naturgesetze werden sollte**.

*

Porque a universalidade da lei, por meio da qual ocorrem os efeitos, constitui o que se chama propriamente **natureza** na sua compreensão mais geral (segundo a forma), ou seja, a existência das coisas, na medida em que ela é determinada segundo leis universais, então também poderíamos expressar o imperativo universal de dever assim: **aja como se a máxima de sua ação por meio da sua vontade devesse se tornar uma lei universal da natureza**.

*

Comentário: Nos *Prolegômenos* e na *CRP*, Kant mostrou que as categorias do entendimento e as formas de intuição, espaço e tempo, mediante os esquemas da imaginação, determinam o campo da experiência possível, ou seja, a natureza no seu sentido mais geral: "a natureza é a existência das coisas na medida em que ela é determinada segundo leis universais" (*Prolegômenos*, § 14, A 72). Primeiro, notem que Kant diz "como se", ou seja, a lei moral não é uma lei da natureza. Por conseguinte, o que se propõe é uma analogia. Qual a analogia? Ela está baseada na finitude humana, no fato de nossas experiências serem sempre particulares. Como se atinge a universalidade no caso da natureza? Pela mediação dos esquemas *a priori* da imaginação que realizam a síntese entre as categorias do entendimento e o que é dado na intuição por meio de suas formas *a priori*, espaço e tempo. Do mesmo modo, no campo da moralidade, a lei moral como tal não é acessível, apenas a máxima. O termo médio é dado pelo *entendimento* que nos dá um tipo de legislação universal, a saber, as leis naturais, e realizado pelo *imperativo categórico*. Assim, o imperativo diz para agir como se a máxima da ação tivesse uma universalidade semelhante. Dizendo de outro modo, o que é prescrito pelo entendimento no campo teorético, a saber, a legislação da natureza, é prescrito pela razão no domínio prático, a legislação moral. Nos dois casos, visa-se dar sentido seja à experiência física, seja à experiência moral. No primeiro caso, dar sentido é dar as condições de existência de algo; no segundo caso, dar sentido ao imperativo categórico é mostrá-lo como condição da ação moral.

§34 Nun wollen wir einige Pflichten herzählen, nach der gewöhnlichen Einteilung derselben, in Pflichten gegen uns selbst und gegen andere Menschen, in vollkommene und unvollkommene Pflichten.[10]

*

Agora listaremos alguns deveres segundo a divisão habitual deles em deveres para consigo mesmo e para com os outros, em deveres perfeitos e imperfeitos.[10]

*

Comentário: Kant constrói uma tabela 2×2, feita em função do destinatário do dever e do seu grau de perfeição. Para entender a divisão entre deveres perfeitos e imperfeitos, é útil mencionar que os deveres podem ser ou restritivos (negativos) ou extensivos (positivos). São restritivos os deveres que proíbem o homem de agir contra o fim de sua natureza e referem-se unicamente à manutenção da própria moral: estes são os deveres perfeitos.

---

[10] Man muß hier wohl merken, daß ich die Einteilung der Pflichten für eine künftige **Metaphysik der Sitten** mir gänzlich vorbehalte, diese hier also nur als beliebig (um meine Beispiele zu ordnen) dastehe. Übrigens verstehe ich hier unter einer vollkommenen Pflicht diejenige, die keine Ausnahme zum Vorteil der Neigung verstattet, und da habe ich nicht bloß äußere, sondern auch innere **vollkommene Pflichten**, welches dem in Schulen angenommenen Wortgebrauch zuwider läuft, ich aber hier nicht zu verantworten gemeinet bin, weil es zu meiner Absicht einerlei ist, ob man es mir einräumt, oder nicht.

Tem de se assinalar aqui que reservo inteiramente a divisão dos deveres para uma futura **Metafísica da Moral**, de modo que a divisão aqui é adotada apenas por comodidade (para ordenar meus exemplos). De resto, compreendo aqui por dever perfeito aquele que não permite exceção alguma em favor da inclinação, e, por isso, não tenho apenas **deveres perfeitos** externos, mas também internos; o que vai de encontro ao uso da palavra adotado nas escolas, porém não pretendo justificá-lo aqui, porque para meu propósito é indiferente se ele me é consentido ou não.

Comentário: A *Metafísica da Moral* está dividida em duas partes, doutrina do direito e doutrina da virtude, correspondendo à divisão externo e interno, ou seja, a primeira parte tem como conteúdo os princípios *a priori* sobre os quais estão baseadas as leis externas e a segunda parte, os princípios *a priori* sobre os quais estão baseadas as leis internas, isto é, são deveres que seriam contraditórios caso resultassem da coerção dos outros. Cito Kant:

> A doutrina do direito lida somente com a condição **formal** da liberdade externa (a consistência da liberdade externa consigo mesma caso sua máxima fosse uma lei universal), ou seja, com o direito. Mas a ética vai além disso e fornece uma **matéria** (um objeto de livre escolha), um **fim** da razão pura que representa um fim que também é objetivamente necessário, ou seja, um fim que, na medida em que diz respeito aos seres humanos, é um dever ter (6: 381).

Os dois exemplos a serem dados a seguir serão não cometer suicídio (dever perfeito em relação a si mesmo) e não fazer falsas promessas (dever perfeito em relação aos outros). São extensivos os deveres que se referem ao cultivo moral, ou seja, os deveres imperfeitos. Serão dados igualmente dois exemplos: cultivar os seus próprios talentos (dever imperfeito em relação a si mesmo) e praticar a filantropia (dever imperfeito em relação aos outros).

§35 1) Einer, der durch eine Reihe von Übeln, die bis zur Hoffnungslosigkeit angewachsen ist, einen Überdruß am Leben empfindet, ist noch so weit im Besitze seiner Vernunft, daß er sich selbst fragen kann, ob es auch nicht etwa der Pflicht gegen sich selbst zuwider sei, sich das Leben zu nehmen. Nun versucht er: ob die Maxime seiner Handlung wohl ein allgemeines Naturgesetz werden könne. Seine Maxime aber ist: ich mache es mir aus Selbstliebe zum Prinzip, wenn das Leben bei seiner längern Frist mehr Übel droht, als es Annehmlichkeit verspricht, es mir abzukürzen. Es fragt sich nur noch, ob dieses Prinzip der Selbstliebe ein allgemeines Naturgesetz werden könne. Da sieht man aber bald, daß eine Natur, deren Gesetz es wäre, durch dieselbe Empfindung, deren Bestimmung es ist, zur Beförderung des Lebens anzutreiben, das Leben selbst zu zerstören, ihr selbst widersprechen und also nicht als Natur bestehen würde, mithin jene Maxime unmöglich als allgemeines Naturgesetz stattfinden könne, und folglich dem obersten Prinzip aller Pflicht gänzlich widerstreite.

*

1) Alguém que, devido a uma série de males que cresceram até o desespero, sente desgosto pela vida e ainda está bastante em posse de sua razão para poder interrogar-se se não seria contrário ao seu dever para consigo mesmo tirar sua própria vida: agora ele investiga se a máxima de sua ação poderia de fato tornar-se uma lei universal da natureza. Mas sua máxima é: por amor-próprio faço o princípio de encurtar a vida caso sua duração maior ecoe mais males do que prometa comodidades. Só resta perguntar ainda se este princípio de amor-próprio poderia tornar-se uma lei universal da natureza. Mas se vê de imediato que uma natureza cuja lei fosse destruir a própria vida por meio do mesmo sentimento cuja destinação é impelir para o desenvolvimento da vida seria contraditória consigo mesma e, portanto, não subsistiria como natureza; de modo que aquela máxima seria impossível como lei universal da natureza, e consequentemente iria contrariar totalmente o princípio supremo de todo dever.

*

Comentário: Há dois problemas aqui que se devem distinguir. O primeiro é entender o que Kant está propondo aqui; o segundo é saber se a noção de contradição introduzida nesse parágrafo é uma contradição de natureza lógica. Recordando que se trata de (1) mostrar o que se pode pensar por meio do imperativo categórico; (2) indicar o sentido do imperativo categórico, ou seja, que a única preocupação aqui é com a universalidade. Kant quer saber se esse exemplo de dever, dever perfeito em relação a si mesmo, está ancorado em uma máxima que possa ter a pretensão de ser universal. Ora, se a máxima da ação for governada pelo amor-próprio, por conseguinte, por algo sensível, é evidente que ela não pode ser universalizada. Assim, matar-se para satisfazer o amor-próprio não pode ser pensado como máxima universal. Em outros termos, matar-se por amor-próprio não é uma regra universal. A questão da contradição envolve mostrar que, se essa máxima fosse pensada como lei da natureza, eu teria duas máximas com pretensão à universalidade: M1: é dever matar-se por amor-próprio e M2: é dever conservar-se vivo por amor-próprio. O contraditório aqui é submeter a vontade às duas máximas; portanto, ter ambas como ideias reguladoras da minha ação, isto é, querer ambas como fim.

§36 2) Ein anderer sieht sich durch Not gedrungen, Geld zu borgen. Er weiß wohl, daß er nicht wird bezahlen können, sieht aber auch, daß ihm nichts geliehen werden wird, wenn er nicht festiglich verspricht, es zu einer bestimmten Zeit zu bezahlen. Er hat Lust, ein solches Versprechen zu tun; noch aber hat er so viel Gewissen, sich zu fragen: ist es nicht unerlaubt und pflichtwidrig, sich auf solche Art aus Not zu helfen? Gesetzt, er beschlösse es doch, so würde seine Maxime der Handlung so lauten: wenn ich mich in Geldnot zu sein glaube, so will ich Geld borgen und versprechen, es zu bezahlen, ob ich gleich weiß, es werde niemals geschehen. Nun ist dieses Prinzip der Selbstliebe oder der eigenen Zuträglichkeit, mit meinem ganzen künftigen Wohlbefinden vielleicht wohl zu vereinigen, allein jetzt ist die Frage: ob es recht sei? Ich verwandle also die Zumutung der Selbstliebe in ein allgemeines Gesetz, und richte die Frage so ein: wie es dann stehen würde, wenn meine Maxime ein allgemeines Gesetz würde. Da sehe ich nun sogleich, daß sie niemals ein allgemeines Naturgesetz gelten und mit sich selbst zusammenstimmen könne, sondern sich notwendig widersprechen müsse. Denn die Allgemeinheit eines Gesetzes, daß jeder, nachdem er in Not zu sein glaubt, versprechen könne, was ihm einfällt, mit dem Vorsatz, es nicht zu halten, würde das Versprechen und den Zweck, den man damit haben mag, selbst unmöglich machen, indem niemand glauben würde, daß ihm was versprochen sei, sondern über alle solche Äußerung, als eitles Vorgeben, lachen würde.

*

2) Um outro se vê compelido pela necessidade a pedir dinheiro emprestado. Ele sabe muito bem que não poderá pagar, mas também vê que ninguém lhe emprestará nada caso ele não prometa firmemente pagar em época determinada. Ele se sente inclinado a fazer tal promessa, mas ainda tem suficiente escrúpulo para se interrogar: não seria proibido e contrário ao dever socorrer-se de uma necessidade dessa maneira? Dado, no entanto, que ele assim se decidisse, a sua máxima de ação se expressaria desta forma: quando eu acreditar que estou necessitado de dinheiro, pedirei dinheiro emprestado e prometerei pagar, embora igualmente saiba que isso nunca ocorrerá. Ora, este princípio de amor-próprio ou o próprio benefício talvez seja bastante consistente com a totalidade do meu bem-estar futuro; mas

a questão agora é saber se seria correto. Portanto, transformo a pretensão do amor-próprio em uma lei universal e reformulo a questão assim: que aconteceria caso minha máxima se tornasse uma lei universal? Vejo então imediatamente que ela nunca poderia valer como lei universal da natureza e ser consistente consigo mesma, mas que teria necessariamente de contradizer-se. Pois a universalidade de uma lei na qual todos que se acreditam estar passando por necessidade possam prometer o que lhes ocorre com a intenção de não o cumprir tornaria a promessa e o fim que ela pudesse ter impossíveis, pois ninguém acreditaria no que lhe foi prometido, mas riria de tais expressões como vãos engodos.

*

Comentário: Também neste caso se aplicam as mesmas considerações feitas em §35, ou seja, o que se quer saber é se essa máxima pode ser pensada como universal, como se fosse lei da natureza. A resposta é negativa porque o critério da máxima está baseado de novo no amor-próprio. A contradição reside do mesmo modo na existência de duas máximas, M1 "é dever prometer por amor-próprio sem intenção de cumprir" e M2 "é dever prometer por amor-próprio com intenção de cumprir", que devem orientar o querer como ideias reguladoras, ou seja, a vontade deve querer ambas. Alguns comentadores, supondo erroneamente que Kant está dando exemplos concretos de moralidade, o que é absurdo, dado que ele supõe o aspecto regulador da moral, por conseguinte, a moral como ideia não pode ter realização empírica, criticam Kant ou por supor uma moral guiada por consequências das ações ou movida por interesses egoístas. Eles também esqueceram de ler que se trata de mostrar aqui que o amor-próprio não pode fundamentar a moral, na medida em que não possibilita formular máximas que possam ser universalizadas.

§37 3) Ein dritter findet in sich ein Talent, welches vermittelst einiger Kultur ihn zu einem in allerlei Absicht brauchbaren Menschen machen könnte. Er sieht sich aber in bequemen Umständen, und zieht vor, lieber dem Vergnügen nachzuhängen, als sich mit Erweiterung und Verbesserung seiner glücklichen Naturanlagen zu bemühen. Noch fragt er aber: ob, außer der Übereinstimmung, die seine Maxime der Verwahrlosung seiner Naturgaben mit seinem Hange zur Ergötzlichkeit an sich hat, sie auch mit dem, was man Pflicht nennt, übereinstimme. Da sieht er nun, daß zwar eine Natur nach einem solchen allgemeinen Gesetze immer noch bestehen könne, obgleich der Mensch (so wie die Südsee-Einwohner) sein Talent rosten ließe, und sein Leben bloß auf Müßiggang, Ergötzlichkeit, Fortpflanzung, mit einem Wort, auf Genuß zu verwenden bedacht wäre; allein er kann unmöglich **wollen**, daß dieses ein allgemeines Naturgesetz werde, oder als ein solches in uns durch Naturinstinkt gelegt sei. Denn als ein vernünftiges Wesen will er notwendig, daß alle Vermögen in ihm entwickelt werden, weil sie ihm doch zu allerlei möglichen Absichten dienlich und gegeben sind.

*

3) Um terceiro descobre em si um talento que por meio de algum cultivo poderia fazer dele um homem útil para inúmeros propósitos. Mas ele se vê em uma situação cômoda e prefere abandonar-se mais aos prazeres a se esforçar para a ampliação e o aperfeiçoamento de suas afortunadas disposições naturais. Porém, ele ainda pergunta se sua máxima de negligenciar seus dons naturais, além de ser consistente com sua propensão para o deleite, também é consistente com o que se chama dever. Ora, ele vê que de fato uma natureza poderia sempre subsistir com uma lei universal assim, embora o homem (como os habitantes dos mares do Sul) deixasse enferrujar seu talento e devotasse sua vida meramente para a ociosidade, o deleite, a procriação, em uma palavra, para o gozo; contudo, não lhe é possível **querer** que isto se torne uma lei universal da natureza ou que como tal esteja implantado em nós por meio de um instinto natural. Pois, como ser racional, ele necessariamente quer que todas as capacidades sejam desenvolvidas nele, porque elas lhe são úteis e foram dadas para toda espécie de propósitos possíveis.

*

Comentário: Os dois primeiros exemplos foram de deveres no sentido estrito, ou seja, deveres perfeitos; estes não admitem exceção, pois, caso contrário, haveria duas máximas, contraditórias entre si, como fins para o querer. Os dois casos seguintes são de deveres imperfeitos. Aqui, para Kant, é possível ser nulo do ponto de vista moral sem ser imoral. Assim, os habitantes dos mares do Sul "conhecem o preço da beleza", "se banham sem cessar", "mas não fazem nada, dado que inexistem vasos ou utensílios de cerâmica para levar ao fogo" (passagens de Buffon, lidas por Kant), conforme se lê na nota 87 de Philonenko, p. 97. Em suma, esses habitantes dos mares do Sul dedicados ao gozo parecem fornecer uma alternativa epicurista aos preceitos estoicos de felicidade. Obviamente uma máxima construída em torno do gozo não pode ser universalizada, do mesmo modo que uma máxima baseada em preceitos estoicos. Pois ambas estão baseadas em orientar a busca da felicidade, e a busca da felicidade, como já foi assinalado, é um ideal da imaginação e não da razão. Ora, a razão, para Kant, busca desenvolver ao máximo todas as suas capacidades e, nesse sentido, viver na ociosidade e no gozo contraria essa máxima da razão.

FUNDAMENTAÇÃO DA METAFÍSICA DA MORAL

§38 Noch denkt ein **vierter**, dem es wohl geht, indessen er sieht, daß andere mit großen Mühseligkeiten zu kämpfen haben (denen er auch wohl helfen könnte): was geht's mich an? mag doch ein jeder so glücklich sein, als es der Himmel will, oder er sich selbst machen kann, ich werde ihm nichts entziehen, ja nicht einmal beneiden; nur zu seinem Wohlbefinden, oder seinem Beistande in der Not, habe ich nicht Lust, etwas beizutragen! Nun könnte allerdings, wenn eine solche Denkungsart ein allgemeines Naturgesetz würde, das menschliche Geschlecht gar wohl bestehen und ohne Zweifel noch besser, als wenn jedermann von Teilnehmung und Wohlwollen schwatzt, auch sich beeifert, gelegentlich dergleichen auszuüben, dagegen aber auch, wo er nur kann, betrügt, das Recht der Menschen verkauft, oder ihm sonst Abbruch tut. Aber, obgleich es möglich ist, daß nach jener Maxime ein allgemeines Naturgesetz wohl bestehen könnte: so ist es doch unmöglich, zu **wollen**, daß ein solches Prinzip als Naturgesetz allenthalben gelte. Denn ein Wille, der dieses beschlösse, würde sich selbst widerstreiten, indem der Fälle sich doch manche eräugnen können, wo er anderer Liebe und Teilnehmung bedarf, und wo er, durch ein solches aus seinem eigenen Willen entsprungenes Naturgesetz, sich selbst alle Hoffnung des Beistandes, den er sich wünscht, rauben würde.

*

Ainda um **quarto**, para quem as coisas vão bem enquanto ele vê que outros (que ele poderia muito bem ajudar) têm de lutar com grandes dificuldades, pensa: que é que isso me importa? Que cada um seja tão afortunado quanto o céu deseje ou que ele mesmo possa conseguir, eu não tirarei nada dele, nem mesmo o invejarei; somente que não tenho qualquer inclinação para contribuir para seu bem-estar ou para assisti-lo na necessidade! Ora, se tal modo de pensar se tornasse uma lei universal da natureza, a raça humana certamente poderia subsistir muito bem, e sem dúvida ainda melhor do que quando todos tagarelam sobre simpatia e benevolência, e também se esforçam ocasionalmente em praticá-las, mas, por outro lado, também fraudam onde for possível, vendem o direito dos homens ou habitualmente os prejudicam. Mas embora seja possível que uma lei universal da natureza pudesse muito bem subsistir de acordo com tal máxima, no entanto, é impossível **querer** que um princípio assim valha em toda parte como lei da natureza. Pois uma vontade que decidisse dessa forma conflitaria consigo mesma, desde que poderiam ocorrer muitos casos nos quais se precisaria do amor e da simpatia dos outros, e nos quais ele mesmo, segundo tal lei da natureza nascida de sua própria vontade, roubaria de si toda esperança de assistência que desejasse para si.

*

Comentário: Exemplo do mesmo tipo que o anterior, mas agora como dever em relação ao outro. Aqui, aquele que se abstém de qualquer relação com o outro é pensado como equivalente ao habitante dos mares do Sul. Em outras palavras, ele não comete nenhuma falta moral, no entanto, do ponto de vista moral, seu valor é nulo. Como o critério da máxima também é empírico, ou seja, existência ou não de sentimento de solidariedade, a argumentação de Kant permanece no plano da prudência, dado que uma máxima fundada em torno do sentimento de solidariedade não pode ser universalizada. Aliás, é interessante assinalar que a discussão de Kant, ao mesmo tempo que aborda o critério da universalidade, mostra a impossibilidade de fundar uma concepção de moral baseada no egoísmo. No entanto, sem se dar conta de como Kant argumenta, alguns filósofos se dedicaram a criticá-lo por estar fundamentando a moral exatamente em critérios egoístas ao expor esses exemplos.

§39 Dieses sind nun einige von den vielen wirklichen oder wenigstens von uns dafür gehaltenen Pflichten, deren Abteilung aus dem einigen angeführten Prinzip klar in die Augen fällt. Man muß **wollen können**, daß eine Maxime unserer Handlung ein allgemeines Gesetz werde: dies ist der Kanon der moralischen Beurteilung derselben überhaupt. Einige Handlungen sind so beschaffen, daß ihre Maxime ohne Widerspruch nicht einmal als allgemeines Naturgesetz **gedacht** werden kann; weit gefehlt, daß man noch **wollen** könne, es **sollte** ein solches werden. Bei andern ist zwar jene innere Unmöglichkeit nicht anzutreffen, aber es ist doch unmöglich, zu **wollen**, daß ihre Maxime zur Allgemeinheit eines Naturgesetzes erhoben werde, weil ein solcher Wille sich selbst widersprechen würde. Man sieht leicht: daß die erstere der strengen oder engeren (unnachlaßlichen) Pflicht, die zweite nur der weiteren (verdienstlichen) Pflicht widerstreite, und so alle Pflichten, was die Art der Verbindlichkeit (nicht das Objekt ihrer Handlung) betrifft, durch diese Beispiele in ihrer Abhängigkeit von dem einigen Prinzip vollständig aufgestellt worden.

*

Estes são alguns dos muitos deveres efetivos, ou pelo menos tidos como tais por nós, cuja divisão segundo o único princípio mencionado acima é clara. Temos de **poder querer** que uma máxima de nossa ação se torne uma lei universal: este é o cânone do julgamento moral da ação como tal. Algumas ações são constituídas de tal forma que sua máxima nem sequer pode ser **pensada** sem contradição como lei universal da natureza; menos ainda que se possa **querer** que ela **devesse** vir a ser uma. Em outros casos, por certo, não cabe encontrar aquela impossibilidade interna, mas, no entanto, é impossível **querer** que sua máxima seja elevada à universalidade de uma lei da natureza, porque tal vontade seria contraditória consigo mesma. É fácil ver que o primeiro se opõe ao dever estrito ou estreito (irredutível), o segundo, apenas ao dever amplo (meritório), e assim todos os deveres, no que se refere ao tipo de obrigação (e não ao objeto de sua ação), por meio desses exemplos, são colocados completamente sob a dependência deste único princípio.

Comentário: O princípio é o de poder querer que uma máxima de nossa ação se torne uma lei universal. Assim, os quatro exemplos, de acordo com a tabela 2 × 2, mostraram que se o critério for empírico, não se chega à universalidade desejada. A diferença entre os deveres perfeitos e os imperfeitos reside em que no caso dos primeiros chegamos a duas máximas que se contradizem e que, no entanto, devem guiar nossa ação como fim. Em outras palavras, chegou-se a uma impossibilidade interna. Nos deveres imperfeitos, a vontade seria contraditória consigo, na medida em que a máxima elevada à lei universal contraditaria uma diretiva da própria vontade. Desse modo, uma máxima fundada no ócio contradiz a vontade na medida em que ela está orientada para o desenvolvimento máximo de suas potencialidades. No outro caso, porque uma máxima fundada na indiferença em relação ao outro contradiz a vontade na medida em que ela está voltada para a construção de uma república cosmopolita.

§40 Wenn wir nun auf uns selbst bei jeder Übertretung einer Pflicht Acht haben, so finden wir, daß wir wirklich nicht wollen, es solle unsere Maxime ein allgemeines Gesetz werden, denn das ist uns unmöglich, sondern das Gegenteil derselben soll vielmehr allgemein ein Gesetz bleiben; nur nehmen wir uns die Freiheit, für uns, oder (auch nur für diesesmal) zum Vorteil unserer Neigung, davon eine **Ausnahme** zu machen. Folglich, wenn wir alles aus einem und demselben Gesichtspunkte, nämlich der Vernunft, erwögen, so würden wir einen Widerspruch in unserm eigenen Willen antreffen, nämlich, daß ein gewisses Prinzip objektiv als allgemeines Gesetz notwendig sei, und doch subjektiv nicht allgemein gelten, sondern Ausnahmen verstatten sollte. Da wir aber einmal unsere Handlung aus dem Gesichtspunkte eines ganz der Vernunft gemäßen, dann aber auch eben dieselbe Handlung aus dem Gesichtspunkte eines durch Neigung affizierten Willens betrachten, so ist wirklich hier kein Widerspruch, wohl aber ein Widerstand der Neigung gegen die Vorschrift der Vernunft (antagonismus), wodurch die Allgemeinheit des Prinzips (universalitas) in eine bloße Gemeingültigkeit (generalitas) verwandelt wird, dadurch das praktische Vernunftprinzip mit der Maxime auf dem halben Wege zusammenkommen soll. Ob nun dieses gleich in unserm eigenen unparteiisch angestellten Urteile nicht gerechtfertigt werden kann, so beweiset es doch, daß wir die Gültigkeit des kategorischen Imperativs wirklich anerkennen, und uns (mit aller Achtung für denselben) nur einige, wie es uns scheint, unerhebliche und uns abgedrungene Ausnahmen erlauben.

*

Se agora atentarmos para nós em qualquer transgressão de um dever, descobriremos que efetivamente não queremos que a nossa máxima deva se tornar uma lei universal, pois isso é impossível para nós, mas que antes é o oposto da mesma que deve permanecer universalmente uma lei; apenas tomamos a liberdade de abrir aí uma **exceção** para nós (também apenas desta vez) em favor de nossa inclinação. Consequentemente, caso considerássemos tudo segundo um único e mesmo ponto de vista, a saber, da razão, encontraríamos assim uma contradição na nossa própria vontade, que um certo princípio seja necessário objetivamente como lei universal e que, no entanto, subjetivamente não valha universalmente, mas deva permitir exceções. Mas visto que nós ora consideramos nossa ação do ponto de vista de uma vontade totalmente conforme à razão, ora essa mesma ação do ponto de vista de uma vontade afetada pela inclinação, não há efetivamente qualquer contradição aqui, mas sim uma resistência da inclinação ao preceito da razão (antagonismo), pela qual a universalidade do princípio (universalidade) é transformada em mera generalidade (generalidade), de modo que o princípio prático da razão se deve encontrar no meio do caminho com a máxima. Ora, mesmo que esse princípio não possa ser justificado por nosso próprio juízo utilizado de forma imparcial, ele, no entanto, mostra que reconhecemos efetivamente a validade do imperativo categórico, e que (com todo respeito por ele) nos permitimos apenas algumas exceções que parecem sem importância e impostas a nós.

*

Comentário: Com todas as letras, Kant exprime que agir de forma errônea não é agir segundo uma máxima má, mas querer que sejamos uma exceção a uma regra universal. Neste sentido, apesar de reconhecer que há uma obrigação universal, ao mesmo tempo, por inclinação, quero que o meu caso seja uma exceção. Agora se torna explícito o que já foi dito: todas as pessoas reconhecem a universalidade do princípio moral, ou seja, há uma continuidade entre o conhecimento popular e o filosófico. Mas a filosofia revela que neste reconhecimento da universalidade da moral existe sempre o espaço para alguém se pensar como exceção. A consequência desse regime é transformar a universalidade que não comporta nenhuma exceção em generalidade que a admite, cujo resultado é promover o encontro do princípio prático da razão com a máxima, no meio do caminho; ou seja, a máxima não pode mais almejar ser uma lei universal ou valer como lei da natureza, pois agora acomoda exceções.

§41 Wir haben so viel also wenigstens dargetan, daß, wenn Pflicht ein Begriff ist, der Bedeutung und wirkliche Gesetzgebung für unsere Handlungen enthalten soll, diese nur in kategorischen Imperativen, keinesweges aber in hypothetischen ausgedrückt werden könne; imgleichen haben wir, welches schon viel ist, den Inhalt des kategorischen Imperativs, der das Prinzip aller Pflicht (wenn es überhaupt dergleichen gäbe) enthalten müßte, deutlich und zu jedem Gebrauche bestimmt dargestellt. Noch sind wir aber nicht so weit, a priori zu beweisen, daß dergleichen Imperativ wirklich stattfinde, daß es ein praktisches Gesetz gebe, welches schlechterdings und ohne alle Triebfedern für sich gebietet, und daß die Befolgung dieses Gesetzes Pflicht sei.

*

Portanto, mostramos pelo menos que, se o dever for um conceito que deva conter o sentido e a legislação efetiva para nossas ações, este só pode ser expresso em imperativos categóricos, mas de modo algum em hipotéticos; do mesmo modo temos, o que já é muito, exposto claramente e determinado para todo uso o conteúdo do imperativo categórico, que teria de conter o princípio de todo dever (caso exista algo assim). Porém não avançamos ainda o suficiente para provar *a priori* que efetivamente exista um imperativo assim, que haja uma lei prática que manda absolutamente por si mesma e sem móbil algum, e que a obediência a essa lei seja o dever.

*

Comentário: Vale assinalar que o imperativo categórico, apesar de ser formal, não é de modo algum vazio, pois deve conter o princípio de todo dever, algo que ainda não foi mostrado. O que Kant defende até este ponto da obra é que, se existir algo como um imperativo categórico, ele deve conter o princípio de todo dever. Falta provar que só pode ser *a priori* a existência de imperativos categóricos, a existência de uma lei prática, e que o dever implica a obediência a esta lei. Na *Fundamentação* argumenta-se pela necessidade de um imperativo categórico para que a moral seja universal; a demonstração *a priori* da sua possibilidade é tarefa da *Crítica da Razão Prática*.

§42 Bei der Absicht, dazu zu gelangen, ist es von der äußersten Wichtigkeit, sich dieses zur Warnung dienen zu lassen, daß man es sich ja nicht in den Sinn kommen lasse, die Realität dieses Prinzips aus der **besondern Eigenschaft der menschlichen Natur** ableiten zu wollen. Denn Pflicht soll praktisch-unbedingte Notwendigkeit der Handlung sein; sie muß also für alle vernünftige Wesen (auf die nur überall ein Imperativ treffen kann) gelten, und **allein darum** auch für allen menschlichen Willen ein Gesetz sein. Was dagegen aus der besondern Naturanlage der Menschheit, was aus gewissen Gefühlen und Hange, ja sogar, wo möglich, aus einer besonderen Richtung, die der menschlichen Vernunft eigen wäre, und nicht notwendig für den Willen eines jeden vernünftigen Wesens gelten müßte, abgeleitet wird, das kann zwar eine Maxime für uns, aber kein Gesetz abgeben, ein subjektiv Prinzip, nach welchem wir handeln zu dürfen Hang und Neigung haben, aber nicht ein objektives, nach welchem wir **angewiesen** wären zu handeln, wenn gleich aller unser Hang, Neigung und Natureinrichtung dawider wäre, sogar, daß es um desto mehr die Erhabenheit und innere Würde des Gebots in einer Pflicht beweiset, je weniger die subjektiven Ursachen dafür, je mehr sie dagegen sein, ohne doch deswegen die Nötigung durchs Gesetz nur im mindesten zu schwächen, und seiner Gültigkeit etwas zu benehmen.

*

Caso se tenha o propósito de alcançar isto, é da mais alta importância servir-se da advertência de que não tem de vir ao espírito de modo algum querer derivar a realidade desse princípio da **característica particular da natureza humana**. Pois, um dever deve ser uma necessidade prática incondicionada da ação; portanto, tem de valer para todo ser racional (somente para eles se pode encontrar sempre um imperativo), e somente por isso ser uma lei para toda vontade humana. Ao contrário, o que é derivado da constituição natural particular da humanidade, de certos sentimentos e tendências e mesmo, se possível, de uma diretiva particular que seria própria da razão humana e não necessária para a vontade de todo ser racional, isto, por certo, pode dar uma máxima para nós, mas nenhuma lei, um princípio subjetivo, pelo qual nos é permitido agir por tendência e inclinação, mas não um objetivo, segundo o qual seríamos **dirigidos** para agir, mesmo que, no entanto, toda nossa tendência, inclinação e disposição natural fossem contrárias a ele, de modo que o caráter sublime e o valor interno da prescrição de um dever são tanto mais comprovados quanto menos as causas subjetivas o favorecem e quanto mais elas são opostas a ele, sem, no entanto, enfraquecer no mínimo que seja a coerção pela lei e retirar algo de sua validade.

*

Comentário: De novo, Kant recorda que a lei moral não deve ser derivada de característica alguma da natureza humana, mas sim da racionalidade. A lei moral vale para o homem na medida em que ele também é capaz de ser racional. A comprovação do valor pela ausência de causas subjetivas não é para indicar que o valor é alcançado quando elas não existem ou que é preciso procurar reduzi-las para dar valor ao dever, mas para assinalar que quando as causas subjetivas são opostas ao dever fica mais nítido que o valor não é derivado de nada empírico ou psicológico, ou seja, que o valor do dever é independente de condições empíricas; no mesmo sentido em que uma demonstração lógica é independente do grau da minha certeza subjetiva.

§43 Hier sehen wir nun die Philosophie in der Tat auf einen mißlichen Standpunkt gestellt, der fest sein soll, unerachtet er weder im Himmel, noch auf der Erde, an etwas gehängt, oder woran gestützt wird. Hier soll sie ihre Lauterkeit beweisen, als Selbsthalterin ihrer Gesetze, nicht als Herold derjenigen, welche ihr ein eingepflanzter Sinn, oder wer weiß welche vormundschaftliche Natur einflüstert, die insgesamt, sie mögen immer besser sein als gar nichts, doch niemals Grundsätze abgeben können, die die Vernunft diktiert, und die durchaus völlig a priori ihren Quell, und hiemit zugleich ihr gebietendes Ansehen haben müssen: nichts von der Neigung des Menschen, sondern alles von der Obergewalt des Gesetzes und der schuldigen Achtung für dasselbe zu erwarten, oder den Menschen widrigenfalls zur Selbstverachtung und innern Abscheu zu verurteilen.

*

Ora, vemos aqui a filosofia colocada de fato numa posição precária: ela deve ser firme, desconsiderando, seja no céu, seja na terra, qualquer coisa em que se pendurar ou se escorar. Ela deve comprovar aqui sua pureza como autossustentadora de suas leis, e não como arauto daqueles que lhe sopram um sentido implantado ou sabe-se lá que natureza tutelar, que em conjunto poderiam sempre ser melhor do que nada, no entanto, nunca poderiam dar princípios fundamentais como os que a razão dita, os quais têm de ter sua fonte completa e totalmente *a priori* e, por meio disso, ao mesmo tempo, têm de ser prescritos em vista disto: não esperar nada da inclinação dos homens, mas tudo da supremacia da lei e do respeito que lhe é devido, ou, caso contrário, condenar o homem ao desprezo por si mesmo e à aversão interna.

*

Comentário: Conclusão: a moral independe de qualquer condição exterior a ela, portanto, a filosofia moral não pode apoiar-se em nada empírico, portanto, nada retirado da experiência; tampouco, em algo suprassensível, ou seja, no céu. Resta apenas a filosofia crítica. Fala-se do homem porque ele é o único ser capaz de racionalidade que conhecemos.

§44 Alles also, was empirisch ist, ist, als Zutat zum Prinzip der Sittlichkeit, nicht allein dazu ganz untauglich, sondern der Lauterkeit der Sitten selbst höchst nachteilig, an welchen der eigentliche und über allen Preis erhabene Wert eines schlechterdings guten Willens eben darin besteht, daß das Prinzip der Handlung von allen Einflüssen zufälliger Gründe, die nur Erfahrung an die Hand geben kann, frei sei. Wider diese Nachlässigkeit oder gar niedrige Denkungsart, in Aufsuchung des Prinzips unter empirischen Bewegursachen und Gesetzen, kann man auch nicht zu viel und zu oft Warnungen ergehen lassen, indem die menschliche Vernunft in ihrer Ermüdung gern auf diesem Polster ausruht, und in dem Traume süßer Vorspiegelungen (die sie doch statt der Juno eine Wolke umarmen lassen) der Sittlichkeit einen aus Gliedern ganz verschiedener Abstammung zusammengeflickten Bastard unterschiebt, der allem ähnlich sieht, was man daran sehen will, nur der Tugend nicht für den, der sie einmal in ihrer wahren Gestalt erblickt hat.[11]

*

Portanto, tudo que é empírico, como acréscimo ao princípio de moralidade, não é apenas bastante inepto para tal, como também altamente prejudicial à pureza da moral, na qual o valor próprio e acima de todo preço de uma vontade absolutamente boa consiste justamente em que o princípio da ação seja livre de toda influência de fundamentos contingentes que somente a experiência pode fornecer. Contra essa falta de rigor ou esse modo de pensar muito vulgar que busca o princípio em motivos e leis empíricas,

---

[11] Die Tugend in ihrer eigentlichen Gestalt erblicken, ist nichts anders, als die Sittlichkeit, von aller Beimischung des Sinnlichen und allem unechten Schmuck des Lohns, oder der Selbstliebe, entkleidet, darzustellen. Wie sehr sie alsdann alles übrige, was den Neigungen reizend erscheint, verdunkele, kann jeder vermittelst des mindesten Versuchs seiner nicht ganz für alle Abstraktion verdorbenen Vernunft leicht inne werden.

Enxergar a virtude na sua verdadeira forma não é outra coisa que apresentar a moralidade, despida de toda mistura do sensível e de todo ornamento espúrio da recompensa ou do amor-próprio. Por conseguinte, o quanto ela obscurece de tudo o mais que parece atraente para a inclinação, cada um pode facilmente perceber por meio do menor esforço de sua razão, caso ela não esteja completamente arruinada para toda abstração.

Comentário: O esforço de abstração é justamente o esforço de libertar-se de toda consideração de natureza empírica, ou seja, tornar-se surdo aos apelos das inclinações, sejam terrestres, sejam celestiais.

não se pode advertir nem com a frequência ou a ênfase necessárias, pois a razão humana na sua fadiga repousa com prazer nesse travesseiro e, no sonho de doces ilusões (que, no entanto, lhe fazem abraçar, no lugar de Juno, uma nuvem), substitui a moralidade por um bastardo de membros feitos de remendos de origens bastante diversas, o qual se vê semelhante a tudo que se quer ver aí, menos à virtude para aquele que a enxergou uma vez na sua verdadeira forma.[11]

*

Comentário: Caso se introduza qualquer elemento empírico ao princípio da moralidade, não há como evitar a corrupção moral, dado que qualquer um valerá tanto como qualquer outro.

§45 Die Frage ist also diese: ist es ein notwendiges Gesetz **für alle vernünftige Wesen**, ihre Handlungen jederzeit nach solchen Maximen zu beurteilen, von denen sie selbst wollen können, daß sie zu allgemeinen Gesetzen dienen sollen? Wenn es ein solches ist, so muß es (völlig a priori) schon mit dem Begriffe des Willens eines vernünftigen Wesens überhaupt verbunden sein. Um aber diese Verknüpfung zu entdecken, muß man, so sehr man sich auch sträubt, einen Schritt hinaus tun, nämlich zur Metaphysik, obgleich in ein Gebiet derselben, welches von dem der spekulativen Philosophie unterschieden ist, nämlich in die Metaphysik der Sitten. In einer praktischen Philosophie, wo es uns nicht darum zu tun ist, Gründe anzunehmen, von dem, was **geschieht**, sondern Gesetze von dem, was **geschehen soll**, ob es gleich niemals geschieht, d. i. objektiv-praktische Gesetze: da haben wir nicht nötig, über die Gründe Untersuchung anzustellen, warum etwas gefällt oder mißfällt, wie das Vergnügen der bloßen Empfindung vom Geschmacke, und ob dieser von einem allgemeinen Wohlgefallen der Vernunft unterschieden sei; worauf Gefühl der Lust und Unlust beruhe, und wie hieraus Begierden und Neigungen, aus diesen aber durch Mitwirkung der Vernunft, Maximen entspringen; denn das gehört alles zu einer empirischen Seelenlehre, welche den zweiten Teil der Naturlehre ausmachen würde, wenn man sie als **Philosophie der Natur** betrachtet, so fern sie auf **empirischen Gesetzen** gegründet ist. Hier aber ist vom objektiv-praktischen Gesetze die Rede, mithin von dem Verhältnisse eines Willens zu sich selbst, so fern er sich bloß durch Vernunft bestimmt, da denn alles, was aufs Empirische Beziehung hat, von selbst wegfällt; weil, wenn die **Vernunft für sich allein** das Verhalten bestimmt (wovon wir die Möglichkeit jetzt eben untersuchen wollen), sie dieses notwendig a priori tun muß.

*

A questão é, portanto, esta: é uma lei necessária **para todos os seres racionais** julgar sempre suas ações de acordo com tais máximas, pelas quais eles mesmos possam querer que elas devam servir de leis universais? Se existir, ela tem de já estar ligada (totalmente *a priori*) com o conceito de vontade de um ser racional como tal. Mas, para descobrir essa conexão, tem de se dar, por mais que se relute, um passo adiante, a saber, para a metafísica, embora em domínio distinto do da filosofia especulativa, a saber, o domínio da metafísica da moral. Numa filosofia prática, na qual não temos de pressupor fundamentos do que **ocorre**, mas leis do que **deve ocorrer**, mesmo o que nunca ocorra, isto é, leis práticas objetivas, não temos necessidade de investigar os fundamentos de por que algo agrada ou desagrada, de como a satisfação da mera sensação se diferencia do gosto, e este do deleite geral da razão; sobre o que repousa o sentimento de prazer e desprazer, e como deles surgem apetites e inclinações, e por meio destes, mediante cooperação da razão, máximas; pois tudo isto pertence a uma doutrina empírica da alma, que poderia constituir a segunda parte da doutrina da natureza, caso seja considerada **filosofia da natureza**, na medida em que está fundada em **leis empíricas**. Mas aqui se trata da lei prática objetiva e, assim, da relação de uma vontade para consigo mesma na medida em que ela é determinada somente pela razão; pois, tudo que se refere ao empírico suprime a si mesmo, porque, caso a **razão apenas por seu intermédio** determine a conduta (cuja possibilidade é justamente o que queremos investigar agora), a razão tem de fazê-lo necessariamente *a priori*.

*

Comentário: Visto que a questão só pode ser respondida no domínio do *a priori*, pois envolve a conexão entre vontade e racionalidade, ela tem de ser investigada no domínio da metafísica, mas não de uma metafísica da natureza, objeto da primeira crítica, e sim de uma metafísica moral. Caso seja dado à questão um tratamento empírico, a metafísica da moral perde toda universalidade e necessidade. Tampouco a conexão entre vontade e razão pode ser expressa em termos de que toda ação resulta do sentimento de prazer e desprazer que podem acompanhá-la, pois isto seria equivalente a destruir a própria noção de moral.

§46 Der Wille wird als ein Vermögen gedacht, **der Vorstellung gewisser Gesetze gemäß** sich selbst zum Handeln zu bestimmen. Und ein solches Vermögen kann nur in vernünftigen Wesen anzutreffen sein. Nun ist das, was dem Willen zum objektiven Grunde seiner Selbstbestimmung dient, der **Zweck**, und dieser, wenn er durch bloße Vernunft gegeben wird, muß für alle vernünftige Wesen gleich gelten. Was dagegen bloß den Grund der Möglichkeit der Handlung enthält, deren Wirkung Zweck ist, heißt das **Mittel**. Der subjektive Grund des Begehrens ist die **Triebfeder**, der objektive des Wollens der **Bewegungsgrund**; daher der Unterschied zwischen subjektiven Zwecken, die auf Triebfedern beruhen, und objektiven, die auf Bewegungsgründe ankommen, welche für jedes vernünftige Wesen gelten. Praktische Prinzipien sind **formal**, wenn sie von allen subjektiven Zwecken abstrahieren; sie sind aber **material**, wenn sie diese, mithin gewisse Triebfedern, zum Grunde legen. Die **Zwecke**, die sich ein vernünftiges Wesen als **Wirkungen** seiner Handlung nach Belieben vorsetzt, (materiale Zwecke), sind insgesamt nur relativ; denn nur bloß ihr Verhältnis auf ein besonders geartetes Begehrungsvermögen des Subjekts gibt ihnen den Wert, der daher keine allgemeine für alle vernünftige Wesen, und auch nicht für jedes Wollen gültige und notwendige Prinzipien, d. i. praktische Gesetze, an die Hand geben kann. Daher sind alle diese relative Zwecke nur der Grund von hypothetischen Imperativen.

*

A vontade é pensada como capacidade de determinar-se para agir **conforme à representação de certas leis**. E tal capacidade pode ser encontrada apenas em seres racionais. Ora, o que serve à vontade de fundamento objetivo de sua autodeterminação é o **fim**, e este, caso seja dado apenas pela razão, tem de valer igualmente para todos os seres racionais. O que, ao contrário, contém apenas o fundamento da possibilidade da ação, cujo efeito é um fim, chama-se **meio**. O fundamento subjetivo do apetite é o **móbil**, o fundamento objetivo do querer é o **motivo**, e por isso a diferença entre fins subjetivos, baseados em móbeis, e os objetivos, que dependem de motivos, válidos para todo ser racional. Princípios práticos são **formais**, caso façam abstração de todos os fins subjetivos; mas são **materiais** quando colocam estes, e consequentemente certos móbeis, na sua base. Os **fins** que um ser racional propõe a seu grado como efeitos de sua ação (fins materiais) são todos somente relativos; pois o que lhes dá valor é a sua mera relação com uma capacidade apetitiva especificamente constituída do sujeito, que, portanto, não pode fornecer princípio universal algum para todos os seres racionais, que também sejam princípios necessários e válidos para todo querer, isto é, leis práticas. Portanto, todos esses fins relativos são somente o fundamento de imperativos hipotéticos.

*

Comentário: A vontade não se exprime apenas como capacidade de agir segundo regras, mas também como capacidade de agir segundo fins. Nesse sentido, há três doutrinas em Kant, habilidade, prudência e sabedoria. Todas exibem o duplo caráter da vontade: capacidade de agir segundo regras e segundo fins. Mas apenas no último caso, na doutrina da sabedoria, o fim é incondicionado. Nas duas primeiras doutrinas, o fim é posto em função de um desejo nascido da sensibilidade, e no último, de um desejo nascido da razão. Repetindo, os desejos nascidos da sensibilidade, portanto, de princípios materiais, são denominados de móbeis, e os nascidos da razão, ou seja, de princípios *a priori*, de motivos. Dado que os primeiros nascem de princípios materiais, eles não podem ser universalizados e têm sempre um caráter relativo. Apenas o desejo nascido da razão pode ser universal e necessário, ou seja, fim em si mesmo.

§47 Gesetzt aber, es gäbe etwas, **dessen Dasein an sich selbst** einen absoluten Wert hat, was, als **Zweck an sich selbst**, ein Grund bestimmter Gesetze sein könnte, so würde in ihm, und nur in ihm allein, der Grund eines möglichen kategorischen Imperativs, d. i. praktischen Gesetzes, liegen.

*

Mas supondo que haja algo **cuja existência em si mesma** tenha um valor absoluto e que, como **fim em si mesmo**, possa ser um fundamento de leis determinadas, então neste e somente neste repousaria o fundamento de um imperativo categórico possível, ou seja, de uma lei prática.

*

Comentário: O que falta determinar é algo cuja existência em si mesma possa ser considerada como fim em si mesmo. Caso exista algo assim, sob esse algo repousaria o fundamento de uma lei prática.

§48 Nun sage ich: der Mensch, und überhaupt jedes vernünftige Wesen, **existiert** als Zweck an sich selbst, **nicht bloß als Mittel** zum beliebigen Gebrauche für diesen oder jenen Willen, sondern muß in allen seinen, sowohl auf sich selbst, als auch auf andere vernünftige Wesen gerichteten Handlungen jederzeit **zugleich als Zweck** betrachtet werden. Alle Gegenstände der Neigungen haben nur einen bedingten Wert; denn, wenn die Neigungen und darauf gegründete Bedürfnisse nicht wären, so würde ihr Gegenstand ohne Wert sein. Die Neigungen selber aber, als Quellen des Bedürfnisses, haben so wenig einen absoluten Wert, um sie selbst zu wünschen, daß vielmehr, gänzlich davon frei zu sein, der allgemeine Wunsch eines jeden vernünftigen Wesens sein muß. Also ist der Wert aller durch unsere Handlung **zu erwerbenden** Gegenstände jederzeit bedingt. Die Wesen, deren Dasein zwar nicht auf unserm Willen, sondern der Natur beruht, haben dennoch, wenn sie vernunftlose Wesen sind, nur einen relativen Wert, als Mittel, und heißen daher **Sachen**, dagegen vernünftige Wesen **Personen** genannt werden, weil ihre Natur sie schon als Zwecke an sich selbst, d. i. als etwas, das nicht bloß als Mittel gebraucht werden darf, auszeichnet, mithin so fern alle Willkür einschränkt (und ein Gegenstand der Achtung ist). Dies sind also nicht bloß subjektive Zwecke, deren Existenz, als Wirkung unserer Handlung, **für uns** einen Wert hat; sondern **objektive Zwecke**, d. i. Dinge, deren Dasein an sich selbst Zweck ist, und zwar ein solchen, an dessen statt kein anderer Zweck gesetzt werden kann, dem sie **bloß** als Mittel zu Diensten stehen sollten, weil ohne dieses überall gar nichts von **absolutem Werte** würde angetroffen werden; wenn aber aller Wert bedingt, mithin zufällig wäre, so könnte für die Vernunft überall kein oberstes praktisches Prinzip angetroffen werden.

*

Ora, eu digo que o homem, e em geral todo ser racional, **existe** como fim em si mesmo, **não meramente como meio** para esta ou aquela vontade usar a seu grado, mas em todas as suas ações, tanto dirigidas para si como também para outros seres racionais, ele tem de ser considerado sempre **ao mesmo tempo** como fim. Todos os objetos das inclinações têm somente valor condicional; pois, caso não existissem as inclinações e as carências baseadas nelas, o seu objeto seria sem valor. Mas as próprias inclinações, como fontes das carências, estão tão longe de ter um valor absoluto para serem desejadas por si mesmas que, ao contrário, tem de ser o desejo universal de todo ser racional libertar-se completamente delas. Portanto, o valor de todos os objetos **adquiríveis** por meio de nossa ação é sempre condicionado. Os seres cuja existência por certo não depende de nossa vontade, mas da natureza, têm, no entanto, caso sejam seres irracionais, somente um valor relativo como meios e são chamados, por isso, de coisas; por outro lado, os seres racionais são chamados de **pessoas**, porque sua natureza já os distingue como fins em si mesmos, ou seja, como algo que não pode ser usado meramente como meio e que, consequentemente, limita nesta medida todo arbítrio (e é um objeto de respeito). Portanto, estes não são meros fins subjetivos, cuja existência, como efeito de nossa ação, tem **para nós** valor; mas **fins objetivos**, ou seja, coisas cuja existência é em si mesma um fim, e, por certo, tal que nenhum outro fim possa ser colocado em seu lugar, para o qual elas deveriam servir **meramente** como meio, pois sem isso nada de **valor absoluto** em lugar algum poderia ser encontrado; mas, se todo valor fosse condicional, portanto, contingente, então em nenhum lugar poderia ser encontrado um princípio prático supremo para a razão.

*

Comentário: Este algo, cuja existência é fim em si mesma, é todo ser racional. Na medida em que o homem é um ser capaz de racionalidade, o homem deve ser considerado como fim em si mesmo. Em outras palavras, o homem não pode ser tratado como meio para um fim, pois é, em si mesmo, fim incondicionado. Dizendo de outro modo, qual o ser que tem o valor de um absoluto? Para Kant, a resposta é uma só, o homem. Assim, dado que o único ser racional que conhecemos é o homem, é apenas a ele que chamamos de pessoa, em oposição aos outros seres, que denominamos de coisas. E, neste sentido, devemos ter respeito por nós mesmos e pelos outros, na medida em que nós e os outros são fins em si mesmos.

§49 Wenn es denn also ein oberstes praktisches Prinzip, und, in Ansehung des menschlichen Willens, einen kategorischen Imperativ geben soll, so muß es ein solches sein, das aus der Vorstellung dessen, was notwendig für jedermann Zweck ist, weil es **Zweck an sich selbst** ist, ein **objektives** Prinzip des Willens ausmacht, mithin zum allgemeinen praktischen Gesetz dienen kann. Der Grund dieses Prinzips ist: **die vernünftige Natur existiert als Zweck an sich selbst**. So stellt sich notwendig der Mensch sein eignes Dasein vor; so fern ist es also ein **subjektives** Prinzip menschlicher Handlungen. So stellt sich aber auch jedes andere vernünftige Wesen sein Dasein, zufolge eben desselben Vernunftgrundes, der auch für mich gilt, vor;[12] also ist es zugleich ein **objektives** Prinzip, woraus als einem obersten praktischen Grunde, alle Gesetze des Willens müssen abgeleitet werden können. Der praktische Imperativ wird also folgender sein: **Handle so, daß du die Menschheit, sowohl in deiner Person, als in der Person eines jeden andern, jederzeit zugleich als Zweck, niemals bloß als Mittel brauchest**. Wir wollen sehen, ob sich dieses bewerkstelligen lasse.

*

Portanto, caso deva ser dado um princípio prático supremo e, em vista da vontade humana, um imperativo categórico, tem de ser tal que, pela representação do que é necessariamente um fim para todos, porque é um **fim em si mesmo**, constitua um princípio **objetivo** da vontade, e assim possa servir de lei prática universal. O fundamento desse princípio é: **a natureza racional existe como fim em si mesmo**. O homem necessariamente representa assim sua própria existência; portanto, na medida em que é princípio **subjetivo** das ações humanas. Mas todo outro ser racional representa assim sua existência, consequentemente pelo mesmo fundamento racional que também vale para mim;[12] portanto, ele é ao mesmo tempo um princípio **objetivo**, do qual como fundamento prático supremo todas

---

[12] Diesen Satz stelle ich hier als Postulat auf. Im letzten Abschnitte wird man die Gründe dazu finden.

Apresento esta proposição aqui como um postulado. Na última seção, serão encontrados os seus fundamentos.

Comentário: A ideia de Kant é mostrar que, dado que o ser humano é capaz de racionalidade, ele também faz parte de um mundo inteligível.

as leis da vontade têm de poder ser deduzidas. Portanto, o imperativo prático será: **age de tal modo que você use a humanidade, tanto na sua pessoa, como na pessoa de qualquer outro, sempre ao mesmo tempo como fim, nunca meramente como meio**. Veremos se isto pode ser realizado.

*

Comentário: O princípio prático supremo é: todo ser racional é um fim em si mesmo. Esse princípio, dada a natureza também sensível do homem, exprime-se como imperativo categórico. A fórmula do imperativo categórico não implica que os homens não devam trabalhar uns para os outros, ou seja, que eu não deva usar o trabalho de um mecânico para consertar o meu carro, pois, ao fazê-lo, eu estaria usando o mecânico como meio para um fim que eu me dei, fazer o carro funcionar, ou que eu mesmo deva recusar qualquer forma de trabalho, porque ao trabalhar, eu estaria me transformando em meio para suprir uma carência de outro. Ela implica que eu devo tratar o mecânico como um fim em si mesmo, que eu devo respeitá-lo, ou seja, que eu devo considerá-lo como digno de respeito. Por outro lado, o fim está na humanidade presente tanto em mim como no outro.

§50 Um bei den vorigen Beispielen zu bleiben, so wird

*

Para manter os exemplos anteriores, temos

*

Comentário: Todos os exemplos vão insistir na mesma coisa: a existência de uma contradição entre a máxima e a lei moral. A contradição decorre de a máxima pressupor em todos os casos que a pessoa, seja em mim ou no outro, é um meio para outro fim; contradizendo, portanto, a lei moral, que a toma sempre como fim em si.

§51 Erstlich, nach dem Begriffe der notwendigen Pflicht gegen sich selbst, derjenige, der mit Selbstmorde umgeht, sich fragen, ob seine Handlung mit der Idee der Menschheit, **als Zwecks an sich selbst**, zusammen bestehen könne. Wenn er, um einem beschwerlichen Zustande zu entfliehen, sich selbst zerstört, so bedient er sich einer Person, bloß als **eines Mittels**, zu Erhaltung eines erträglichen Zustandes bis zu Ende des Lebens. Der Mensch aber ist keine Sache, mithin nicht etwas, das **bloß** als Mittel gebraucht werden kann, sondern muß bei allen seinen Handlungen jederzeit als Zweck an sich selbst betrachtet werden. Also kann ich über den Menschen in meiner Person nichts disponieren, ihn zu verstümmeln, zu verderben, oder zu töten. (Die nähere Bestimmung dieses Grundsatzes zur Vermeidung alles Mißverstandes, z. B. der Amputation der Glieder, um mich zu erhalten, der Gefahr, der ich mein Leben aussetze, um mein Leben zu erhalten etc., muß ich hier vorbeigehen; sie gehört zur eigentlichen Moral.)

*

Primeiro, de acordo com o conceito de dever necessário em relação a si mesmo, aquele que contempla o suicídio interroga-se se sua ação poderia ser consistente com a ideia da humanidade **como fim em si mesma**. Caso ele, para fugir de uma situação penosa, destrua a si mesmo, ele se serve de uma pessoa meramente como **meio** para manter uma situação tolerável até o fim da vida. Mas o homem não é uma coisa, consequentemente não é algo que possa ser usado **meramente** como meio, porém tem de ser sempre considerado em todas as suas ações como fim em si mesmo. Portanto, não posso dispor do homem na minha pessoa para mutilá-lo, degradá-lo ou matá-lo. (Tenho de negligenciar aqui uma determinação mais precisa deste princípio de modo a evitar todo mal-entendido, por exemplo, a amputação de membros para me preservar, ou colocar minha vida em perigo para preservá-la, etc.; a determinação pertence à moral propriamente dita.)

*

Comentário: O argumento consiste em defender que se eu condiciono a manutenção da minha vida a um móbil qualquer, portanto, a algo empírico, eu deixo de reconhecer a humanidade como fim em si mesma na minha pessoa, uma vez que a minha própria existência, que deveria ter valor de absoluto, está condicionada por algo empírico, e que só pode ter valor relativo. No entanto, deixa em aberto saber se o suicídio pode ser cometido para preservar justamente a humanidade na minha pessoa; ou seja, quando eu tenho motivo para suprimir a minha existência e não um móbil, por exemplo, caso eu esteja submetido a uma situação na qual eu inevitavelmente degradaria a humanidade na pessoa de outros ou de mim mesmo. Ou, para tornar a coisa mais clara, situações em que, se eu defender a dignidade, seja a minha ou de outrem, serei inevitavelmente morto.

§52 Zweitens, was die notwendige oder schuldige Pflicht gegen andere betrifft, so wird der, so ein lügenhaftes Versprechen gegen andere zu tun im Sinne hat, sofort einsehen, daß er sich eines andern Menschen **bloß als Mittels** bedienen will, ohne daß dieser zugleich den Zweck in sich enthalte. Denn der, den ich durch ein solches Versprechen zu meinen Absichten brauchen will, kann unmöglich in meine Art, gegen ihn zu verfahren, einstimmen und also selbst den Zweck dieser Handlung enthalten. Deutlicher fällt dieser Widerstreit gegen das Prinzip anderer Menschen in die Augen, wenn man Beispiele von Angriffen auf Freiheit und Eigentum anderer herbeizieht. Denn da leuchtet klar ein, daß der Übertreter der Rechte der Menschen, sich der Person anderer bloß als Mittel zu bedienen, gesonnen sei, ohne in Betracht zu ziehen, daß sie als vernünftige Wesen, jederzeit zugleich als Zwecke, d. i. nur als solche, die von eben derselben Handlung auch in sich den Zweck müssen enthalten können, geschätzt werden sollen.[13]

*

Segundo, aquele que diz respeito ao dever necessário ou obrigatório em relação ao outro, quem tenciona fazer uma promessa mentirosa a outrem imediatamente discerne que quer se servir de outro homem **meramente como meio**, sem que este ao mesmo tempo contenha em si mesmo o fim.

---

[13] Man denke ja nicht, daß hier das triviale: quod tibi non vis fieri etc. zur Richtschnur oder Prinzip dienen könne. Denn es ist, obzwar mit verschiedenen Einschränkungen, nur aus jenem abgeleitet; es kann kein allgemeines Gesetz sein, denn es enthält nicht den Grund der Pflichten gegen sich selbst, nicht der Liebespflichten gegen andere (denn mancher würde es gerne eingehen, daß andere ihm nicht wohltun sollen, wenn er es nur überhoben sein dürfte, ihnen Wohltat zu erzeigen), endlich nicht der schuldigen Pflichten gegen einander; denn der Verbrecher würde aus diesem Grunde gegen seine strafenden Richter argumentieren, u.s.w..

Não cabe pensar que aqui o trivial: *quod tibi non vis fieri* etc. (o que você não quer que lhe seja feito etc.) possa servir de diretiva ou de princípio. Pois ele é, embora com muitas restrições, somente deduzido daquele; ele não pode ser uma lei universal, pois não contém nem o fundamento dos deveres em relação a si mesmo, nem dos deveres de amor em relação aos outros (pois muita gente poderia concordar de bom grado que outros não devessem lhe fazer bem caso lhe fosse permitido ser dispensado de fazer o bem), nem, finalmente, dos deveres obrigatórios recíprocos, pois o criminoso poderia argumentar de acordo com este princípio contra o juiz que o pune etc.

Comentário: Kant recorda aqui que este princípio é material. No caso, é um princípio de prudência e não de moralidade; tendo, por conseguinte, valor relativo.

Pois aquele que eu quero usar para os meus propósitos por meio de tal promessa não pode absolutamente concordar com meu modo de proceder em relação a ele, e assim ele mesmo conter o fim dessa ação. Esse conflito com o princípio de outros homens é mais evidente aos olhos, caso sejam dados exemplos de ataques à liberdade e à propriedade de outros. Pois então é óbvio que o transgressor dos direitos dos homens tenciona servir-se da pessoa dos outros meramente como meio, sem considerar que elas, como seres racionais, devem ser sempre reconhecidas ao mesmo tempo como fins, isto é, unicamente como aqueles seres que têm de poder conter também em si mesmos o fim desta mesma ação.[13]

*

Comentário: Os exemplos da falsa promessa, da privação de liberdade do outro, da violação de sua propriedade etc., são todos exemplos em que uso o outro como meio para um fim que eu me dou. Em todos eles, deixo de reconhecer o outro como existência que é um fim em si mesma. Já deve estar entendido que a moral de Kant não pode ser pensada como moral individual, mas como moral social, onde se entende "social" como a comunidade racional, inteligível, onde cada um deve deixar de lado sua inclinação, os móbeis, e esforçar-se por realizar o reino dos fins.

§53 Drittens, in Ansehung der zufälligen (verdienstlichen) Pflicht gegen sich selbst ist's nicht genug, daß die Handlung nicht der Menschheit in unserer Person, als Zweck an sich selbst, widerstreite, sie muß auch **dazu zusammenstimmen**. Nun sind in der Menschheit Anlagen zu größerer Vollkommenheit, die zum Zwecke der Natur in Ansehung der Menschheit in unserem Subjekt gehören; diese zu vernachlässigen, würde allenfalls wohl mit der **Erhaltung** der Menschheit, als Zwecks an sich selbst, aber nicht der **Beförderung** dieses Zwecks bestehen können.

*

Terceiro, no que se refere ao dever contingente (meritório) em relação a si, não é suficiente que a ação não contradiga a humanidade em nossa pessoa como fim em si mesma, ela também tem de **estar de acordo com ela**. Ora, há na humanidade disposições para uma perfeição maior que pertencem ao fim da natureza no que se refere à humanidade na nossa pessoa; negligenciá-las pode no melhor dos casos ser consistente com a **preservação** da humanidade como fim em si mesmo, mas não com a **promoção** desse fim.

*

Comentário: No mesmo sentido da observação anterior, não basta não contradizer a ideia da humanidade como fim em si mesma, somos também obrigados a promover essa ideia. Portanto, não desenvolver todas as nossas aptidões não contradiz a lei moral, mas deixar de desenvolvê-las equivale a deixar de promover a humanidade em nós mesmos.

§54 **Viertens**, in Betreff der verdienstlichen Pflicht gegen andere, ist der Naturzweck, den alle Menschen haben, ihre eigene Glückseligkeit. Nun würde zwar die Menschheit bestehen können, wenn niemand zu des andern Glückseligkeit was beitrüge, dabei aber ihr nichts vorsätzlich entzöge; allein es ist dieses doch nur eine negative und nicht positive Übereinstimmung zur **Menschheit, als Zweck an sich selbst**, wenn jedermann auch nicht die Zwecke anderer, so viel an ihm ist, zu befördern trachtete. Denn das Subjekt, welches Zweck an sich selbst ist, dessen Zwecke müssen, wenn jene Vorstellung bei mir **alle** Wirkung tun soll, auch, so viel möglich, **meine Zwecke** sein.

*

Quarto, em relação ao dever meritório para com os outros, o fim da natureza que todos os homens têm é a sua própria felicidade. Ora, de fato a humanidade poderia subsistir caso ninguém contribuísse para a felicidade do outro, mas desde que não lhe subtraísse nada intencionalmente; contudo, isto seria apenas uma concordância negativa e não positiva com a **humanidade como fim em si mesma**, a menos que alguém também se esforce, tanto quanto possível, para contribuir para os fins dos outros. Pois, os fins de um sujeito que é um fim em si mesmo têm de ser, caso sua representação deva ter **todo** efeito sobre mim, tanto quanto for possível, **meus fins**.

*

Comentário: As observações feitas acima aplicam-se aqui. Não contribuir para a felicidade do outro não é imoral. No entanto, implica em desconhecer que os fins do outro e os meus, na medida em que ambos compartilhamos a humanidade como fim em si mesma, devem ser os mesmos. Isto não significa que devo auxiliar o outro para que ele me auxilie; isto acarretaria um imperativo hipotético e seria um conselho de prudência. Devo ajudá--lo na medida em que nós compartilhamos a mesma conformidade a fins, a saber, a de sermos fim em si mesmo.

§55 Dieses Prinzip der Menschheit und jeder vernünftigen **Natur** überhaupt, **als Zwecks an sich selbst**, (welche die oberste einschränkende Bedingung der Freiheit der Handlungen eines jeden Menschen ist), ist nicht aus der Erfahrung entlehnt, erstlich, wegen seiner Allgemeinheit, da es auf alle vernünftige Wesen überhaupt geht, worüber etwas zu bestimmen keine Erfahrung zureicht; zweitens, weil darin die Menschheit nicht als Zweck der Menschen (subjektiv), d. i. als Gegenstand, den man sich von selbst wirklich zum Zwecke macht, sondern als objektiver Zweck, der, wir mögen Zwecke haben, welche wir wollen, als Gesetz die oberste einschränkende Bedingung aller subjektiven Zwecke ausmachen soll, vorgestellt wird, mithin aus reiner Vernunft entspringen muß. Es liegt nämlich der Grund aller praktischen Gesetzgebung **objektiv in der Regel** und der Form der Allgemeinheit, die sie ein Gesetz (allenfalls Naturgesetz) zu sein fähig macht (nach dem ersten Prinzip), **subjektiv** aber im **Zwecke**; das Subjekt aller Zwecke aber ist jedes vernünftige Wesen, als Zweck an sich selbst (nach dem zweiten Prinzip): hieraus folgt nun das dritte praktische Prinzip des Willens, als oberste Bedingung der Zusammenstimmung desselben mit der allgemeinen praktischen Vernunft, die **Idee des Willens jedes vernünftigen Wesens als eines allgemein gesetzgebenden Willens**.

*

Este princípio da humanidade, e de toda **natureza** racional em geral, **como fim em si mesma** (que é a condição restritiva suprema da liberdade das ações de todo homem), não é emprestado da experiência: em primeiro lugar, devido à sua universalidade, pois aplica-se a todos os seres racionais, em geral, e nenhuma experiência é suficiente para determinar algo sobre estes; em segundo lugar, porque neste a humanidade não é representada como fim do homem (subjetivo), isto é, como objeto, de que se faz por si mesmo efetivamente um fim, mas como fim objetivo, que, sejam quais forem os fins que possamos ter, queremos representar como lei em que se deve reconhecer a condição restritiva suprema de todos os fins subjetivos, e que consequentemente tem de se originar da razão pura. Em outras palavras, o fundamento de toda legislação prática está **objetivamente na regra** e na forma da universalidade e a torna capaz de ser (segundo o primeiro princípio) uma lei (eventualmente uma lei da natureza), porém **subjetivamente** está no **fim**, mas o sujeito de todos os fins é todo ser racional como fim em si mesmo (de acordo com o segundo princípio): ora, daqui decorre o terceiro princípio prático da vontade como condição suprema da conciliação dela com a razão prática universal, a **ideia da vontade de todo ser racional como vontade legisladora universal**.

*

Comentário: Ser um fim em si mesmo restringe a liberdade de ação na medida em que embora eu seja livre para agir da maneira que eu quiser, não posso agir nem contra a humanidade em mim mesmo, nem contra a humanidade no outro; em ambos os casos, eu agiria de acordo com máximas contraditórias, como os exemplos anteriores tentaram mostrar. Entretanto, alguém poderia defender que haveria aqui um paradoxo. Pois, ao mesmo tempo que Kant considera que devemos impor um princípio a nós mesmos (por exemplo, não agir contra a humanidade em mim mesmo e no outro) e, nesta medida, que devemos ter uma razão para fazê-lo (ou seja, um fundamento para responder à questão "por que não devo agir assim?"), no caso presente, o da moral, não pode haver razão antecedente alguma, sob pena de o imperativo ser hipotético e não categórico. Em outras palavras, não posso invocar qualquer outro motivo que não seja o próprio princípio para agir assim, ou seja, dizer que o princípio se impõe por si mesmo. No entanto, alguém poderia levantar uma dúvida semelhante no caso da lógica aristotélica e perguntar "por que uma regra de inferência deve ser aceita?". A resposta seria apontar para o princípio de contradição e não para algo exterior à lógica. Creio que o modo de desfazer o aparente paradoxo é o mesmo: caso adotemos outro princípio, ele contraditaria a própria noção de princípio universal, como os exemplos procuraram mostrar. Dizendo de um outro modo ainda, o paradoxo surge quando eu penso a moral em termos de uma concepção que envolve em algum plano uma motivação para agir. Por exemplo, criticar Kant porque essa concepção de moralidade restringiria o desenvolvimento espontâneo de sentimentos de simpatia pelos outros ou louvá-lo porque ela supostamente combateria as paixões. Na verdade, ela procura mostrar que uma moral de caráter universal não é empírica e, portanto, não é afetada por considerações de simpatia, amor etc. Ela obedece apenas ao ditame de que todo ser racional tem dignidade, dado que é um fim em si mesmo.

Recordando que só há um único imperativo categórico e exposto segundo três fórmulas, podemos entender os três princípios apresentados acima. O primeiro princípio expõe o imperativo categórico em analogia com a lei natural. O segundo, a dignidade do homem como fim em si mesmo, ou seja, só pode ser um fim em si mesmo o ser capaz de representar todos os fins possíveis que estejam de acordo com a lei. O terceiro, apresentado neste parágrafo, realiza uma síntese dos dois anteriores: a vontade de todo ser racional é entendida como instituindo uma legislação universal; assim, o ser que não pode ser considerado como meio é, mediante a sua vontade, autor da lei à que ele obedece. Philonenko, a este respeito, observa que "é preciso chegar à ideia de um fim em si de um sujeito que constitui uma legislação universal, cujo tipo de lei seria a natureza" (p. 108).

§56 Alle Maximen werden nach diesem Prinzip verworfen, die mit der eigenen allgemeinen Gesetzgebung des Willens nicht zusammen bestehen können. Der Wille wird also nicht lediglich dem Gesetze unterworfen, sondern so unterworfen, daß er auch als **selbstgesetzgebend** und eben um deswillen allererst dem Gesetze (davon er selbst sich als Urheber betrachten kann) unterworfen, angesehen werden muß.

*

Segundo este princípio são rejeitadas todas as máximas que não possam subsistir juntamente com a própria legislação universal da vontade. Portanto, a vontade não está submetida meramente à lei, mas submetida de tal modo que ela também tenha de ser vista como legislando a si mesma e exatamente por isso como a primeiríssima a submeter-se à lei (da qual ela mesma pode ser considerada como autora).

*

Comentário: Terminada a tarefa de expor as fórmulas do imperativo categórico, podemos responder à questão de saber por que estamos interessados no dever. O interesse decorre do fato de sermos autores da lei moral. Nesse sentido, o interesse pela lei moral é um interesse da razão, dado que a lei é *a priori* e não há nada que fundamente a razão senão ela própria. Especular sobre o conflito entre interesses empíricos e o da razão está fora do âmbito da *Fundamentação*, cujo objetivo é argumentar a favor da natureza *a priori* da lei moral. A vontade não é apenas a capacidade de agir segundo regras, de examiná-las, mas igualmente a capacidade de estabelecer as próprias regras do seu agir. Em outras palavras, Kant começa a desenvolver a temática da autonomia, visto que a lei emana da nossa própria vontade.

§57 Die Imperativen nach der vorigen Vorstellungsart, nämlich der allgemein einer **Naturordnung** ähnlichen Gesetzmäßigkeit der Handlungen, oder des allgemeinen **Zwecksvorzuges** vernünftiger Wesen an sich selbst, schlossen zwar von ihrem gebietenden Ansehen alle Beimischung irgend eines Interesse, als Triebfeder, aus, eben dadurch, daß sie als kategorisch vorgestellt wurden; sie wurden aber nur als kategorisch **angenommen**, weil man dergleichen annehmen mußte, wenn man den Begriff von Pflicht erklären wollte. Daß es aber praktische Sätze gäbe, die kategorisch geböten, könnte für sich nicht bewiesen werden, so wenig, wie es überhaupt in diesem Abschnitte auch hier noch nicht geschehen kann; allein eines hätte doch geschehen können, nämlich: daß die Lossagung von allem Interesse beim Wollen aus Pflicht, als das spezifische Unterscheidungszeichen des kategorischen vom hypothetischen Imperativ, in dem Imperativ selbst, durch irgend eine Bestimmung, die er enthielte, mit angedeutet würde, und dieses geschieht in gegenwärtiger dritten Formel des Prinzips, nämlich der Idee des Willens eines jeden vernünftigen Wesens, als **allgemeingesetzgebenden Willens.**

*

Os imperativos, segundo o modo de exposição acima, a saber, em termos da universalidade de uma conformidade à lei das ações, semelhante a uma **ordem natural**, ou à universalidade de uma **prioridade de finalidade**, de seres racionais em si mesmos, excluíam de fato de sua esfera de consideração toda mescla de qualquer interesse como móbil, exatamente por terem sido representados como categóricos; mas só foram assumidos como categóricos porque se tinha de assumi-los como tais caso se quisesse explicar o conceito de dever. Mas que houvesse proposições práticas que mandassem categoricamente não pôde por si mesmo ser provado, tanto quanto em geral também não se pode ainda aqui nesta seção; contudo, uma coisa poderia, no entanto, ter sido feita, a saber: ter sugerido, no próprio imperativo, por meio de alguma determinação que ele contém, a renúncia de todo interesse no caso da vontade por dever como o traço específico da distinção entre o imperativo categórico e o hipotético; e isto ocorre na presente terceira fórmula do princípio, a saber, a ideia da vontade de todo ser racional como **vontade legisladora universal.**

*

Comentário: A terceira fórmula, a vontade de todo ser racional como vontade legisladora universal, completa o movimento iniciado pelo exame da noção de dever desde a primeira parte da *Fundamentação*, ao mostrar que o dever não pode ter seu fundamento em algo externo ao próprio sujeito, que ele reside na vontade de todo ser racional. Por conseguinte, que o dever está ligado ao imperativo categórico e não a um hipotético. No entanto, esta é a dificuldade: como provar que existem proposições práticas que mandem de forma categórica? Notem que ela não está presente no caso dos imperativos hipotéticos, pois neles se busca fazer algo para alcançar outra coisa. Ora, o interesse que prescreve o imperativo categórico não sendo empírico reside na própria razão, ou seja, ele é gerado pela própria atividade da razão, a saber, na sua liberdade para agir independentemente de qualquer móbil empírico.

§58 Denn wenn wir einen solchen denken, so kann, obgleich ein Wille, **der unter Gesetzen steht**, noch vermittelst eines Interesse an dieses Gesetz gebunden sein mag, dennoch ein Wille, der selbst zu oberst gesetzgebend ist, unmöglich so fern von irgend einem Interesse abhängen; denn ein solcher abhängender Wille würde selbst noch eines andern Gesetzes bedürfen, welches das Interesse seiner Selbstliebe auf die Bedingung einer Gültigkeit zum allgemeinen Gesetz einschränkte.

*

Pois quando pensamos uma vontade assim, embora uma vontade submetida a leis possa estar ligada ainda por meio de um interesse a essas leis, uma vontade que é ela mesma a legisladora suprema, não é possível, como tal, que ela dependa de algum interesse; pois uma vontade dependente assim exigiria dela uma outra lei que limitasse o interesse do seu amor-próprio à condição de validade para uma lei universal.

*

Comentário: Assim, uma vontade que legisla a si mesma não obedece a interesse algum externo a si, portanto, a qualquer interesse empírico. As diversas concepções sobre a moral fracassaram exatamente por não reconhecerem a dimensão da autonomia da moral. Elas sempre pensaram a moral em benefício de algo externo à própria vontade, seja a felicidade, a utilidade, o maior bem comum, o amor-próprio, o paraíso etc. Nesse sentido, todas elas repousam sobre a heteronomia. Portanto, também se pode falar em uma revolução coperniciana no caso da moral. Ver Prefácio à segunda edição da *CRP*: "Assim, tentemos ver uma vez se não iríamos além com os problemas da metafísica supondo que os objetos têm de se conformar com nossa cognição, o que concorda melhor com a possibilidade requerida de um conhecimento *a priori* deles, para estabelecer algo sobre os objetos antes que eles nos sejam dados. Isto seria algo como os primeiros pensamentos de Copérnico, que, quando não fez um bom progresso na explicação dos movimentos celestiais caso supusesse que a inteira constelação de astros girasse em torno do observador, tentou ver se ele não teria um sucesso maior caso fizesse o observador girar e deixasse as estrelas em repouso". Do mesmo modo que no caso da razão teorética, deslocou-se a questão de como apreendemos as coisas em si para como as apreendemos segundo regularidades que impomos às mesmas, no domínio da razão prática, deslocou-se a questão da fundamentação externa da moral para uma autofundamentação dela.

§59 Also würde das **Prinzip** eines jeden menschlichen Willens, **als eines durch alle seine Maximen allgemein gesetzgebenden Willens**,[14] wenn es sonst mit ihm nur seine Richtigkeit hätte, sich zum kategorischen Imperativ darin gar **wohl schicken**, daß es, eben um der Idee der allgemeinen Gesetzgebung willen, sich auf **kein Interesse gründet** und also unter allen möglichen Imperativen allein **unbedingt** sein kann; oder noch besser, indem wir den Satz umkehren: wenn es einen kategorischen Imperativ gibt (d. i. ein Gesetz für jeden Willen eines vernünftigen Wesens), so kann er nur gebieten, alles aus der Maxime seines Willens, als eines solchen, zu tun, der zugleich sich selbst als allgemein gesetzgebend zum Gegenstande haben könnte; denn alsdann nur ist das praktische Prinzip und der Imperativ, dem er gehorcht, unbedingt, weil er gar kein Interesse zum Grunde haben kann.

*

Por conseguinte, o **princípio** de toda vontade humana, **como vontade legisladora universal por meio de todas as suas máximas**,[14] caso somente ele portasse consigo mesmo sua validade, seria **bem adequado** ao imperativo categórico por isto: exatamente por causa da ideia da legislação universal, ele não se **funda em interesse algum** e, portanto, entre todos os imperativos possíveis, pode ser o único **incondicional**; ou melhor ainda, pela inversão da proposição: caso haja um imperativo categórico (ou seja, uma lei para toda vontade de um ser racional), ele só pode mandar que tudo seja feito segundo a máxima de sua vontade, como uma vontade tal que pudesse ao mesmo tempo ter como seu objeto a si mesma como legisladora universal; pois só então o princípio prático, e o imperativo ao

---

[14] Ich kann hier, Beispiele zur Erläuterung dieses Prinzips anzuführen, überhoben sein, denn die, so zuerst den kategorischen Imperativ und seine Formel erläuterten, können hier alle zu eben dem Zweck dienen.

Aqui posso me dispensar de dar exemplos para o esclarecimento deste princípio, pois aqueles que já esclareceram o imperativo categórico e sua fórmula podem também aqui servir para o mesmo fim.

Comentário: Em outras palavras, basta verificar em cada caso se a máxima pode ser pensada como tendo fundamento somente na vontade, ou seja, sem qualquer consideração de ordem empírica.

qual ele é conforme, é incondicional, porque não tem interesse algum por fundamento.

*

Comentário: Dizendo de outro modo, o imperativo categórico fundamenta--se em interesse incondicionado, ou seja, ele não remete a qualquer outro interesse que não seja ele próprio.

§60 Es ist nun kein Wunder, wenn wir auf alle bisherige Bemühungen, die jemals unternommen worden, um das Prinzip der Sittlichkeit ausfindig zu machen, zurücksehen, warum sie insgesamt haben fehlschlagen müssen. Man sah den Menschen durch seine Pflicht an Gesetze gebunden, man ließ es sich aber nicht einfallen, daß er **nur seiner eigenen** und dennoch **allgemeinen Gesetzgebung** unterworfen sei, und daß er nur verbunden sei, seinem eigenen, dem Naturzwecke nach aber allgemein gesetzgebenden, Willen gemäß zu handeln. Denn, wenn man sich ihn nur als einem Gesetz (welches es auch sei) unterworfen dachte: so mußte dieses irgend ein Interesse als Reiz oder Zwang bei sich führen, weil es nicht als Gesetz aus seinem Willen entsprang, sondern dieser gesetzmäßig von **etwas anderm** genötigt wurde, auf gewisse Weise zu handeln. Durch diese ganz notwendige Folgerung aber war alle Arbeit, einen obersten Grund der Pflicht zu finden, unwiederbringlich verloren. Denn man bekam niemals Pflicht, sondern Notwendigkeit der Handlung aus einem gewissen Interesse heraus. Dieses mochte nun ein eigenes oder fremdes Interesse sein. Aber alsdann mußte der Imperativ jederzeit bedingt ausfallen, und konnte zum moralischen Gebote gar nicht taugen. Ich will also diesen Grundsatz das Prinzip **der Autonomie** des Willens, im Gegensatz mit jedem andern, das ich deshalb zur **Heteronomie** zähle, nennen.

*

Ora, não é de surpreender, caso olhemos retrospectivamente para todos os esforços prévios feitos alguma vez para descobrir o princípio da moralidade, que todos eles tivessem de fracassar. Via-se o homem ligado a leis por seu dever, mas não ocorria a eles que o homem está submetido **apenas à sua própria legislação** e ainda assim **universal**, e que ele está apenas obrigado a agir conforme sua própria vontade, mas que segundo o fim da natureza é uma vontade legisladora universal. Pois, caso se tenha concebido o homem apenas como submetido a uma lei (qualquer que possa ser), então essa lei teria de trazer em si algum interesse por meio de atração ou coerção, porque ela não emanaria como lei de **sua** vontade, mas a conformidade à lei, para agir de uma certa maneira, seria obrigada por **alguma outra coisa**. Todavia, por meio dessa consequência inevitável, todo trabalho de encontrar um fundamento supremo do dever estava irremediavelmente perdido. Pois nunca se chegava ao dever, porém à necessidade da ação de acordo com um certo interesse. Este pode ser um interesse próprio ou alheio. Mas então o imperativo teria de ser sempre condicional e não poderia ser adequado para o mando moral. Portanto, chamarei esse princípio básico de princípio **da autonomia** da vontade, por oposição a qualquer outro, que por isso conto como **heteronomia**.

*

Comentário: Fim da natureza significa conformidade a fins da natureza. No caso, a natureza racional implica sempre fins; em outros termos, a natureza racional é tal que ela age sempre em conformidade com fins que ela mesma se dá no seu exercício. Assim, Kant assinala que é próprio da natureza racional dar-se leis. Nesse sentido, fracassaram todas as tentativas de buscar o fundamento da moralidade em leis externas à própria atividade racional. Caso fosse assim, ou seja, caso o fundamento da moralidade estivesse em algo externo à própria razão, a ação moral teria como fim algo exterior a ela mesma, ou seja, a ação boa seria realizada para atingir alguma outra coisa, e o imperativo seria hipotético. O princípio de obedecer à própria legislação e não a algo externo (heteronomia) chama-se princípio da autonomia da vontade.

§61 Der Begriff eines jeden vernünftigen Wesens, das sich durch alle Maximen seines Willens als allgemein gesetzgebend betrachten muß, um aus diesem Gesichtspunkte sich selbst und seine Handlungen zu beurteilen, führt auf einen ihm anhängenden sehr fruchtbaren Begriff, nämlich den **eines Reichs der Zwecke.**

*

O conceito de todo ser racional como o que tem de considerar a si mesmo como legislador universal, por meio de todas as máximas de sua vontade, de modo a julgar a si e a suas ações de acordo com esse ponto de vista, conduz a um conceito conectado a ele e muito frutífero, a saber, o de **um reino dos fins**.

*

Comentário: Alguém poderia de imediato pensar que a noção de reino dos fins está ligada à noção agostiniana de cidade de Deus. De fato, Leibniz (*Discurso sobre a metafísica*, 1686, proposição XXXVI, "Deus é o monarca da mais perfeita república composta de todos os espíritos, e a felicidade desta cidade de Deus é o seu propósito", refere-se a uma "república perfeita dos espíritos" para dizer que é a única que merece o título de cidade de Deus. Philonenko (nota 104), no entanto, assinala que no plano moral Kant afasta-se dos dois autores, na medida em que ele considera que todo ser racional, portanto, também o homem, é legislador e como tal pode também ser considerado como fundador do reino dos fins, ou, para usar o vocabulário de Leibniz, da república dos espíritos. Nesse sentido, retém-se do homem, cito, "apenas sua vontade pura de exprimir o universal" (p. 111). Em outras palavras, o homem funda o reino dos fins cada vez que sua máxima pode almejar ser uma lei moral, portanto, universal. Também encontramos na *CRP*, em A812/B840, a seguinte passagem: "Leibniz chamou o mundo na medida em que nele se leva em conta somente os seres racionais e sua interconexão segundo leis morais sob a direção do supremo bem de reino da graça e o distinguiu do reino da natureza, onde, certamente, seres racionais estão sob leis morais, mas não podemos esperar qualquer sucesso para sua conduta exceto de acordo com o curso da natureza no nosso mundo sensível".

§62 Ich verstehe aber unter einem **Reiche** die systematische Verbindung verschiedener vernünftiger Wesen durch gemeinschaftliche Gesetze. Weil nun Gesetze die **Zwecke** ihrer allgemeinen Gültigkeit nach bestimmen, so wird, wenn man von dem persönlichen Unterschiede vernünftiger Wesen, imgleichen allem Inhalte ihrer Privatzwecke abstrahiert, ein Ganzes aller Zwecke (sowohl der vernünftigen Wesen als Zwecke an sich, als auch der eigenen Zwecke, die ein jedes sich selbst setzen mag) in systematischer Verknüpfung d. i. ein Reich der Zwecke, gedacht werden können, welches nach obigen Prinzipien möglich ist.

*

Mas por **reino** compreendo a ligação sistemática de diversos seres racionais por meio de leis comuns. Ora, visto que leis determinam os fins segundo a sua validade universal, caso façamos abstração das diferenças pessoais de seres racionais, assim como de todo o conteúdo de seus fins privados, torna-se possível pensar uma totalidade de todos os fins (tanto dos seres racionais como fins em si mesmos, como também dos próprios fins que cada um possa colocar para si mesmo) numa ligação sistemática, ou seja, um reino dos fins que seja possível de acordo com os princípios acima.

*

Comentário: Assim, o reino dos fins compreende tudo que possa estar em conexão com a lei moral. O homem, na medida em que é um ser capaz de ser racional, é um fim em si mesmo. Ele deve legislar a sua própria ação em conformidade com esse fim que ele mesmo é. A realização desse fim universal o torna membro do reino dos fins, no qual o fim de cada um é o mesmo fim, ou seja, a realização da lei moral. A ação moral, a ação boa, não é uma ação feita em função da lei moral. Ela é a realização da lei moral, isto é, sua expressão. Portanto, diferente de uma relação entre meio e fim, na qual o meio não expressa o fim, mas é independente dele.

§63 Denn vernünftige Wesen stehen alle unter dem **Gesetz**, daß jedes derselben sich selbst und alle andere **niemals bloß als Mittel**, sondern jederzeit **zugleich als Zweck an sich selbst** behandeln solle. Hiedurch aber entspringt eine systematische Verbindung vernünftiger Wesen durch gemeinschaftliche objektive Gesetze, d. i. ein Reich, welches, weil diese Gesetze eben die Beziehung dieser Wesen auf einander, als Zwecke und Mittel, zur Absicht haben, ein Reich der Zwecke (freilich nur ein Ideal) heißen kann.

*

Pois todos os seres racionais estão submetidos à **lei** de que cada um deles deve tratar a si mesmo e a todos os outros **nunca meramente como meios**, mas sempre **ao mesmo tempo como fins em si**. Mas daí emana uma união sistemática de seres racionais por meio de leis objetivas comuns, ou seja, um reino que, visto que essas leis têm por propósito justamente a relação desses seres uns com os outros como fins e meios, pode ser chamado de um reino dos fins (com certeza, somente como ideal).

*

Comentário: A cláusula ao mesmo tempo indica que eu posso usar o outro como meio para o meu fim, ou seja, como meio para atingir um fim particular meu, desde que eu nunca deixe de considerá-lo como fim em si mesmo. Assim, a vida social exige que os homens trabalhem uns para os outros, mas isto não acarreta que se possa desconsiderar a dignidade inerente da pessoa humana. Em outros termos, um reino dos fins não é um reino para seres desencarnados, puros espíritos. Embora um reino dos fins seja apenas um ideal, ou seja, uma ideia e como tal tenha somente uma função reguladora. Philonenko comenta a esse respeito, nota 105, que Kant estaria apenas traduzindo a proposição bíblica "meu reino não é deste mundo". Não creio que o reino dos fins exprima essa proposição no seu sentido religioso de um mundo celestial, mas apenas no sentido moral. Trocando em miúdos, o reino dos fins não pode ser concebido como mundo natural, pois pressupõe a liberdade, ou seja, outro tipo de determinismo. Por conseguinte, a tradução seria: "o reino dos fins não é do domínio da natureza, mas do domínio moral".

§64 Es gehört aber ein vernünftiges Wesen als Glied zum Reiche der Zwecke, wenn es darin zwar allgemein gesetzgebend, aber auch diesen Gesetzen selbst unterworfen ist. Es gehört dazu als **Oberhaupt**, wenn es als gesetzgebend keinem Willen eines andern unterworfen ist.

*

Mas um ser racional pertence como membro ao reino dos fins quando ele é de fato, nesse reino, legislador universal, mas também quando se submete a estas leis. Ele pertence aí como **soberano** quando, como legislador, não está submetido à vontade de um outro.

*

Comentário: Este parágrafo expressa a tese de que o homem, como ser finito, tem deveres, por conseguinte, ele é membro do reino dos fins e deve obedecer a leis universais, e direitos, ou seja, ele é soberano, legislador, do reino dos fins, portanto, impõe aos outros a sua lei, a qual não é fruto nem de suas inclinações, nem da vontade de Deus, pois ela resulta de sua autonomia. Só nesta condição ele pode ser soberano. Assim, "ser soberano no reino dos fins" denota uma ideia, um ideal regulador para o homem.

§65 Das vernünftige Wesen muß sich jederzeit als gesetzgebend in einem durch Freiheit des Willens möglichen Reiche der Zwecke betrachten, es mag nun sein als Glied, oder als Oberhaupt. Den Platz des letztern kann es aber nicht bloß durch die Maxime seines Willens, sondern nur alsdann, wenn es ein völlig unabhängiges Wesen, ohne Bedürfnis und Einschränkung seines dem Willen adäquaten Vermögens ist, behaupten.

*

O ser racional tem de considerar-se sempre como legislador em um reino dos fins possível mediante a liberdade da vontade, seja como membro ou como soberano. Porém, o lugar deste último não pode ser assegurado meramente por meio da máxima de sua vontade, mas apenas na medida em que ele for um ser totalmente independente, e com uma capacidade sem limitação, adequada à sua vontade.

*

Comentário: O único ser que é soberano sem ser membro, pois sua soberania não depende da máxima de sua vontade, é Deus. Em outras palavras, Deus personifica a ideia de somente ter direitos e dever algum, justamente por encerrar a ideia de um ser independente de qualquer condição material. Um ser puramente racional é um ser inerentemente moral e não tem, portanto, deveres. Dizendo de outra forma ainda, a autonomia de Deus é absoluta; ou seja, um ser absolutamente racional independe de qualquer condição material para julgar. Aquilo que no homem se apresenta como ideal, ser soberano no reino dos fins, expressa--se em Deus, o ideal de uma racionalidade pura.

*

§66 Moralität besteht also in der Beziehung aller Handlung auf die Gesetzgebung, dadurch allein ein Reich der Zwecke möglich ist. Diese Gesetzgebung muß aber in jedem vernünftigen Wesen selbst angetroffen werden, und aus seinem Willen entspringen können, dessen Prinzip also ist: keine Handlung nach einer andern Maxime zu tun als so, daß es auch mit ihr bestehen könne, daß sie ein allgemeines Gesetz sei, und also nur so, **daß der Wille durch seine Maxime sich selbst zugleich als allgemein gesetzgebend betrachten könne**. Sind nun die Maximen mit diesem objektiven Prinzip der vernünftigen Wesen, als allgemein gesetzgebend, nicht durch ihre Natur schon notwendig einstimmig, so heißt die Notwendigkeit der Handlung nach jenem Prinzip praktische Nötigung, d. i. **Pflicht**. Pflicht kommt nicht dem Oberhaupte im Reiche der Zwecke, wohl aber jedem Gliede, und zwar allen in gleichem Maße, zu.

*

Por conseguinte, a moralidade consiste na referência de toda ação à legislação que é a única a possibilitar um reino dos fins. Mas essa legislação tem de ser encontrada em todo ser que seja mesmo racional e tem de poder emanar de sua vontade, cujo princípio é, portanto, nunca realizar uma ação senão segundo uma máxima que também seja consistente com ela ser uma lei universal e, portanto, apenas de tal modo **que a vontade por meio de sua máxima possa considerar a si mesma simultaneamente como legisladora universal**. Ora, caso as máximas não sejam por sua própria natureza já necessariamente concordes com este princípio objetivo dos seres racionais, como legisladores universais, então se chama a necessidade da ação, segundo este princípio, de necessidade prática, isto é, de **dever**. Dever não é próprio do soberano no reino dos fins, mas sim de todo membro, e de fato de todos em igual medida.

*

Comentário: Neste parágrafo encontramos o resumo dos anteriores. A lei prática só funciona como coerção para seres finitos, ou seja, seres sujeitos a condições materiais. O homem como ser simultaneamente racional e sensível tem, por conseguinte, deveres. Esta é a razão de ele ser capaz de racionalidade, diferente de Deus, que personifica a pura racionalidade e, assim, sem deveres e soberano no reino dos fins.

FUNDAMENTAÇÃO DA METAFÍSICA DA MORAL

§67 Die praktische Notwendigkeit, nach diesem Prinzip zu handeln, d. i. die Pflicht, beruht gar nicht auf Gefühlen, Antrieben und Neigungen, sondern bloß auf dem Verhältnisse vernünftiger Wesen zu einander, in welchem der Wille eines vernünftigen Wesens jederzeit zugleich als **gesetzgebend** betrachtet werden muß, weil es sie sonst nicht als **Zweck an sich selbst** denken könnte. Die Vernunft bezieht also jede Maxime des Willens als allgemein gesetzgebend auf jeden anderen Willen, und auch auf jede Handlung gegen sich selbst, und dies zwar nicht um irgend eines andern praktischen Bewegungsgrundes oder künftigen Vorteils willen, sondern aus der Idee der **Würde** eines vernünftigen Wesens, das keinem Gesetze gehorcht, als dem, das es zugleich selbst gibt.

*

A necessidade prática de agir segundo este princípio, ou seja, o dever, não se baseia de modo algum em sentimentos, impulsos e inclinações, mas meramente na relação dos seres racionais entre si, na qual a vontade de um ser racional sempre tem de ser considerada ao mesmo tempo como **legisladora**, porque caso contrário ela não poderia ser pensada como **fim em si mesmo**. Portanto, a razão relaciona cada máxima da vontade como legisladora universal com toda outra vontade e igualmente com toda ação em relação a nós mesmos, e o faz não devido a qualquer outro móbil prático ou vantagem futura, mas pela ideia da **dignidade** de um ser racional, que não obedece a lei alguma senão àquela que ele simultaneamente dá a si mesmo.

*

Comentário: Kant defende, portanto, uma relação de reciprocidade entre todos os homens do ponto de vista moral. Todos sem exceção são considerados como legisladores, ou seja, como fins em si mesmos. Há, do ponto de vista moral, uma total igualdade entre todos os homens. Na medida em que a revolução francesa (1789) consagrou os ideais de igualdade, liberdade e fraternidade, ela foi vista como realização política da filosofia moral de Kant.

§68 Im Reiche der Zwecke hat alles entweder einen **Preis**, oder eine **Würde**. Was einen Preis hat, an dessen Stelle kann auch etwas anderes, als Äquivalent gesetzt werden; was dagegen über allen Preis erhaben ist, mithin kein Äquivalent verstattet, das hat eine Würde.

*

No reino dos fins tudo tem ou **preço** ou **dignidade**. O que tem preço pode ser reposto por outra coisa como seu **equivalente**; o que, por outro lado, está acima de todo preço e não admite qualquer equivalente tem dignidade.

*

Comentário: Kant retoma uma distinção estoica, entre o que é bom e o que porta valor, para distinguir entre preço e dignidade. Apreciar uma pessoa pela dignidade é reconhecê-la como fim em si mesma, diferente de apreciá-la pela sua utilidade, beleza etc. No primeiro caso, não há equivalente possível. No segundo, é sempre possível encontrá-lo. Pode-se ter apreço estético por alguém, por exemplo, admirar as obras de um pintor; no entanto, é sempre possível encontrar um outro pintor que nos agrade de forma semelhante. Mas a dignidade está acima de qualquer apreciação; a beleza pode ser no máximo um símbolo da moralidade, mas não sua expressão.

§69 Was sich auf die allgemeinen menschlichen Neigungen und Bedürfnisse bezieht, hat einen **Marktpreis**; das, was, auch ohne ein Bedürfnis vorauszusetzen, einem gewissen Geschmacke, d. i. einem Wohlgefallen am bloßen zwecklosen Spiel unserer Gemütskräfte, gemäß ist, einen **Affektionspreis**; das aber, was die Bedingung ausmacht, unter der allein etwas Zweck an sich selbst sein kann, hat nicht bloß einen relativen Wert, d. i. einen Preis, sondern einen innern Wert, d. i. **Würde**.

*

O que se relaciona com as inclinações e carências gerais humanas tem **preço de mercado**; aquilo que, mesmo sem pressupor carência, conforma--se com certo gosto, ou seja, deleite no mero jogo sem finalidade de nossos poderes mentais, tem **preço afetivo**; mas aquilo que constitui a única condição sob a qual algo pode ser um fim em si mesmo não tem mero valor relativo, isto é, preço, mas valor interno, ou seja, **dignidade**.

*

Comentário: Concluindo o parágrafo anterior, todas as inclinações e móbeis têm preço. Portanto, serão sempre meios para algo. Nesse sentido, não podem ter valor moral, pois este deve ser incondicionado. Tampouco o prazer derivado da apreciação estética pode ser fundamento da moral, pois ele, embora não tenha valor utilitário, tem valor sentimental. Assim, resta a dignidade, a única a não ter valor externo à razão. Dizer que ela tem valor interno é dizer que a dignidade é um fim em si mesma, logo, é dizer que ela é incondicionada.

§70 Nun ist Moralität die Bedingung, unter der allein ein vernünftiges Wesen Zweck an sich selbst sein kann; weil nur durch sie es möglich ist, ein gesetzgebend Glied im Reiche der Zwecke zu sein. Also ist Sittlichkeit und die Menschheit, so fern sie derselben fähig ist, dasjenige, was allein Würde hat. Geschicklichkeit und Fleiß im Arbeiten haben einen Marktpreis; Witz, lebhafte Einbildungskraft und Launen einen Affektionspreis; dagegen Treue im Versprechen, Wohlwollen aus Grundsätzen (nicht aus Instinkt) haben einen innern Wert. Die Natur sowohl als Kunst enthalten nichts, was sie, in Ermangelung derselben, an ihre Stelle setzen könnten; denn ihr Wert besteht nicht in den Wirkungen, die daraus entspringen, im Vorteil und Nutzen, den sie schaffen, sondern in den Gesinnungen, d. i. den Maximen des Willens, die sich auf diese Art in Handlungen zu offenbaren bereit sind, obgleich auch der Erfolg sie nicht begünstigte. Diese Handlungen bedürfen auch keiner Empfehlung von irgend einer subjektiven Disposition oder Geschmack, sie mit unmittelbarer Gunst und Wohlgefallen anzusehen, keines unmittelbaren Hanges oder Gefühles für dieselbe: sie stellen den Willen, der sie ausübt, als Gegenstand einer unmittelbaren Achtung dar, dazu nichts als Vernunft gefordert wird, um sie dem Willen **aufzuerlegen**, nicht von ihm zu **erschmeicheln**, welches letztere bei Pflichten ohnedem ein Widerspruch wäre. Diese Schätzung gibt also den Wert einer solchen Denkungsart als Würde zu erkennen, und setzt sie über allen Preis unendlich weg, mit dem sie gar nicht in Anschlag und Vergleichung gebracht werden kann, ohne sich gleichsam an der Heiligkeit derselben zu vergreifen.

*

Ora, a moralidade é a única condição sob a qual um ser racional pode ser um fim em si mesmo, visto que apenas por meio dela é possível ser membro legislador no reino dos fins. Portanto, a moralidade, e a humanidade na medida em que ela mesma for capaz de moralidade, é a única a ter dignidade. Habilidade e perseverança no trabalho têm preço de mercado. Espirituosidade, imaginação viva e humor têm preço afetivo; por outro lado, fidelidade às promessas, benevolência segundo princípios (e não por instintos) têm valor interno. Tanto a natureza como a arte não contêm nada que, na sua ausência, possa ser colocado no seu lugar, pois seu valor não consiste nos efeitos que emanam delas, na vantagem e utilidade que propiciam, mas sim na mentalidade, ou seja, nas máximas da vontade prontas para manifestar-se dessa forma em ações, ainda que o resultado não as favoreça. Essas ações também não precisam de recomendação alguma de qualquer disposição ou gosto subjetivos para as olharmos com favor e deleite, de nenhuma inclinação imediata ou sentimento por elas: expõem a vontade, que as exerce, como objeto de respeito imediato, pois só se exige a razão para as **impor** à vontade, e não para por meio delas **seduzir**, o que, de todo modo, no último caso seria contraditório com os deveres. Portanto, esta estimativa dá o valor que cabe reconhecer em tal mentalidade como dignidade e a ordena como infinitamente acima de todos os preços, com os quais ela não pode ser estimada ou comparada, sem que se macule, por assim dizer, sua santidade.

*

Comentário: A única possibilidade de ser fim em si mesmo e, como tal, legislador no reino dos fins, é ser moral. Assim, nada na natureza ou mesmo na arte pode servir de substituto para a moralidade, pois não são as próprias ações ou seus efeitos que podem ser morais, a possibilidade reside nas máximas que estão na sua origem. Estas só podem ser morais caso estejam despidas de toda contingência, seja esta ditada pela utilidade, seja pelo aspecto estético. Qualquer que seja o elemento empírico, ele só pode macular o caráter *a priori* da moral.

§71 Und was ist es denn nun, was die sittlich gute Gesinnung oder die Tugend berechtigt, so hohe Ansprüche zu machen? Es ist nichts Geringeres als der **Anteil**, den sie dem vernünftigen Wesen **an der allgemeinen Gesetzgebung** verschafft, und es hiedurch zum Gliede in einem möglichen Reiche der Zwecke tauglich macht, wozu es durch seine eigene Natur schon bestimmt war, als Zweck an sich selbst und eben darum als gesetzgebend im Reiche der Zwecke, in Ansehung aller Naturgesetze als frei, nur denjenigen allein gehorchend, die es selbst gibt und nach welchen seine Maximen zu einer allgemeinen Gesetzgebung (der es sich zugleich selbst unterwirft) gehören können. Denn es hat nichts einen Wert, als den, welchen ihm das Gesetz bestimmt. Die Gesetzgebung selbst aber, die allen Wert bestimmt, muß eben darum eine Würde, d. i. unbedingten, unvergleichbaren Wert haben, für welchen das Wort **Achtung** allein den geziemenden Ausdruck der Schätzung abgibt, die ein vernünftiges Wesen über sie anzustellen hat. **Autonomie** ist also der Grund der Würde der menschlichen und jeder vernünftigen Natur.

*

Ora, o que é então que justifica a mentalidade moralmente boa ou a virtude a fazer exigências tão altas? Não é nada menos que o **dividendo** que um ser racional obtém **na legislação universal**, de modo a torná-lo apto a ser membro de um possível reino dos fins, para o qual ele já estava destinado devido à sua própria natureza como fim em si mesmo e, justamente por isso, como legislador no reino dos fins, como livre a respeito de todas as leis da natureza, obedecendo apenas àquelas que ele mesmo se dá e segundo as quais suas máximas podem pertencer a uma legislação universal (à qual ele ao mesmo tempo se submete). Pois nada tem valor a não ser aquele que a lei determina para ele. Mas a própria legislação que determina todo valor tem de ter justamente por isso uma dignidade, ou seja, um valor incondicionado, incomparável, para o qual a palavra **respeito** é a única a dar uma expressão adequada da estimativa que tem de ser conferida a um ser racional. Portanto, **autonomia** é o fundamento da dignidade da natureza humana e de toda natureza racional.

*

Comentário: Kant prossegue com a metáfora econômica. Dado que o ganho da moralidade não pode ser empírico, qual é a sua natureza? Sua natureza é racional. Caso eu possa participar do reino dos fins, ou seja, caso minhas máximas possam valer como lei moral, eu tenho o direito de ser considerado como um fim em mim mesmo. Essa dignidade, como mencionamos há pouco, incondicionada, confere a nós respeito. Em outras palavras, o dividendo que recebemos de nossas máximas terem o valor de legislação universal é o respeito, de modo que a autonomia, ou seja, a capacidade de impor a nós mesmos uma legislação simultaneamente nossa e universal fundamenta a dignidade da natureza humana e de toda natureza racional. Assim, o *age de modo que* é na verdade *ajo de modo que*.

§72 Die angeführten drei Arten, das Prinzip der Sittlichkeit vorzustellen, sind aber im Grunde nur so viele Formeln eben desselben Gesetzes, deren die eine die anderen zwei von selbst in sich vereinigt. Indessen ist doch eine Verschiedenheit in ihnen, die zwar eher subjektiv als objektiv-praktisch ist, nämlich, um eine Idee der Vernunft der Anschauung (nach einer gewissen Analogie) und dadurch dem Gefühle näher zu bringen. Alle Maximen haben nämlich:

*

Os três tipos acima de representar o princípio da moralidade são, porém, no fundo apenas outras tantas fórmulas justamente da mesma lei, de modo que cada tipo reúne em si os outros dois. No entanto, há uma diferença entre eles, que de fato é mais subjetiva do que objetivamente prática, a saber, aproximar uma ideia de razão da intuição (segundo certa analogia) e desse modo do sentimento. Todas as máximas têm:

*

Comentário: As três fórmulas da lei moral são: a de ser uma lei universal, a de ser um fim em si mesma e a de participar de um reino dos fins. As diferenças entre as formulações são meramente subjetivas, ou seja, exprimem, por motivos didáticos, uma forma de apresentação de acordo com analogias; do ponto de vista objetivo, expressam a mesma lei moral; isto é, são as três fórmulas do imperativo categórico. No que segue, constataremos que a analogia é feita com a categoria de quantidade, desenvolvida e explicada na *CRP*.

§73 1) eine **Form**, welche in der Allgemeinheit besteht, und da ist die Formel des sittlichen Imperativs so ausgedrückt: daß die Maximen so müssen gewählt werden, als ob sie wie allgemeine Naturgesetze gelten sollten;

*

1) uma **forma**, que consiste na universalidade, e nesse sentido a fórmula do imperativo categórico é expressa assim: as máximas têm de ser escolhidas como se devessem valer como leis universais da natureza;

*

Comentário: Independente de qual seja a fórmula, todas têm de ter a forma universal, ou seja, têm de valer para todos os casos sem exceção.

§74 2) eine **Materie**, nämlich einen Zweck, und da sagt die Formel: daß das vernünftige Wesen, als Zweck seiner Natur nach, mithin als Zweck an sich selbst, jeder Maxime zur einschränkenden Bedingung aller bloß relativen und willkürlichen Zwecke dienen müsse;

*

2) uma **matéria**, a saber, um fim, e nesse sentido a fórmula dita: o ser racional, como fim segundo sua natureza, portanto, como fim em si mesmo, tem de servir como condição limitante de todos os fins meramente relativos e arbitrários para toda máxima;

*

Comentário: Todo ser racional tem de usar como critério para julgar sua máxima se ela preserva ou não a dignidade devida a todo ser racional, de modo a evitar qualquer consideração que não seja o ser racional como um fim em si mesmo.

§75 3) **eine vollständige Bestimmung** aller Maximen durch jene Formel, nämlich: daß alle Maximen aus eigener Gesetzgebung zu einem möglichen Reiche der Zwecke, als einem Reiche der Natur,[15] zusammenstimmen sollen. Der Fortgang geschieht hier, wie durch die Kategorien der **Einheit** der Form des Willens (der Allgemeinheit desselben), der **Vielheit** der Materie (der Objekte, d. i. der Zwecke), und der **Allheit** oder Totalität des Systems derselben. Man tut aber besser, wenn man in der sittlichen **Beurteilung** immer nach der strengen Methode verfährt, und die allgemeine Formel des kategorischen Imperativs zum Grunde legt: **handle nach der Maxime, die sich selbst zugleich zum allgemeinen Gesetze machen kann**. Will man aber dem sittlichen Gesetze zugleich **Eingang** verschaffen: so ist sehr nützlich, ein und eben dieselbe Handlung durch benannte drei Begriffe zu führen, und sie dadurch, so viel sich tun läßt, der Anschauung zu nähern.

*

3) uma **determinação completa** de todas as máximas por meio desta fórmula, a saber: todas as máximas segundo a própria legislação devem harmonizar-se com um possível reino dos fins, como reino da natureza.[15] Aqui o progresso se faz como que por meio das categorias da **unidade** da forma da vontade (a universalidade dela), da **pluralidade** da matéria (dos objetos, ou seja, dos fins) e do **total** ou totalidade do sistema dessas categorias. Mas se faz melhor caso se proceda sempre no **julgamento** moral de acordo com o método estrito e se coloque como fundamento a fórmula

---

[15] Die Teleologie erwägt die Natur als ein Reich der Zweck, die Moral ein mögliches Reich der Zweck als ein Reich der Natur. Dort ist das Reich der Zweck eine theoretische Idee, zu Erklärung dessen, was das ist. Hier ist eine praktische Idee, um das, was nicht da ist, aber durch unser Tun und Lassen wirklich werden kann, und zwar eben dieser Idee gemäß, zu Stande bringen.

A teleologia considera a natureza como um reino dos fins; a moral, um possível reino dos fins como reino da natureza. Ali, o reino dos fins é uma ideia teorética para explicação do que é dado. Aqui é uma ideia prática para o que não existe, mas que pode tornar-se efetivo por meio de nossa conduta e de fato em conformidade justamente com essa ideia.

Comentário: O desenvolvimento da teleologia como considerando a natureza como um reino de conformidade a fins, ou seja, como encerrando um propósito, será exposto na Terceira Crítica de Kant. Aqui ele meramente aponta que o domínio da teleologia é teorético e não prático, como está presente na ideia de um reino dos fins.

universal do imperativo categórico: **age segundo a máxima que possa fazer de si mesma simultaneamente uma lei universal**. Mas caso se queira ao mesmo tempo dar acesso à lei moral: é muito útil passar uma e a mesma ação pelos três conceitos citados e desse modo aproximá-la tanto quanto for possível da intuição.

*

Comentário: A analogia está expressa na concepção de um progresso feito em torno da categoria de quantidade: unidade, pluralidade e totalidade. Para entendê-la, é preciso recordar que as categorias são derivadas das formas lógicas do juízo. Assim, do ponto de vista da quantidade, o juízo pode ser universal, particular ou singular. A essas formas lógicas da quantidade correspondem respectivamente a unidade, ou seja, a medida de algo; a pluralidade, a grandeza de algo; e a totalidade, o todo. Por exemplo, eu meço (a grandeza) um móvel segundo um padrão (a medida) que o torna homogêneo com todos os outros móveis (a totalidade). A analogia consiste em dizer que a forma da vontade, sua universalidade, funciona como medida pela qual avalio a pluralidade da matéria, ou seja, os diversos casos concretos que se apresentam, tendo sempre como referência a totalidade do sistema. Recordando que o padrão, a medida – isto é, a unidade – é a condição, a grandeza medida é o condicionado, ou seja, a pluralidade, e a reunião da condição com o condicionado é a totalidade.

§76 Wir können nunmehr da endigen, von wo wir im Anfange ausgingen, nämlich dem Begriffe eines unbedingt guten Willens. Der **Wille ist schlechterdings gut**, der nicht böse sein, mithin dessen Maxime, wenn sie zu einem allgemeinen Gesetze gemacht wird, sich selbst niemals widerstreiten kann. Dieses Prinzip ist also auch sein oberstes Gesetz: handle jederzeit nach derjenigen Maxime, deren Allgemeinheit als Gesetzes du zugleich wollen kannst; dieses ist die einzige Bedingung, unter der ein Wille niemals mit sich selbst im Widerstreite sein kann, und ein solcher Imperativ ist kategorisch. Weil die Gültigkeit des Willens, als eines allgemeinen Gesetzes für mögliche Handlungen, mit der allgemeinen Verknüpfung des Daseins der Dinge nach allgemeinen Gesetzen, die das formale der Natur überhaupt ist, Analogie hat, so kann der kategorische Imperativ auch so ausgedrückt werden: **Handle nach Maximen, die sich selbst zugleich als allgemeine Naturgesetze zum Gegenstande haben können**. So ist also die Formel eines schlechterdings guten Willens beschaffen.

*

Podemos agora terminar por onde começamos, a saber, pelo conceito de vontade incondicionalmente boa. É **absolutamente boa** a **vontade** que não pode ser má, por conseguinte, cuja máxima, caso seja convertida numa lei universal, não pode jamais estar em contradição consigo mesma. Portanto, este princípio também é a sua lei suprema: aja sempre segundo aquela máxima cuja universalidade como lei você possa querer ao mesmo tempo; esta é a única condição sob a qual uma vontade nunca pode estar em contradição consigo mesma, e tal imperativo é categórico. Visto que a validade da vontade, como uma lei universal para ações possíveis, é análoga à conexão universal da existência de coisas segundo leis universais, o imperativo categórico também pode ser expresso assim: **aja segundo máximas que possam ao mesmo tempo ter a si mesmas por objeto como leis universais da natureza**. Assim, pois, está constituída a fórmula de uma vontade absolutamente boa.

*

Comentário: Kant inicia o resumo da segunda seção pela exposição das três fórmulas do imperativo categórico, das definições de autonomia e heteronomia, e, para terminar, apresenta os princípios que permitem classificar uma moral como estando baseada na heteronomia. A vontade boa, estudada na primeira seção do ponto de vista da consciência moral ordinária, pode ser definida, do ponto de vista da filosofia, como aquela que está fundamentada em uma máxima que, expressa segundo uma lei universal, não contradiz a si mesma. Assim, prometer com a intenção de cumprir a promessa, como decorrência da máxima, só prometer caso se tenha a intenção de cumprir, pode ser expressa numa lei universal que não desfaz a própria noção de promessa, ou seja, não é contraditória com a noção de promessa e, portanto, não está em contradição consigo. Nesse sentido, a lei moral seria como se fosse, por conseguinte, segundo uma analogia, uma lei universal da natureza.

§77 Die vernünftige Natur nimmt sich dadurch vor den übrigen aus, daß sie ihr selbst einen Zweck setzt. Dieser würde die Materie eines jeden guten Willens sein. Da aber, in der Idee eines ohne einschränkende Bedingung (der Erreichung dieses oder jenes Zwecks) schlechterdings guten Willens, durchaus von allem zu **bewirkenden** Zwecke abstrahiert werden muß (als der jeden Willen nur relativ gut machen würde), so wird der Zweck hier nicht als ein zu bewirkender, **sondern selbstständiger** Zweck, mithin nur negativ, gedacht werden müssen, d. i. dem niemals zuwider gehandelt, der also niemals bloß als Mittel, sondern jederzeit zugleich als **Zweck** in jedem Wollen geschätzt werden muß. Dieser kann nun nichts anders als das Subjekt aller möglichen Zwecke selbst sein, weil dieses zugleich das Subjekt eines möglichen schlechterdings guten Willens ist; denn dieser kann, ohne Widerspruch, keinem andern Gegenstande nachgesetzt werden. Das Prinzip: handle in Beziehung auf ein jedes vernünftige Wesen (auf dich selbst und andere) so, daß es in deiner Maxime zugleich als Zweck an sich selbst gelte, ist demnach mit dem Grundsatze: handle nach einer Maxime, die ihre eigene allgemeine Gültigkeit für jedes vernünftige Wesen zugleich in sich enthält, im Grunde einerlei. Denn, daß ich meine Maxime im Gebrauche der Mittel zu jedem Zwecke auf die Bedingung ihrer Allgemeingültigkeit, als eines Gesetzes für jedes Subjekt einschränken soll, sagt eben so viel, als: das Subjekt der Zwecke, d. i. das vernünftige Wesen selbst, muß niemals bloß als Mittel, sondern als oberste einschränkende Bedingung im Gebrauche aller Mittel, d. i. jederzeit zugleich als Zweck, allen Maximen der Handlungen zum Grunde gelegt werden.

*

A natureza racional distingue-se das outras por colocar para si mesma um fim. Esse fim seria a matéria de toda vontade boa. Mas como na ideia de uma vontade absolutamente boa, sem condição limitativa (alcançar este ou aquele objetivo), tem de abstrair-se todo fim **a realizar** (que tornaria toda vontade apenas relativamente boa), então aqui o fim não é um fim a realizar, porém um fim **existente por si mesmo**, por conseguinte, tem de ser pensado apenas negativamente, isto é, como aquele contra o qual nunca se age, que tem de ser estimado em todo querer nunca apenas como meio, mas sempre ao mesmo tempo como **fim**. Ora, esse fim não pode ser outro que o sujeito de todos os fins possíveis em si mesmos, porque este fim é ao mesmo tempo o sujeito de uma vontade absolutamente boa possível; pois esta não pode sem contradição estar subordinada a qualquer outro objeto. O princípio age a respeito de todo ser racional (de você mesmo e dos outros) de modo que a sua máxima valha ao mesmo tempo como fim em si mesmo, no fundo é o mesmo que a proposição básica, age segundo uma máxima que contenha em si mesma ao mesmo tempo sua própria validade universal para todo ser racional. Pois dizer que no uso dos meios para qualquer fim devo limitar minha máxima à condição de sua validade universal como uma lei para todo sujeito equivale a dizer que o sujeito dos fins, ou seja, o próprio ser racional, tem de ser o fundamento de todas as máximas de ação, nunca apenas como meio, mas como a condição limitante suprema no uso de todos os meios, ou seja, sempre ao mesmo tempo como fim.

*

Comentário: A natureza racional é distinta de todas as outras por colocar a si mesma como fim. O homem, na medida em que é capaz de ser racional, deve ser considerado como sendo um fim em si mesmo. Esse fim é o mesmo para todo ser racional, e pode ser entendido como o fim visado por uma vontade boa. Por conseguinte, todo homem, por ser um fim em si mesmo, é digno de respeito. Pode-se dizer, considerados os exemplos dados por Kant, que o homem deve realizar esses fins tanto em relação a si mesmo, como em relação aos outros homens. Nesse sentido, as máximas de ação, resultado da minha autonomia e liberdade, devem obedecer a uma condição limitativa, pois só podem almejar ser uma lei universal caso reconheçam sempre o outro como fim em si e nunca como meio.

§78 Nun folgt hieraus unstreitig: daß jedes vernünftige Wesen, als Zweck an sich selbst, sich in Ansehung aller Gesetze, denen es nur immer unterworfen sein mag, zugleich als allgemein gesetzgebend müsse ansehen können, weil eben diese Schicklichkeit seiner Maximen zur allgemeinen Gesetzgebung es als Zweck an sich selbst auszeichnet, imgleichen, daß dieses seine Würde (Prärogativ) vor allen bloßen Naturwesen es mit sich bringe, seine Maximen jederzeit aus dem Gesichtspunkte seiner selbst, zugleich aber auch jedes andern vernünftigen als gesetzgebenden Wesens (die darum auch Personen heißen) nehmen zu müssen. Nun ist auf solche Weise eine Welt vernünftiger Wesen (mundus intelligibilis) als ein Reich der Zwecke möglich, und zwar durch die eigene Gesetzgebung aller Personen als Glieder. Demnach muß ein jedes vernünftige Wesen so handeln, als ob es durch seine Maximen jederzeit ein gesetzgebendes Glied im allgemeinen Reiche der Zwecke wäre. Das formale Prinzip dieser Maximen ist: handle so, als ob deine Maxime zugleich zum allgemeinen Gesetze (aller vernünftigen Wesen) dienen sollte. Ein Reich der Zwecke ist also nur möglich nach der Analogie mit einem Reiche der Natur, jenes aber nur nach Maximen, d. i. sich selbst auferlegten Regeln, diese nur nach Gesetzen äußerlich genötigter wirkenden Ursachen. Dem unerachtet gibt man doch auch dem Naturganzen, ob es schon als Maschine angesehen wird, dennoch, so fern es auf vernünftige Wesen, als seine Zwecke, Beziehung hat, aus diesem Grunde den Namen eines Reichs der Natur. Ein solches Reich der Zwecke würde nun durch Maximen, deren Regel der kategorische Imperativ aller vernünftigen Wesen vorschreibt, wirklich zu Stande kommen, wenn sie **allgemein befolgt** würden. Allein, obgleich das vernünftige Wesen darauf nicht rechnen kann, daß, wenn es auch gleich diese Maxime selbst pünktlich befolgte, darum jedes andere eben derselben treu sein würde, imgleichen daß das Reich der Natur und die zweckmäßige Anordnung desselben, mit ihm, als einem schicklichen Gliede, zu einem durch ihn selbst möglichen Reiche der Zwecke zusammenstimmen, d. i. seine Erwartung der Glückseligkeit begünstigen werde, so bleibt doch jenes Gesetz: handle nach Maximen eines allgemein gesetzgebenden Gliedes zu einem bloß möglichen Reiche der Zwecke, in seiner vollen Kraft, weil es kategorisch gebietend ist. Und hierin liegt eben das Paradoxon: daß bloß die Würde der Menschheit, als vernünftiger Natur, ohne irgend einen andern dadurch zu erreichenden Zweck, oder Vorteil, mithin die Achtung für eine bloße Idee, dennoch zur unnachlaßlichen Vorschrift des Willens dienen sollte, und daß gerade in dieser Unabhängigkeit der Maxime von allen solchen Triebfedern die Erhabenheit derselben bestehe, und die Würdigkeit eines jeden vernünftigen Subjekts, ein gesetzgebendes Glied im Reiche der Zwecke zu sein; denn sonst würde es nur als dem Naturgesetze seines Bedürfnisses unterworfen vorgestellt werden müssen. Obgleich auch das Naturreich sowohl, als das Reich der Zwecke, als unter einem Oberhaupte vereinigt gedacht würde, und dadurch das letztere nicht mehr bloße Idee bliebe, sondern wahre Realität erhielte, so würde hiedurch zwar jener der Zuwachs einer starken Triebfeder, niemals aber Vermehrung ihres innern Werts zu statten kommen; denn, diesem ungeachtet, müßte doch selbst dieser alleinige unumschränkte Gesetzgeber immer so vorgestellt werden, wie er den Wert der vernünftigen Wesen, nur nach ihrem uneigennützigen, bloß aus jener Idee ihnen selbst vorgeschriebenen Verhalten beurteilte. Das Wesen der Dinge ändert sich durch ihre äußere Verhältnisse nicht, und was, ohne an das letztere zu denken, den absoluten Wert des Menschen allein ausmacht, darnach muß er auch, von wem es auch sei, selbst vom höchsten Wesen, beurteilt werden. Moralität ist also das Verhältnis der Handlungen zur Autonomie des Willens, das ist, zur möglichen allgemeinen Gesetzgebung durch die Maximen desselben. Die Handlung, die mit der Autonomie des Willens zusammen bestehen kann, ist **erlaubt**; die nicht damit stimmt, ist **unerlaubt**. Der Wille, dessen Maximen notwendig mit den Gesetzen der Autonomie zusammenstimmen, ist ein **heiliger**, schlechterdings guter Wille. Die Abhängigkeit eines nicht schlechterdings guten Willens vom Prinzip der Autonomie (die moralische Nötigung) ist **Verbindlichkeit**. Diese kann also auf ein heiliges Wesen nicht gezogen werden. Die objektive Notwendigkeit einer Handlung aus Verbindlichkeit heißt **Pflicht**.

*

Ora, daí segue incontestavelmente que todo ser racional, como fim em si mesmo, em vista de todas as leis, quaisquer que elas sejam, às quais ele possa estar submetido, tem de poder ser capaz de considerar-se simultaneamente como legislador universal, justamente porque essa adequação de suas máximas para legislar universalmente o caracteriza como fim em si mesmo; igualmente segue que essa sua dignidade (prerrogativa) em face de todos os outros seres naturais simples traz consigo que ele tem sempre de tomar suas máximas do seu próprio ponto de vista, mas ao mesmo tempo também do de todos os outros seres racionais como seres legisladores (que por isso também são chamados de pessoas). Ora, dessa forma é possível um mundo de seres racionais (mundo inteligível) como reino dos fins, e de fato por meio da própria legislação de todas as pessoas como membros. Logo, todo ser racional tem de agir como se ele, mediante sua máxima, sempre fosse membro legislador no reino universal dos fins. O princípio formal dessas máximas é: aja como se sua máxima devesse servir ao mesmo tempo de lei universal (de todos os seres racionais). Portanto, um reino dos fins só é possível por analogia com um reino da natureza; mas aquele apenas segundo máximas, ou seja, por regras impostas a si; este, apenas segundo leis de causas eficientes externamente coercitivas. A despeito disso, no entanto, também a totalidade da natureza, embora já vista como máquina, na medida em que se refere a seres racionais como seus fins, recebe por essa razão o nome de reino da natureza. Ora, tal reino dos fins existiria efetivamente por meio de máximas, cuja regra o imperativo categórico prescreve a todos os seres racionais, **caso elas fossem seguidas universalmente**. Contudo, embora o ser racional não possa contar com que, mesmo que ele próprio siga de forma pontual essa máxima, todos os outros lhe sejam igualmente fiéis, nem contar com que o reino da natureza e a sua ordenação conforme a fins se harmonize com ele, como membro adequado para um reino dos fins possível por seu intermédio, ou seja, que favoreça a sua expectativa de felicidade; ainda assim permanece com toda sua força aquela lei, age segundo máximas de um membro que legisla universalmente para um possível reino dos fins, porque ela manda de forma categórica. E nisto reside exatamente o paradoxo: que a mera dignidade da humanidade como natureza racional, sem que por seu meio seja alcançado qualquer outro fim ou vantagem, por conseguinte, que o respeito por uma mera ideia deva servir, no entanto, de preceito inflexível da vontade, e que justamente nessa independência das máximas de todos os móbeis consista a sua sublimidade e a qualidade de todo sujeito racional de ser digno de ser um membro legislador no reino dos fins; caso contrário, ele teria de ser somente representado como submetido à lei natural de suas carências. Mesmo que tanto o reino da natureza como o reino dos fins fossem pensados como reunidos sob um soberano, de modo que o último não permanecesse mais uma mera ideia, mas obtivesse uma realidade verdadeira, ele ganharia de fato o acréscimo dum móbil poderoso, mas nunca uma ampliação do seu valor interno; pois este, a despeito disso, teria ele mesmo por único legislador absoluto, um ser sempre representado como avaliando o valor dos seres racionais somente segundo sua conduta desinteressada, meramente de acordo com aquela ideia que eles prescrevem a si mesmos. A essência das coisas não se altera por meio de suas relações externas, e aquilo que, sem levar em conta as últimas, constitui sozinho o valor absoluto do homem é também o que tem de ser avaliado por quem quer que seja, mesmo pelo ser supremo. Portanto, a moralidade é a relação das ações com a autonomia da vontade, isto é, com a legislação universal possível por meio das suas máximas. A ação que possa conviver com a autonomia da vontade é **permitida**; a que não está de acordo é **proibida**. A vontade cujas máximas se harmonizam necessariamente com as leis da autonomia é uma vontade **sagrada**, absolutamente boa. A dependência de uma vontade que não é absolutamente boa do princípio da autonomia (a coerção moral) é a **obrigação**. Assim, ela não pode ser atribuída a um ser sagrado. A necessidade objetiva de uma ação por obrigação chama-se **dever**.

*

Comentário: Dado que o parágrafo apresenta grandes dimensões, vamos dividi-lo por tópicos de modo a ressaltar os pontos importantes. Primeiro ponto, a analogia entre o reino dos fins e o reino da natureza. No reino dos fins, todo ser racional é ao mesmo tempo membro e legislador. Ele tem de ser legislador, caso contrário ele não seria um fim em si mesmo e a legislação seria exterior a ele. Em outros termos, ele seria meio para outro fim. Por conseguinte, o reino dos fins pressupõe um princípio regulador, em oposição ao reino da natureza, que supõe leis exteriores ao sujeito, ou seja, cuja determinação está na natureza e não no próprio sujeito. A analogia é feita para assinalar que nos dois reinos a legislação é criada pela razão: as leis naturais (diz respeito às coisas) e a lei moral (diz respeito às pessoas). Nesse sentido, pode-se dizer que o homem é um ser que cria normas às quais ele próprio se submete. No entanto, Kant ressalta que se trata de uma analogia, pois a constituição das normas é diferente em cada um dos casos, como já indica a terceira antinomia na *CRP* entre o determinismo e a liberdade. Apesar do mecanicismo ao qual as coisas se submetem, o homem, na medida em que é um ser capaz de racionalidade, ou seja, como ser que é fim em si mesmo, concebe a natureza como reino, isto é, segundo princípios reguladores, e procura moralizar o mundo. Segundo ponto, a questão do otimismo e do pessimismo tem como contexto a moralização do mundo (ver nota 118 de Philonenko). Mesmo que eu acredite que não haja um só homem bom (pessimismo), a concepção de que deve haver a lei moral permanece; pois ela encerra um princípio regulador. O fato de que se deva pensar a lei, apesar de tudo o que ocorre, revela a nossa dignidade (otimismo). Pensar e agir em função da lei moral, com certeza, será algo que me trará infelicidade (pessimismo). A ideia da existência de um ser supremo me ajuda a crer em um reino dos fins. No entanto, sua existência não altera em nada a lei moral; suas condições de possibilidade não são teológicas, mas exclusivamente racionais. Que eu possa me orientar segundo uma ideia absoluta, ou seja, incondicionada, me confere dignidade (otimismo). Terceiro ponto, a posição do homem entre os seres racionais. Para ele, como ser capaz de ser racional, mas não sendo racional na prática, a lei moral aparece como obrigação, e a necessidade objetiva de segui-la é o dever.

§79 Man kann aus dem kurz vorhergehenden sich es jetzt leicht erklären, wie es zugehe: daß, ob wir gleich unter dem Begriffe von Pflicht uns eine Unterwürfigkeit unter dem Gesetze denken, wir uns dadurch doch zugleich eine gewisse Erhabenheit und **Würde** an derjenigen Person vorstellen, die alle ihre Pflichten erfüllt. Denn so fern ist zwar keine Erhabenheit an ihr, als sie dem moralischen Gesetze **unterworfen** ist, wohl aber, so fern sie in Ansehung eben desselben zugleich **gesetzgebend** und nur darum ihm untergeordnet ist. Auch haben wir oben gezeigt, wie weder Furcht, noch Neigung, sondern lediglich Achtung fürs Gesetz, diejenige Triebfeder sei, die der Handlung einen moralischen Wert geben kann. Unser eigener Wille, so fern er nur unter der Bedingung einer durch seine Maximen möglichen allgemeinen Gesetzgebung handeln würde, dieser uns mögliche Wille in der Idee, ist der eigentliche Gegenstand der Achtung, und die Würde der Menschheit besteht eben in dieser Fähigkeit, allgemein gesetzgebend, obgleich mit dem Beding, eben dieser Gesetzgebung zugleich selbst unterworfen zu sein.

*

Pode-se agora facilmente explicar por meio do pouco que antecede como ocorre que, embora igualmente pensemos sob o conceito de dever uma sujeição à lei, ainda assim ao mesmo tempo representamos por seu meio certa sublimidade e dignidade de toda pessoa que realiza todos os seus deveres. Pois de fato não há sublimidade na pessoa na medida em que está **submetida** à lei moral, mas sim na medida em que ela seja ao mesmo tempo legisladora e só por isso subordinada a essa mesma lei. Também mostramos acima como nem o medo nem a inclinação, mas simplesmente o respeito pela lei seria aquele móbil que pode dar valor moral à ação. A nossa própria vontade, na medida em que ela somente agiria sob a condição de uma legislação universal possível por meio de máximas, uma vontade possível para nós na ideia, é o objeto próprio do respeito, e a dignidade da humanidade consiste justamente nessa capacidade de legislar universalmente, embora com a condição de se submeter ao mesmo tempo justamente a essa legislação.

*

Comentário: O parágrafo conclui a investigação de Kant até este momento a respeito do valor moral das ações. O valor existe desde que a vontade seja dirigida por uma legislação que é ao mesmo tempo própria e universal. Ela só pode ser universal caso abandone toda particularidade dada pela experiência, ou seja, temores, inclinações, amor-próprio etc. As máximas que orientam a ação só podem almejar universalidade caso saiam da particularidade das determinações empíricas. Só a autonomia e a liberdade em relação a essas determinações podem conferir valor moral às ações.

DIE AUTONOMIE DES WILLENS
ALS OBERSTES PRINZIP DER SITTLICHKEIT

*

A AUTONOMIA DA VONTADE
COMO PRINCÍPIO SUPREMO DA MORALIDADE

*

§80 Autonomie des Willens ist die Beschaffenheit des Willens, dadurch derselbe ihm selbst (unabhängig von aller Beschaffenheit der Gegenstände des Wollens) ein Gesetz ist. Das Prinzip der Autonomie ist also: nicht anders zu wählen als so, daß= die Maximen seiner Wahl in demselben Wollen zugleich als allgemeines Gesetz mit Begriffen seien. Daß diese praktische Regel ein Imperativ sei, d. i. der Wille jedes vernünftigen Wesens an sie als Bedingung notwendig gebunden sei, kann durch bloße Zergliederung der in ihm vorkommenden Begriffe nicht bewiesen werden, weil es ein synthetischer Satz ist; man müßte über die Erkenntnis der Objekte und zu einer Kritik des Subjekts, d. i. der reinen praktischen Vernunft, hinausgehen, denn völlig *a priori* muß dieser synthetische Satz, der apodiktisch gebietet, erkannt werden können, dieses Geschäft aber gehört nicht in gegenwärtigen Abschnitt. Allein, daß gedachtes Prinzip der Autonomie das alleinige Prinzip der Moral sei, läßt sich durch bloße Zergliederung der Begriffe der Sittlichkeit gar wohl dartun. Denn dadurch findet sich, daß ihr Prinzip ein kategorischer Imperativ sein müsse, dieser aber nichts mehr oder weniger als gerade diese Autonomie gebiete.

*

Autonomia da vontade é a propriedade da vontade pela qual ela é (independentemente de todas as propriedades dos objetos do querer) uma lei para si mesma. O princípio da autonomia é, portanto, escolher de tal modo que as máximas de sua escolha sejam conceituadas simultaneamente como lei universal do mesmo querer. Que essa regra prática seja um imperativo, ou seja, que a vontade de todo ser racional esteja necessariamente ligada a ela como condição, não pode ser provada pela mera análise dos conceitos que nela ocorrem, porque se trata de uma proposição sintética *a priori*; ter-se-ia de ir além do conhecimento do objetos para uma crítica do sujeito, ou seja, da razão prática, pois esta proposição sintética, que manda de forma apodítica, tem de poder ser conhecida totalmente *a priori*, mas essa tarefa não pertence à presente seção. Contudo, que o princípio concebido da autonomia seja o único princípio da moral é algo que se elucida muito bem pela simples análise do conceito de moralidade. Dado que, por seu intermédio, descobre-se que seu princípio tem de ser um imperativo categórico, mas que este não manda nem mais nem menos do que justamente esta autonomia.

*

Comentário: O imperativo categórico tem de ser sintético e *a priori*. Embora Kant não demonstre nesta seção o motivo de o imperativo ser sintético, ele argumenta que a relação entre a vontade de todo ser racional e a lei moral não pode ser demonstrada pela análise dos conceitos, ou seja, não se reduz a uma identidade, portanto, não é analítica, como ocorria nos casos dos imperativos hipotéticos; dizendo de outro modo, é concebível uma vontade sem lei moral; tampouco pode ser confirmada empiricamente, pois tem de ser absolutamente necessária, ou seja, sem exceção, universal, ou seja, não pode ser sintética *a posteriori*. Dizer que por meio da análise conceitual mostra-se que o princípio da autonomia é o único princípio da moralidade é dizer que seria contraditório com a própria noção de moralidade qualquer outro princípio que não fosse o da autonomia; em outras palavras, não seria moral uma concepção que não fosse baseada na própria noção de autonomia.

DIE HETERONOMIE DES WILLENS
ALS DER QUELL ALLER UNECHTEN PRINZIPIEN
DER SITTLICHKEIT

*

A HETERONOMIA DA VONTADE
COMO A FONTE DE TODOS OS PRINCÍPIOS ILEGÍTIMOS
DA MORALIDADE

*

§81 Wenn der Wille irgend **worin anders**, als in der Tauglichkeit seiner Maximen zu seiner eigenen allgemeinen Gesetzgebung, mithin, wenn er, indem er über sich selbst hinausgeht, in der Beschaffenheit irgend eines seiner Objekte das Gesetz sucht, das ihn bestimmen soll, so kommt jederzeit **Heteronomie** heraus. Der Wille gibt alsdann sich nicht selbst, sondern das Objekt durch sein Verhältnis zum Willen gibt diesem das Gesetz. Dies Verhältnis, es beruhe nun auf der Neigung, oder auf Vorstellungen der Vernunft, läßt nur hypothetische Imperativen möglich werden: ich soll etwas tun darum, **weil ich etwas anderes will**. Dagegen sagt der moralische, mithin kategorische Imperativ: ich soll so oder so handeln, ob ich gleich nichts anderes wollte. Z. E. jener sagt: ich soll nicht lügen, wenn ich bei Ehren bleiben will; dieser aber: ich soll nicht lügen, ob es mir gleich nicht die mindeste Schande zuzöge. Der letztere muß also von allem Gegenstande so fern abstrahieren, daß dieser gar keinen **Einfluß** auf den Willen habe, damit praktische Vernunft (Wille) nicht fremdes Interesse bloß administriere, sondern bloß ihr eigenes gebietendes Ansehen, als oberste Gesetzgebung, beweise. So soll ich z. B. fremde Glückseligkeit zu befördern suchen, nicht als wenn mir an deren Existenz was gelegen wäre (es sei durch unmittelbare Neigung, oder irgend ein Wohlgefallen indirekt durch Vernunft), sondern bloß deswegen, weil die Maxime, die sie ausschließt, nicht in einem und demselben Wollen, als allgemeinen Gesetz, begriffen werden kann.

*

Caso a vontade busque a lei que deve determiná-la **em algum outro lugar** que na adequação de suas máximas à sua própria legislação universal, consequentemente, caso ela, indo além de si mesma, busque sua lei na propriedade de algum de seus objetos, o resultado será sempre **heteronomia**. Neste caso, a vontade não dá a si mesma a lei, mas o objeto, por meio da sua relação com a vontade, dá a lei a esta. Essa relação, seja baseada na inclinação, seja nas representações da razão, somente torna possíveis imperativos hipotéticos: devo fazer algo, **porque quero outra coisa**. Ao contrário do que diz o imperativo moral, por conseguinte, categórico: devo agir de tal e tal modo, mesmo que não quisesse outra coisa. Por exemplo, o hipotético diz que não devo mentir caso queira manter minha reputação; mas o categórico diz que não devo mentir, ainda que não me traga o menor descrédito. Portanto, o último tem de abstrair-se de todos os objetos na medida em que eles não têm influência alguma sobre a vontade, de modo que a razão prática (vontade) não apenas não administra interesse alheio algum, mas simplesmente comprova sua própria autoridade de mando, como legisladora suprema. Assim, por exemplo, devo procurar me esforçar pela felicidade alheia, não como se sua existência trouxesse qualquer consequência para mim (seja por inclinação imediata, seja de algum modo por uma satisfação indireta pela razão), mas simplesmente porque a máxima que a exclui não pode ser incluída como lei universal num único e mesmo querer.

*

Comentário: Caso a relação entre a vontade e a lei seja mediada por um objeto, o imperativo deixa de ser categórico e se torna hipotético, pois visa o objeto e não a própria lei, ou seja, age-se em vista do objeto. Neste caso, a sensibilidade está sempre presente, mesmo que o objeto seja um objeto da razão. Por exemplo, agir de forma moral para ser moral. Neste caso, a motivação da moralidade está no desejo de ser moral, e não na pretensão de que a máxima que governa minha ação possa valer como lei universal. Em outros palavras, ajo de forma moral porque me sinto bem ao agir de forma moral ou porque quero ser perfeito. De novo, ajo em nome do amor-próprio e não da lei moral, ou seja, a lei moral não pode ser entendida como motivação. Para fazer uma analogia, fazer uma demonstração lógica por amor à lógica não tem relação alguma com o valor lógico da demonstração; assim, amor à lógica é irrelevante para avaliação do valor de verdade da demonstração.

EINTEILUNG
ALLER MÖGLICHEN PRINZIPIEN DER SITTLICHKEIT
AUS DEM ANGENOMMENEN GRUNDBEGRIFFE
DER HETERONOMIE

*

DIVISÃO
DE TODOS OS PRINCÍPIOS POSSÍVEIS DA MORALIDADE
DE ACORDO COM A HETERONOMIA
PRESSUPOSTA COMO CONCEITO FUNDAMENTAL

*

§82 Die menschliche Vernunft hat hier, wie allerwärts in ihrem reinen Gebrauche, so lange es ihr an Kritik fehlt, vorher alle mögliche unrechte Wege versucht, ehe es ihr gelingt, den einzigen wahren zu treffen.

*

Aqui, como em todo lugar no seu uso puro, a razão humana, na medida em que lhe falta uma crítica, teve de tentar inicialmente todos os possíveis caminhos ilegítimos antes que lhe fosse possível encontrar o único verdadeiro.

*

Comentário: Cabe à Crítica mostrar que a razão prática deriva seu valor unicamente de sua forma e de modo algum de seus objetos. Assim, a consciência moral ordinária já se dava conta de que o valor moral da ação era tão maior quanto mais a ação era feita contra disposições empíricas. Só a Crítica é capaz de mostrar que o valor moral independe de qualquer condição empírica.

§83 Alle Prinzipien, die man aus diesem Gesichtspunkte nehmen mag, sind entweder **empirisch** oder **rational**. Die **ersteren**, aus dem Prinzip der **Glückseligkeit**, sind aufs physische oder moralische Gefühl, die **zweiten**, aus dem Prinzip der **Vollkommenheit**, entweder auf den Vernunftbegriff derselben, als möglicher Wirkung, oder auf den Begriff einer selbstständigen Vollkommenheit (den Willen Gottes), als bestimmende Ursache unseres Willens, gebauet.

*

Todos os princípios que se podem admitir deste ponto de vista são ou **empíricos** ou **racionais**. Os primeiros, de acordo com o princípio da felicidade, são construídos pelo sentimento psíquico ou moral; os segundos, por meio do princípio da perfeição, são construídos ou pelo conceito racional de perfeição como efeito possível de nossa vontade ou pelo conceito de perfeição existente por si mesma (a vontade de Deus) como causa determinante de nossa vontade.

*

Comentário: Os princípios são princípios materiais e não formais. Estes princípios materiais podem ser subjetivos ou objetivos (*CRPr* 5:40). Na Nota 121 de Philonenko, lê-se: "Os subjetivos ou são externos: primeiro, a educação (de acordo com Montaigne), segundo, a constituição civil (para Mandeville); ou internos: primeiro, o sentimento físico de acordo com Epicuro, e segundo, o sentimento moral (de acordo com Hutcheson). Os princípios objetivos são ou internos, princípios da perfeição para Wolff e para os estoicos, ou externos, princípios da vontade de Deus segundo Crusius e outros teólogos moralistas Os subjetivos são agrupados por Kant sob o princípio da felicidade por meio do sentimento psíquico ou moral. Por sua vez, os objetivos estão reunidos pela noção de perfeição, seja no sentido racional, seja no sentido teológico. Note-se que todos esses princípios não podem ser considerados princípios morais, justamente por serem princípios materiais, ou seja, por excluírem a autonomia.

§84 Empirische Prinzipien taugen überall nicht dazu, um moralische Gesetze darauf zu gründen. Denn die Allgemeinheit, mit der sie für alle vernünftige Wesen ohne Unterschied gelten sollen, die unbedingte praktische Notwendigkeit, die ihnen dadurch auferlegt wird, fällt weg, wenn der Grund derselben von der **besonderen Einrichtung der menschlichen Natur**, oder den zufälligen Umständen hergenommen wird, darin sie gesetzt ist. Doch ist das Prinzip der **eigenen Glückseligkeit** am meisten verwerflich, nicht bloß deswegen, weil es falsch ist, und die Erfahrung dem Vorgeben, als ob das Wohlbefinden sich jederzeit nach dem Wohlverhalten richte, widerspricht, auch nicht bloß, weil es gar nichts zur Gründung der Sittlichkeit beiträgt, indem es ganz was anderes ist, einen glücklichen, als einen guten Menschen, und diesen klug und auf seinen Vorteil abgewitzt, als ihn tugendhaft zu machen: sondern, weil es der Sittlichkeit Triebfedern unterlegt, die sie eher untergraben und ihre ganze Erhabenheit zernichten, indem sie die Bewegursachen zur Tugend mit denen zum Laster in eine Klasse stellen und nur den Kalkül besser ziehen lehren, den spezifischen Unterschied beider aber ganz und gar auslöschen; dagegen das moralische Gefühl, dieser vermeintliche besondere Sinn,[16] (so seicht auch die Berufung auf selbigen ist, indem diejenigen, die nicht **denken** können, selbst in dem, was bloß auf allgemeine Gesetze ankommt, sich durchs **Fühlen** auszuhelfen glauben, so wenig auch Gefühle, die dem Grade nach von Natur unendlich von einander unterschieden sind, einen gleichen Maßstab des Guten und Bösen abgeben, auch einer durch sein Gefühl für andere gar nicht gültig urteilen kann), dennoch der Sittlichkeit und ihrer Würde dadurch näher bleibt, daß er der Tugend die

---

[16] Ich rechne das Prinzip des moralischen Gefühls zu dem der Glückseligkeit, weil ein jedes empirisches Interesse durch die Annehmlichkeit, die etwas nur gewährt, es mag nun unmittelbar und ohne Absicht auf Vorteil, oder in Rücksicht auf dieselbe geschehen, einen Beitrag zum Wohlbefinden verspricht. Imgleichen muß man das Prinzip der Teilnehmung an anderer Glückseligkeit, mit **Hutcheson**, zu demselben von ihm angenommenen moralischen Sinne rechnen.

Computo o princípio do sentimento moral sob aquele da felicidade, porque todo interesse empírico promete contribuir para o bem-estar mediante a comodidade que algo oferece, seja de forma imediata e sem o propósito de obter vantagem, seja para obtê-la. Igualmente se tem, com **Hutcheson**, de computar o princípio da simpatia com a felicidade dos outros, sob o sentimento moral pressuposto por Hutcheson.

Comentário: No caso em que sentimento moral é o objeto e não a lei moral, o que se visa é sempre o bem-estar, portanto, algo empírico, daí Kant colocá-lo sob a égide da felicidade.

Ehre beweist, das Wohlgefallen und die Hochschätzung für sie ihr **unmittelbar** zuzuschreiben, und ihr nicht gleichsam ins Gesicht sagt, daß es nicht ihre Schönheit, sondern nur der Vorteil sei, der uns an sie knüpfe.

*

Princípios empíricos não são de modo algum adequados para fundamentar leis morais. Pois a universalidade com que elas devem valer para todos os seres racionais sem distinção, a necessidade prática incondicionada que por isso lhes é imposta, é suprimida caso o fundamento dela seja retirado da **constituição específica da natureza humana** ou das circunstâncias contingentes em que ela está colocada. No entanto, o princípio da **própria felicidade** é o mais repreensível, não apenas porque é falso, e porque a experiência contradiz a pretensão de que o bem-estar sempre seja regulado pelo bem-fazer; não apenas ainda porque esse princípio não contribui em nada para o fundamento da moralidade, na medida em que é bastante diferente fazer um homem feliz e fazê-lo bom, fazê-lo prudente e perspicaz em proveito próprio e fazê-lo virtuoso; mas porque atribui móbeis à moralidade que mais a arruínam e que destroem na totalidade seu caráter sublime, na medida em que colocam os motivos para a virtude com aqueles para o vício numa classe, e somente ensinam a fazer melhor o cálculo, e anulam completamente a diferença específica entre virtude e vício. Por outro lado, o sentimento moral, este pretenso sentido especial[16] (por superficial que seja apelar para ele, uma vez que são os incapazes de **pensar** que acreditam que possam ser socorridos pelo **sentimento**, mesmo naquilo que depende somente de leis universais, e por tão pouco que os sentimentos, que por sua natureza diferem uns dos outros em grau, possam fornecer um padrão uniforme do bem e do mal, e que também alguém possa por meio de seu sentimento julgar a validade para outros) permanece, no entanto, mais próximo da moralidade e da sua dignidade, na medida em que concede à virtude a honra de atribuir--lhe **imediatamente** a satisfação e a estima que temos por ela, e não lhe diz na cara, por assim dizer, que não é a sua beleza, mas somente o interesse, que nos liga a ela.

*

Comentário: O primeiro problema com princípios materiais empíricos reside em tentar extrair o princípio da moralidade de alguma característica específica da natureza humana, no caso da felicidade, e não da racionalidade. No entanto, o problema principal em construir a moralidade como busca da própria felicidade está em transformar a questão moral em uma questão técnica, ou seja, em saber qual o meio melhor de obter algo, no qual desaparece completamente a noção de valor, ou melhor, o único valor reconhecido é o amor-próprio que de modo algum pode ser transformado em critério universal de medida. Por sua vez, o sentimento moral, adotado por Schaftesbury, Hutcheson e Hume, substitui a razão pela sensibilidade, ao supor que o bem seja objeto imediato de um sentimento particular e não uma determinação da razão. Kant, no período pré-crítico, adotou essa concepção em detrimento da noção de perfeição defendida por Wolff. Ele mudou sua perspectiva já na *Dissertação*, de 1770. Para ele, o sentimento moral resulta da moralidade e não o contrário.

§85 Unter den **rationalen**, oder Vernunftgründen der Sittlichkeit ist doch der ontologische Begriff der **Vollkommenheit** (so leer, so unbestimmt, mithin unbrauchbar er auch ist, um in dem unermeßlichen Felde möglicher Realität die für uns schickliche größte Summe auszufinden; so sehr er auch, um die Realität, von der hier die Rede ist, spezifisch von jeder andern zu unterscheiden, einen unvermeidlichen Hang hat, sich im Zirkel zu drehen, und die Sittlichkeit, die er erklären soll, ingeheim vorauszusetzen nicht vermeiden kann) dennoch besser als der theologische Begriff, sie von einem göttlichen allervollkommensten Willen abzuleiten, nicht bloß deswegen, weil wir seine Vollkommenheit doch nicht anschauen, sondern sie von unseren Begriffen, unter denen der der Sittlichkeit der vornehmste ist, allein ableiten können, sondern weil, wenn wir dieses nicht tun (wie es denn, wenn es geschähe, ein grober Zirkel im Erklären sein würde), der uns noch übrige Begriff seines Willens aus den Eigenschaften der Ehr- und Herrschbegierde, mit den furchtbaren Vorstellungen der Macht und des Racheifers verbunden, zu einem System der Sitten, welches der Moralität gerade entgegen gesetzt wäre, die Grundlage machen müßte.

*

Entre os fundamentos **racionais** da moralidade ou baseados na razão, o conceito ontológico de **perfeição** (tão vazio, tão indeterminado e, por conseguinte, inutilizável para descobrir, no campo incomensurável da realidade possível, a maior soma do que nos é adequado, e igualmente para distinguir, de toda outra, especificamente a realidade de que aqui se trata, tem uma tendência inevitável para girar em círculo, e não consegue evitar pressupor secretamente a moralidade que deve esclarecer) é, no entanto, melhor do que o conceito teológico, que deriva a moralidade de uma vontade divina, totalmente perfeita. Isto não apenas porque não intuímos sua perfeição, porém somente podemos derivá-la de nossos conceitos, dos quais a moralidade é o mais refinado, mas porque, se não o fizermos (pois, caso acontecesse, seria um círculo grosseiro na explicação), o único conceito que ainda resta de sua vontade, feito dos atributos da ânsia por glória e dominação, reunidos com terríveis representações de poder e vingança, teria de ser o fundamento de um sistema moral que seria justamente o contrário da moralidade.

*

Comentário: Kant pretende em relação aos princípios materiais objetivos defender que o conceito racional de perfeição decorre da lei moral e não o inverso. Em relação ao conceito teológico de perfeição, há duas críticas. A primeira consiste em defender que a nossa noção de divindade é antropomórfica e não pode, portanto, fundamentar a moralidade. Pois, a argumentação seria circular. Daríamos a Deus nossa moralidade para em seguida derivar a nossa moralidade de Deus. E, caso nossa concepção da divindade não fosse antropomórfica, ou seja, caso tivéssemos acesso direto a Deus, nosso respeito pela lei moral seria fundado no nosso temor a ele, e não na liberdade e na autonomia.

§86 Wenn ich aber zwischen dem Begriff des moralischen Sinnes und dem der Vollkommenheit überhaupt (die beide der Sittlichkeit wenigstens nicht Abbruch tun, ob sie gleich dazu gar nichts taugen, sie als Grundlagen zu unterstützen) wählen müßte: so würde ich mich für den letzteren bestimmen, weil, da er wenigstens die Entscheidung der Frage von der Sinnlichkeit ab und an den Gerichtshof der reinen Vernunft zieht, ob er gleich auch hier nichts entscheidet, dennoch die unbestimmte Idee (eines an sich guten Willens) zur nähern Bestimmung unverfälscht aufbehält.

*

Mas, caso eu tivesse de escolher entre o conceito de sentimento moral e o da perfeição em geral (embora ambos não sejam, no mínimo, nocivos à moralidade, eles igualmente não são adequados para lhe servir como fundamentos), decidir-me-ia pelo último, pois este, no mínimo, afasta a decisão da questão da sensibilidade e a atrai para o tribunal da razão pura, embora ele aqui igualmente também não decida nada, entretanto ele conserva sem adulteração para uma determinação mais precisa a ideia indeterminada (de uma vontade boa em si mesma).

*

Comentário: Os dois princípios materiais são inadequados, mas o de perfeição, pelo menos, não é empírico e, neste sentido, está mais próximo de uma verdadeira estimativa do valor moral.

§87 Übrigens Glaube ich einer weitläuftigen Widerlegung aller dieser Lehrbegriffe überhoben sein zu können. Sie ist so leicht, sie ist von denen selbst, deren Amt es erfordert, sich doch für eine dieser Theorien zu erklären (weil Zuhörer den Aufschub des Urteils nicht wohl leiden mögen), selbst vermutlich so wohl eingesehen, daß dadurch nur überflüssige Arbeit geschehen würde. Was uns aber hier mehr interessiert, ist, zu wissen: daß diese Prinzipien überall nichts als Heteronomie des Willens zum ersten Grunde der Sittlichkeit aufstellen, und eben darum notwendig ihres Zwecks verfehlen müssen.

*

De resto, creio que eu possa ser dispensado de uma refutação detalhada de todas essas doutrinas. A refutação é tão fácil e provavelmente tão bem reconhecida por aqueles mesmos cujo ofício exige que eles, no entanto, se declarem a favor de uma dessas teorias (porque seus ouvintes não tolerariam a suspensão do juízo), que ela seria meramente um trabalho supérfluo. Mas o que nos interessa mais aqui é saber que esses princípios sempre dão como fundamento inicial da moralidade nada senão heteronomia da vontade, e que justamente por isso têm necessariamente de malograr em seu fim.

*

Comentário: Kant acredita que não seja necessário oferecer uma refutação detalhada dos princípios materiais. Basta apenas mostrar que todos eles pressupõem heteronomia para mostrar o motivo de necessariamente fracassarem como princípios da moralidade.

§88 Allenthalben, wo ein Objekt des Willens zum Grunde gelegt werden muß, um diesem die Regel vorzuschreiben, die ihn bestimme, da ist die Regel nichts als Heteronomie; der Imperativ ist bedingt, nämlich: wenn oder weil man dieses Objekt will, soll man so oder so handeln; mithin kann er niemals moralisch, d. i. kategorisch, gebieten. Er mag nun das Objekt vermittelst der Neigung, wie beim Prinzip der eigenen Glückseligkeit, oder vermittelst der auf Gegenstände unseres möglichen Wollens überhaupt gerichteten Vernunft, im Prinzip der Vollkommenheit, den Willen bestimmen, so bestimmt sich der Wille niemals **unmittelbar** selbst durch die Vorstellung der Handlung, sondern nur durch die Triebfeder, welche die vorausgesehene Wirkung der Handlung auf den Willen hat; **ich soll etwas tun**, **darum**, **weil ich etwas anderes will**, und hier muß noch ein anderes Gesetz in meinem Subjekt zum Grunde gelegt werden, nach welchem ich dieses Andere notwendig will, welches Gesetz wiederum eines Imperativs bedarf, der diese Maxime einschränke. Denn weil der Antrieb, der die Vorstellung eines durch unsere Kräfte möglichen Objekts nach der Naturbeschaffenheit des Subjekts auf seinen Willen ausüben soll, zur Natur des Subjekts gehöret, es sei der Sinnlichkeit (der Neigung und des Geschmacks) oder des Verstandes und der Vernunft, die nach der besonderen Einrichtung ihrer Natur an einem Objekte sich mit Wohlgefallen üben, so gäbe eigentlich die Natur das Gesetz, welches, als ein solches, nicht allein durch Erfahrung erkannt und bewiesen werden muß, mithin an sich zufällig ist und zur apodiktischen praktischen Regel, dergleichen die moralische sein muß, dadurch untauglich wird, sondern es ist **immer nur Heteronomie des Willens**, der Wille gibt sich nicht selbst, sondern ein fremder Antrieb gibt ihm, vermittelst einer auf die Empfänglichkeit desselben gestimmten Natur des Subjekts, das Gesetz.

*

Em todo lugar onde um objeto da vontade tem de ser posto como fundamento para prescrever a regra que a determina, a regra não é senão heteronomia; o imperativo é condicionado, a saber, se porque se quer esse objeto, deve-se agir deste ou daquele modo; esse imperativo não pode, portanto, jamais mandar moralmente, ou seja, categoricamente. Quer o objeto determine a vontade por meio da inclinação, como no princípio da própria felicidade, quer por meio da razão dirigida para objetos do nosso possível querer em geral, como no princípio da perfeição, a vontade nunca determina a si mesma **imediatamente** por meio da representação da ação, mas somente mediante os móbeis que o efeito antecipado da ação tem sobre a vontade; **devo fazer alguma coisa porque quero outra coisa**; e aqui tem de ser posto ainda como fundamento em mim, o sujeito, uma outra lei, segundo a qual eu quero necessariamente esta outra coisa, cuja lei de novo necessita de um imperativo que limite essa máxima. Pois, dado que o impulso que a representação de um objeto, possibilitada por nossas forças, deve exercer, segundo a sua constituição natural, sobre a vontade do sujeito pertence à sua natureza, seja pela sensibilidade (inclinação e gosto), seja pelo entendimento e pela razão, que de acordo com a disposição especial de sua natureza se exercitam com satisfação sobre um objeto, a natureza seria a que propriamente daria a lei, e essa lei, como tal, não só tem de ser conhecida e comprovada pela experiência, como consequentemente é em si mesma contingente e por isso inadequada como regra prática apodítica, como tem de ser a lei moral, mas é **sempre somente heteronomia** da vontade; a vontade não dá a si mesma a lei, mas um impulso alheio lhe dá a lei por meio da natureza do sujeito, ajustada à receptividade deste.

*

Comentário: Resumindo, heteronomia sempre leva a imperativos hipotéticos, transformando a questão da moralidade em cálculo, no qual desaparecem as diferenças de valor porque desaparece a própria noção de medida, dado que a medida está na lei moral e não em algum motivo externo a ela.

§89 Der schlechterdings gute Wille, dessen Prinzip ein kategorischer Imperativ sein muß, wird also, in Ansehung aller Objekte unbestimmt, bloß die **Form des Wollens** überhaupt enthalten, und zwar als Autonomie, d. i. die Tauglichkeit der Maxime eines jeden guten Willens, sich selbst zum allgemeinen Gesetze zu machen, ist selbst das alleinige Gesetz, das sich der Wille eines jeden vernünftigen Wesens selbst auferlegt, ohne irgend eine Triebfeder und Interesse derselben als Grund unterzulegen.

*

A vontade absolutamente boa, cujo princípio tem de ser um imperativo categórico, será, portanto, indeterminada em vista de todos os objetos, conterá meramente a **forma do querer** como tal, e de fato como autonomia; ou seja, a adequação das máximas de toda vontade boa de modo a fazer de si mesmas uma lei universal é a única lei que a vontade de todo ser racional impõe a si mesma, sem subpor qualquer móbil ou interesse como fundamento.

*

Comentário: Em suma, o único princípio possível da moralidade está no imperativo categórico, e este pressupõe apenas a forma da lei, cujo conteúdo é a própria lei moral. Dizendo de outro modo, a moralidade forma um sistema fechado, cujas determinações são totalmente internas, *a priori* e necessárias.

FUNDAMENTAÇÃO DA METAFÍSICA DA MORAL

§90 Wie ein solcher synthetischer praktischer Satz a priori möglich und warum er notwendig sei, ist eine Aufgabe, deren Auflösung nicht mehr binnen den Grenzen der Metaphysik der Sitten liegt, auch haben wir seine Wahrheit hier nicht behauptet, viel weniger vorgegeben, einen Beweis derselben in unserer Gewalt zu haben. Wir zeigten nur durch -Entwickelung des einmal allgemein im Schwange gehenden Begriffs der Sittlichkeit: daß eine Autonomie des Willens demselben, unvermeidlicher Weise, anhänge, oder vielmehr zum Grunde liege. Wer also Sittlichkeit für Etwas, und nicht für eine chimärische Idee ohne Wahrheit, hält, muß das angeführte Prinzip derselben zugleich einräumen. Dieser Abschnitt war also, eben so, wie der erste, bloß analytisch. Daß nun Sittlichkeit kein Hirngespinst sei, welches alsdann folgt, wenn der kategorische Imperativ und mit ihm die Autonomie des Willens wahr, und als ein Prinzip *a priori* schlechterdings notwendig ist, erfordert einen **möglichen synthetischen Gebrauch der reinen praktischen Vernunft**, den wir aber nicht wagen dürfen, ohne eine Kritik dieses Vernunftvermögens selbst voranzuschicken, von welcher wir in dem letzten Abschnitte die zu unserer Absicht hinlängliche Hauptzüge darzustellen haben.

*

Como uma tal proposição sintética *a priori* é possível e por que ela é necessária é um problema cuja solução não se localiza mais dentro dos limites da metafísica moral; igualmente não afirmamos aqui sua verdade, muito menos pretendemos ter em nosso poder sua comprovação. Somente indicamos, pelo desenvolvimento do conceito universalmente recebido de moralidade, que uma autonomia da vontade está inevitavelmente ligada ao mesmo, ou melhor, está no seu fundamento. Quem, portanto, considere a moralidade como algo e não como ideia quimérica sem verdade, tem de admitir ao mesmo tempo o princípio enunciado dela. Por conseguinte, esta seção foi, como a primeira, puramente analítica. Ora, que a moralidade não seja fantasia alguma, e isto decorre de o imperativo categórico, e com ele a autonomia da vontade, ser um princípio *a priori* absolutamente necessário, exige-se um **possível uso sintético da razão prática pura**, a cujo uso, contudo, não temos o direito de nos aventurar sem começar por uma crítica desta própria capacidade da razão, cujos traços principais, suficientes para os nossos propósitos, exporemos na última seção.

*

Comentário: Mostrar que as determinações do imperativo categórico são *a priori* e possíveis será objeto de uma *Crítica da Razão Prática*. Aqui se indica apenas que, se um imperativo categórico for possível, ele terá que ser *a priori*, cujo fundamento tem de estar na autonomia, dado que qualquer outra condição torna impossível a própria ideia de imperativo categórico. A próxima seção tem como objetivo mostrar como as ideias de autonomia e liberdade possibilitam os juízos morais da consciência moral comum, ou seja, o método de exposição será sintético, distinto do utilizado nas duas primeiras seções, em que foi analítico.

DRITTER ABSCHNITT

TERCEIRA SEÇÃO

*

ÜBERGANG VON DER METAPHYSIK DER SITTEN
ZUR KRITIK DER REINEN PRAKTISCHEN VERNUNFT

TRANSIÇÃO DA METAFÍSICA DA MORAL PARA A CRÍTICA DA RAZÃO PRÁTICA PURA

*

DER BEGRIFF DER FREIHEIT IST DER SCHLÜSSEL
ZUR ERKLÄRUNG DER AUTONOMIE DES WILLENS

O CONCEITO DE LIBERDADE É A CHAVE PARA A EXPLICAÇÃO DA AUTONOMIA DA VONTADE

§1 Der **Wille** ist eine Art von Kausalität lebender Wesen, so fern sie vernünftig sind, und **Freiheit** würde diejenige Eigenschaft dieser Kausalität sein, da sie unabhängig von fremden sie **bestimmenden** Ursachen wirkend sein kann; so wie **Naturnotwendigkeit** die Eigenschaft der Kausalität aller vernunftlosen Wesen, durch den Einfluß fremder Ursachen zur Tätigkeit bestimmt zu werden.

*

A **vontade** é uma espécie de causalidade dos seres vivos na medida em que são racionais, e liberdade seria aquela propriedade dessa causalidade que pode ser eficiente independentemente de causas alheias que a **determinem**; assim como **necessidade natural** é a propriedade da causalidade de todos os seres irracionais de serem determinados à atividade pela influência de causas alheias.

*

Comentário: Resumindo, há dois tipos distintos de causalidade ligados a duas funções distintas da razão. O primeiro tipo origina-se da vontade e, comandado pelas ideias, constitui o domínio da razão prática, o do dever, o que exige uma doutrina moral que pressuponha a liberdade. O segundo tipo origina-se do entendimento e, comandado pelas categorias, define o domínio da razão teorética, e exige uma doutrina determinista da natureza.

§2 Die angeführte Erklärung der Freiheit ist **negativ**, und daher, um ihr Wesen einzusehen, unfruchtbar; allein es fließt aus ihr ein **positiver** Begriff derselben, der desto reichhaltiger und fruchtbarer ist. Da der Begriff einer Kausalität den von Gesetzen bei sich führt, nach welchen durch etwas, was wir Ursache nennen, etwas anderes, nämlich die Folge, gesetzt werden muß: so ist die Freiheit, ob sie zwar nicht eine Eigenschaft des Willens nach Naturgesetzen ist, darum doch nicht gar gesetzlos, sondern muß vielmehr eine Kausalität nach unwandelbaren Gesetzen, aber von besonderer Art sein; denn sonst wäre ein freier Wille ein Unding. Die Naturnotwendigkeit war eine Heteronomie der wirkenden Ursachen; denn jede Wirkung war nur nach dem Gesetze möglich, daß etwas anderes die wirkende Ursache zur Kausalität bestimmte; was kann denn wohl die Freiheit des Willens sonst sein, als Autonomie, d. i. die Eigenschaft des Willens, sich selbst ein Gesetz zu sein? Der Satz aber: der Wille ist in allen Handlungen sich selbst ein Gesetz, bezeichnet nur das Prinzip, nach keiner anderen Maxime zu handeln, als die sich selbst auch als ein allgemeines Gesetz zum Gegenstande haben kann. Dies ist aber gerade die Formel des kategorischen Imperativs und das Prinzip der Sittlichkeit: also ist ein freier Wille und ein Wille unter sittlichen Gesetzen einerlei.

*

A definição precedente de liberdade é **negativa**, e por isso infecunda para discernir a sua essência; contudo, flui dela um conceito **positivo** mais rico e fecundo. Pois o conceito de causalidade traz consigo o de leis, pelas quais, por meio de algo que chamamos causa, outra coisa, a saber o efeito, tem de ser posto; assim a liberdade, embora de fato não seja uma propriedade da vontade segundo leis naturais, não é por isso sem lei, mas tem de ser ao invés uma causalidade segundo leis imutáveis, no entanto, de tipo especial; pois caso contrário uma vontade livre seria um absurdo. A necessidade natural foi uma heteronomia de causas eficientes, pois todo efeito foi possível apenas segundo a lei de que alguma outra coisa determina a causa eficiente para a causalidade; então o que pode ser a liberdade da vontade senão autonomia, ou seja, a propriedade da vontade de ser para si mesma uma lei? Mas a proposição, a vontade é em todas as ações uma lei para si mesma, assinala apenas o princípio de agir por nenhuma outra máxima do que a que pode ter como objeto para si mesma uma lei universal. Mas isto é justamente a fórmula do imperativo categórico e o princípio da moralidade: portanto, vontade livre e vontade sob leis morais são uma e a mesma coisa.

*

Comentário: Liberdade não significa indiferença, mas independência de tudo que for exterior à vontade, ou seja, de tudo que for exterior à capacidade de agir segundo regras universais. A *CRP*, ao dar uma solução para a terceira antinomia, definiu a possibilidade de uma concepção cosmológica e transcendental de liberdade, isto é, liberdade sendo o poder de agir independentemente do mecanismo da natureza e de produzir por meio de uma causalidade inteligível, mas fora do tempo, uma série de fenômenos que se manifestam no tempo, de acordo com as leis naturais. Essa liberdade no sentido cosmológico é condição de possibilidade da liberdade no sentido prático, ou seja, a liberdade que se origina da possibilidade de uma vontade agir independente das condições empíricas em que ela se encontra. Kant aqui pretende mostrar o papel que a autonomia desempenha na liberdade pensada no seu sentido prático. Para tanto, é preciso explicitar a identidade entre moralidade e liberdade. Em outros termos, essa identidade afasta qualquer concepção de moral que pensa a moral como tendo uma fonte que resida fora da vontade livre do sujeito. Assim, estão afastadas todas as concepções que pressupõem que a moral tenha origem genética, na classe social, na história de vida, no instinto etc. A razão é muito simples: qualquer uma dessas concepções não pode defender uma posição universalista e necessária sobre a moral, porque, tudo contado, ela sempre repousará sobre condições particulares. Dizer que haveria uma identidade entre moralidade e liberdade não equivale a defender que o mal se origina do determinismo dos sentidos. Ao contrário, é defender uma concepção do mal que se origina exatamente da liberdade de escolher máximas más. No entanto, estas não podem almejar a universalidade, pois serão sempre excludentes.

§3   Wenn also Freiheit des Willens vorausgesetzt wird, so folgt die Sittlichkeit samt ihrem Prinzip daraus, durch bloße Zergliederung ihres Begriffs. Indessen ist das letztere doch immer ein synthetischer Satz: ein schlechterdings guter Wille ist derjenige, dessen Maxime jederzeit sich selbst, als allgemeines Gesetz betrachtet, in sich enthalten kann, denn durch Zergliederung des Begriffs von einem schlechthin guten Willen kann jene Eigenschaft der Maxime nicht gefunden werden. Solche synthetische Sätze sind aber nur dadurch möglich, daß beide Erkenntnisse durch die Verknüpfung mit einem dritten, darin sie beiderseits anzutreffen sind, unter einander verbunden werden. Der **positive** Begriff der Freiheit schafft dieses dritte, welches nicht, wie bei den physischen Ursachen, die Natur der Sinnenwelt sein kann (in deren Begriff die Begriffe von etwas als Ursache, in Verhältnis auf **etwas anderes** als Wirkung, zusammenkommen). Was dieses dritte sei, worauf uns die Freiheit weiset, und von dem wir a priori eine Idee haben, läßt sich hier sofort noch nicht anzeigen, und die Deduktion des Begriffs der Freiheit aus der reinen praktischen Vernunft, mit ihr auch die Möglichkeit eines kategorischen Imperativs, begreiflich machen, sondern bedarf noch einiger Vorbereitung.

*

Portanto, caso seja pressuposta liberdade da vontade, então se segue a moralidade com seus princípios somente da mera análise de seu conceito. Entretanto, esta última, uma vontade absolutamente boa, cuja máxima sempre pode conter a si mesma considerada como lei universal, é sempre uma proposição sintética; pois por meio da análise do conceito de vontade absolutamente boa não pode ser encontrada aquela propriedade da máxima. Mas tais proposições sintéticas só são possíveis por estarem ligados entre si dois conhecimentos mediante a conexão com um terceiro na qual ambas as partes se encontram. O conceito **positivo** de liberdade produz este terceiro que não pode ser, como no caso das causas físicas, a natureza do mundo sensível (em cujo conceito se reúnem os conceitos de algo como causa em relação com alguma outra coisa como efeito). O que seria este terceiro para o qual a liberdade nos aponta e do qual temos uma ideia *a priori* não pode ser mostrado aqui e agora, e nem tornar inteligíveis a dedução do conceito de liberdade por meio da razão prática pura e com ela também a possibilidade de um imperativo categórico, isto ainda carece de alguma preparação.

*

Comentário: Uma vontade livre é idêntica à moralidade, pois a análise do conceito de moralidade pressupõe o conceito de liberdade, ou seja, seria contraditório afirmar a moralidade e negar a liberdade da vontade. No entanto, uma vontade absolutamente boa implicar uma máxima que pode ser considerada como lei universal é uma proposição sintética e *a priori*, pois não pode ser comprovada pela experiência. Ela é sintética pois não seria logicamente contraditória uma vontade absolutamente boa e a máxima poder ser uma lei universal. Com certeza, torna impossível a concepção moral de Kant, mas não é logicamente contraditória. Em outros termos, a possibilidade da concepção moral de Kant reside em propor que uma vontade absolutamente boa está ligada a uma máxima que pode ser considerada como universal. Para fazer a ligação entre dois termos numa proposição sintética exige-se um terceiro termo. Este é para Kant a concepção positiva de liberdade. A negativa expressava um poder de escolha (*Willkür*) independente da necessidade derivada dos impulsos da sensibilidade. A positiva significa a posse de uma causalidade de tipo especial, ou seja, a de seguir leis dadas pela própria razão, portanto, a habilidade da razão de ser em si mesma prática.

FREIHEIT MUSS ALS EIGENSCHAFT DES WILLENS ALLER VERNÜNFTIGEN WESEN VORAUSGESETZT WERDEN

*

LIBERDADE TEM DE SER PRESSUPOSTA COMO PROPRIEDADE DA VONTADE DE TODOS OS SERES RACIONAIS

*

§4 Es ist nicht genug, daß wir unserem Willen, es sei aus welchem Grunde, Freiheit zuschreiben, wenn wir nicht ebendieselbe auch allen vernünftigen Wesen beizulegen hinreichenden Grund haben. Denn da Sittlichkeit für uns bloß als **vernünftige Wesen** zum Gesetze dient, so muß sie auch für alle vernünftige Wesen gelten, und da sie lediglich aus der Eigenschaft der Freiheit abgeleitet werden muß, so muß auch Freiheit als Eigenschaft des Willens aller vernünftigen Wesen bewiesen werden, und es ist nicht genug, sie aus gewissen vermeintlichen Erfahrungen von der menschlichen Natur darzutun (wiewohl dieses auch schlechterdings unmöglich ist und lediglich *a priori* dargetan werden kann), sondern man muß sie als zur Tätigkeit vernünftiger und mit einem Willen begabter Wesen überhaupt gehörig beweisen. Ich sage nun: Ein jedes Wesen, das nicht anders als **unter der Idee der Freiheit** handeln kann, ist eben darum, in praktischer Rücksicht, wirklich frei, d. i. es gelten für dasselbe alle Gesetze, die mit der Freiheit unzertrennlich verbunden sind, eben so, als ob sein Wille auch an sich selbst, und in der theoretischen Philosophie gültig, für frei erklärt würde.[17] Nun behaupte ich: daß wir jedem vernünftigen

---

[17] Diesen Weg, die Freiheit nur, als von vernünftigen Wesen bei ihren Handlung bloß in der **Idee** zum Grunde gelegt, zu unserer Absicht hinreichend anzunehmen, schlag ich deswegen ein, damit ich mich nicht verbindlich machen dürfte, die Freiheit auch in ihrer theoretischen Absicht zu beweisen. Denn wenn dieses letztere auch unausgemacht gelassen wird, so gelten doch dieselben Gesetz für ein Wesen, das nicht anders als unter der Idee seiner eigenen Freiheit handeln kann, die ein Wesen, das wirklich frei wäre, verbinden würden. Wir können uns hier also von der Last befreien, die die Theorie drückt.

Eu adoto esta via, suficiente para o nosso propósito, de supor a liberdade somente como posta por seres racionais meramente na ideia como fundamento de suas ações, para não me obrigar a comprovar a liberdade também no sentido teórico. Pois, mesmo que esta última seja deixada indeterminada, ainda assim valem as mesmas leis para um ser que não pode

Wesen, das einen Willen hat, notwendig auch die Idee der Freiheit leihen müssen, unter der es allein handle. Denn in einem solchen Wesen denken wir uns eine Vernunft, die praktisch ist, d. i. Kausalität in Ansehung ihrer Objekte hat. Nun kann man sich unmöglich eine Vernunft denken, die mit ihrem eigenen Bewußtsein in Ansehung ihrer Urteile anderwärts her eine Lenkung empfinge, denn alsdann würde das Subjekt nicht seiner Vernunft, sondern einem Antriebe die Bestimmung der Urteilskraft zuschreiben. Sie muß sich selbst als Urheberin ihrer Prinzipien ansehen unabhängig von fremden Einflüssen, folglich muß sie als praktische Vernunft, oder als Wille eines vernünftigen Wesens von ihr selbst als frei angesehen werden; d. i. der Wille desselben kann nur unter der Idee der Freiheit ein eigener Wille sein und muß also in praktischer Absicht allen vernünftigen Wesen beigelegt werden.

*

Não basta que atribuamos liberdade à nossa vontade, seja qual for o fundamento, caso não tivermos exatamente o mesmo fundamento suficiente para também o imputar a todos os seres racionais. Pois, dado que a moralidade serve como lei para nós somente como seres racionais, ela também tem de valer para todos os seres racionais, e dado que ela tem de ser derivada meramente da propriedade da liberdade, então a liberdade tem de ser comprovada como propriedade da vontade de todos os seres racionais; e não basta demonstrá-la por meio de certas supostas experiências da natureza humana (embora isto também seja absolutamente impossível e só possa ser estabelecido *a priori*), mas tem de ser comprovada como pertencente à atividade de seres racionais e dotados de vontade em geral. Ora, digo que todo ser que não pode agir senão **sob a ideia de liberdade** é justamente aquele que do ponto de vista prático é efetivamente livre, ou

---

agir senão sob a ideia de sua própria liberdade como elas obrigariam um ser que fosse verdadeiramente livre. Portanto, podemos aqui nos libertar do fardo que pesa sobre a teoria.

Comentário: Na medida em que Kant pressupõe que a liberdade seja uma ideia da razão, portanto, que seres racionais justificariam como fundamento de suas ações o fato de serem livres, não é preciso demonstrar teoricamente a liberdade, ou seja, que ela exista de fato no mundo empírico, pois é suficiente dizer que um homem moral é um ser que não pode agir senão sob a ideia de sua própria liberdade. Mais tarde, Kant dirá que a liberdade é um fato da razão.

seja, para ele valem todas as leis inseparavelmente ligadas à liberdade, exatamente como se sua vontade tivesse sido declarada livre também em si mesma e de forma válida na filosofia teorética.[17] Ora, assinalo que para todo ser racional que tem uma vontade temos necessariamente de emprestar também a ideia de liberdade, a única sob a qual ele age. Pois em tal ser nós pensamos uma razão que é prática, ou seja, que tem uma causalidade em vista de seus objetos. Ora, é impossível pensar uma razão que com a sua própria consciência recebesse em vista de seus juízos direção de qualquer outro lugar, pois então o sujeito atribuiria a determinação do poder de julgar não à sua razão, mas a um impulso. Ela tem de considerar-se a si mesma como autora de seus princípios, independentemente de influências alheias; consequentemente, ela tem, como razão prática ou como vontade de um ser racional, de ver a si mesma como livre, ou seja, a vontade dele somente pode ser uma vontade própria sob a ideia da liberdade e, portanto, tem de ser atribuída no sentido prático a todo ser racional.

*

Comentário: Primeiro: não pode haver prova empírica da liberdade no mundo natural porque este está submetido ao determinismo. Portanto, a noção de liberdade é uma noção inteligível e não sensível. Nesse sentido, justifica-se o título da presente seção: a liberdade tem de ser pressuposta como propriedade da vontade de todos os seres racionais. Para dar-se conta da liberdade do ponto de vista inteligível, é suficiente reconhecer que um ser racional age em função de sua razão para reconhecer que ele age independente de qualquer condição empírica e é, portanto, livre. No segundo prefácio à *CRP*, Kant observa: "Ora, suponha que a moralidade necessariamente pressuponha liberdade (no seu sentido mais estrito) como uma propriedade de nossa vontade, visto que ela coloca *a priori*, como dados da razão, princípios práticos que têm sua origem nesta mesma razão e que seriam absolutamente impossíveis sem a suposição desta liberdade; admitamos ainda que a razão especulativa tenha provado que esta liberdade não pode ser concebida de modo algum; é preciso então necessariamente que essa suposição, a suposição moral, recue diante daquela cujo contrário contém uma contradição manifesta, por consequência, que a liberdade e com ela a moralidade (cujo contrário não encerra contradição quando a liberdade não é previamente pressuposta) cedam lugar ao mecanismo da natureza". Em outras palavras, uma concepção sensível de moralidade encerra uma contradição, pois ao mesmo tempo afirma a liberdade (porque é moral) e nega a liberdade (porque é sensível). Segundo, não se pode supor uma razão que receba uma determinação de fora, pois, neste caso, a determinação não estaria nas regras da razão, mas em algo que lhe é espúrio e, portanto, a razão deixaria de ser a razão. Exemplificando, caso eu introduza uma consideração externa à lógica para decidir um passo numa dedução lógica, a dedução não é mais lógica, mas fruto dessa determinação. Finalmente, pelo mesmo motivo não se pode conceber um ser racional que não seja livre; se ele deixar de sê-lo, ele deixa de ser racional.

VON DEM INTERESSE, WELCHES DEN IDEEN DER SITTLICHKEIT ANHÄNGT

*

DO INTERESSE LIGADO ÀS IDEIAS DE MORALIDADE

*

§5 Wir haben den bestimmten Begriff der Sittlichkeit auf die Idee der Freiheit zuletzt zurückgeführt; diese aber könnten wir, als etwas Wirkliches, nicht einmal in uns selbst und in der menschlichen Natur beweisen; wir sahen nur, daß wir sie voraussetzen müssen, wenn wir uns ein Wesen als vernünftig und mit Bewußtsein seiner Kausalität in Ansehung der Handlungen, d. i. mit einem Willen begabt, uns denken wollen, und so finden wir, daß wir aus eben demselben Grunde jedem mit Vernunft und Willen begabten Wesen diese Eigenschaft, sich unter der Idee seiner Freiheit zum Handeln zu bestimmen, beilegen müssen.

*

Finalmente reduzimos o conceito determinado de moralidade à ideia de liberdade, mas não pudemos comprová-la como algo efetivo nem sequer em nós mesmos e na natureza humana; vimos apenas que temos de pressupô-la caso quisermos pensar um ser como racional e com consciência de sua causalidade em vista das ações, ou seja, dotado de vontade, e, portanto, encontramos justamente pelos mesmos fundamentos que temos de assinalar a todo ser dotado de razão e vontade esta propriedade de se determinar a agir sob a ideia de sua liberdade.

*

Comentário: Este parágrafo resume a seção anterior, a saber, a razão teórica não pode demonstrar a liberdade e tampouco o ato livre. Ambos, liberdade e ato livre, são noções inteligíveis e não sensíveis. Para demonstrar a realidade da liberdade, seria preciso que nós tivéssemos uma intuição intelectual, o que não temos: nossa intuição é totalmente sensível. A suposição da liberdade é, portanto, objetiva somente do ponto de vista prático, e não do ponto de vista teórico.

§6 Es floß aber aus der Voraussetzung dieser Ideen auch das Bewußtsein eines Gesetzes zu handeln: daß die subjektiven Grundsätze der Handlungen d. i. Maximen, jederzeit so genommen werden müssen, daß sie auch objektiv, d. i. allgemein als Grundsätze, gelten, mithin zu unserer eigenen allgemeinen Gesetzgebung dienen können. Warum aber soll ich mich denn diesem Prinzip unterwerfen, und zwar als vernünftiges Wesen überhaupt, mithin auch dadurch alle andere mit Vernunft begabte Wesen? Ich will einräumen, daß mich hiezu kein Interesse **treibt**, denn das würde keinen kategorischen Imperativ geben; aber ich muß doch hieran notwendig ein Interesse **nehmen** und einsehen, wie das zugeht; denn dieses Sollen ist eigentlich ein Wollen, das unter der Bedingung für jedes vernünftige Wesen gilt, wenn die Vernunft bei ihm ohne Hindernisse praktisch wäre; für Wesen, die, wie wir, noch durch Sinnlichkeit, als Triebfedern anderer Art, affiziert werden, bei denen es nicht immer geschieht, was die Vernunft für sich allein tun würde, heißt jene Notwendigkeit der Handlung nur ein Sollen, und die subjektive Notwendigkeit wird von der objektiven unterschieden.

*

Mas também decorre do pressuposto dessa ideia a consciência de uma lei para agir: que os princípios subjetivos das ações, ou seja, máximas, têm de ser sempre adotados de modo que também valham como objetivos, isto é, valham universalmente como princípios, de modo que possam servir para nossa própria legislação universal. Mas por que devo eu submeter-me a esse princípio e de fato como ser racional em geral, portanto, também desse modo todos os outros seres dotados de razão? Estou pronto a admitir que não me **impele** a isto interesse algum, pois não forneceria imperativo categórico algum; mas, no entanto, tenho de **tomar** necessariamente interesse por isso e discernir como se chega a isso; pois este dever é propriamente um querer, válido para todo ser racional sob a condição de que nele a razão seja prática sem impedimento; mas, para seres como nós, também afetados pela sensibilidade como por móbeis de outro tipo, para seres a quem nem sempre ocorre o que a razão por si só faria, aquela necessidade de ação chama-se dever, e a necessidade subjetiva é distinguida da necessidade objetiva.

*

Comentário: Mais uma vez Kant distingue entre uma ação feita em função de uma máxima que pode ser universalizada e uma ação feita em função de um objeto. No primeiro caso, o interesse é prático, puro; no segundo, é empírico, patológico. A distinção é feita várias vezes durante a obra e deveria servir para recordar que o imperativo moral não é um imperativo técnico e que, portanto, a questão moral não é uma questão cognitiva. Em um ser totalmente racional, ou seja, sem impedimento prático, a vontade coincide com a racionalidade, ou seja, dever é igual a querer, e a vontade, como faculdade de desejar, exprime a lei moral. Em seres finitos, sujeitos às condições empíricas, não há coincidência entre vontade e racionalidade, e, assim, a moral aparece como dever, isto é, eu devo querer que a minha ação decorra de uma máxima (subjetivo) que possa ser uma lei moral (objetivo).

§7 Es scheint also, als setzten wir in der Idee der Freiheit eigentlich das moralische Gesetz, nämlich das Prinzip der Autonomie des Willens selbst, nur voraus, und könnten seine Realität und objektive Notwendigkeit nicht für sich beweisen, und da hätten wir zwar noch immer etwas ganz Beträchtliches dadurch gewonnen, daß wir wenigstens das echte Prinzip genauer, als wohl sonst geschehen, bestimmt hätten, in Ansehung seiner Gültigkeit aber, und der praktischen Notwendigkeit, sich ihm zu unterwerfen, wären wir um nichts weiter gekommen; denn wir könnten dem, der uns fragte, warum denn die Allgemeingültigkeit unserer Maxime, als eines Gesetzes, die einschränkende Bedingung unserer Handlungen sein müsse, und worauf wir den Wert gründen, den wir dieser Art zu handeln beilegen, der so groß sein soll, daß es überall kein höheres Interesse geben kann, und wie es zugehe, daß der Mensch dadurch allein seinen persönlichen Wert zu fühlen glaubt, gegen den der, eines angenehmen oder unangenehmen Zustandes, für nichts zu halten sei, keine genugtuende Antwort geben.

*

Parece, portanto, que na ideia da liberdade só pressupusemos propriamente a lei moral, a saber, o próprio princípio da autonomia da vontade, e sem podermos provar por si mesma sua realidade e sua necessidade objetiva; e ainda assim teríamos obtido algo bastante considerável, pois teríamos determinado, pelo menos, o princípio genuíno de forma mais acurada que anteriormente, mas, com respeito à sua validade e à necessidade prática de se submeter a ele, não teríamos avançado muito; pois caso alguém nos perguntasse por que a validade universal de nossas máximas como lei tem de ser a condição limitante de nossas ações e no que fundamos o valor que conferimos a esse modo de agir, que deve ser tão grande que não pode haver em lugar algum interesse maior, e como ocorre que o homem somente por seu intermédio acredite sentir o seu valor pessoal, em comparação com o qual uma situação agradável ou desagradável é considerada como nada, não daríamos resposta satisfatória alguma.

*

Comentário: Como a ideia de liberdade pressupõe a lei moral e dado que uma ideia não tem realização empírica, evidentemente a lei moral não tem realização empírica alguma. Assim, a vontade, como faculdade de governar a ação segundo regras, é no caso da lei moral absolutamente autônoma em relação a qualquer determinação empírica. Mas estas considerações não demonstram que realmente exista algo como a realidade e a necessidade objetiva da autonomia da vontade. Elas apenas indicam que uma concepção moral necessária e universal não pode ser dependente de considerações empíricas, e caso ela envolva a ideia de liberdade, ela tem de pressupor a autonomia da vontade. Nesse sentido, a questão de por que o valor moral é independente de qualquer consideração empírica e por que ele é o maior valor não pode ser respondida.

§8 Zwar finden wir wohl, daß wir an einer persönlichen Beschaffenheit ein Interesse nehmen können, die gar kein Interesse des Zustandes bei sich führt, wenn jene uns nur fähig macht, des letzteren teilhaftig zu werden, im Falle die Vernunft die Austeilung desselben bewirken sollte, d. i. daß die bloße Würdigkeit, glücklich zu sein, auch ohne den Bewegungsgrund, dieser Glückseligkeit teilhaftig zu werden, für sich interessieren könne: aber dieses Urteil ist in der Tat nur die Wirkung von der schon vorausgesetzten Wichtigkeit moralischer Gesetze (wenn wir uns durch die Idee der Freiheit von allem empirischen Interesse trennen); aber, daß wir uns von diesem trennen, d. i. uns als frei im Handeln betrachten, und so uns dennoch für gewissen Gesetzen unterworfen halten sollen, um einen Wert bloß in unserer Person zu finden, der uns allen Verlust dessen, was unserem Zustande einen Wert verschafft, vergüten könne, und wie dieses möglich sei, mithin **woher das moralische Gesetz verbinde**, können wir auf solche Art noch nicht einsehen.

*

De fato descobrimos que podemos ter interesse por uma qualidade pessoal que não traz em si mesma interesse algum pela situação, caso ela nos torne pelo menos capazes de participar desta última no caso em que a razão deve efetuar a sua distribuição, ou seja, que a mera dignidade de ser feliz, mesmo sem o móbil de participar dessa felicidade, possa interessar por si mesma; mas esse juízo é de fato somente o efeito da já pressuposta importância das leis morais (quando nos separamos por meio da ideia de liberdade de todo interesse empírico); mas, deste modo, ainda não podemos discernir que devamos nos separar de tal interesse, ou seja, considerar-nos como livres no agir, e que ainda assim devamos nos considerar submetidos a certas leis, para descobrir valor somente em nossa pessoa que possa nos compensar da perda de tudo que confere valor à nossa situação; e não podemos ainda discernir como isto seria possível e, portanto, **como ocorre que a lei moral obrigue**.

*

Comentário: Kant prossegue em buscar uma resposta satisfatória. Ele recorda que de fato há uma qualidade pessoal, ser digno de ser feliz, que está relacionada à questão de saber o motivo de a lei moral ser livre de todo interesse empírico. Assim, ser digno de ser feliz opõe-se à concepção de que a moralidade consista na busca da felicidade, pois coloca de novo o interesse no empírico e não em algo *a priori*. Mas continuamos sem saber o "woher das moralische Gesetz verbinde", ou seja, como é possível que sejamos obrigados pela lei moral, pois o "*woher*" não tem o sentido de um lugar, como aparece em certa tradução para o português com o uso do termo "donde", mas o sentido de "como ocorre que a lei moral obrigue?".

§9 Es zeigt sich hier, man muß es frei gestehen, eine Art von Zirkel, aus dem, wie es scheint, nicht heraus zu kommen ist. Wir nehmen uns in der Ordnung der wirkenden Ursachen als frei an, um uns in der Ordnung der Zwecke unter sittlichen Gesetzen zu denken, und wir denken uns nachher als diesen Gesetzen unterworfen, weil wir uns die Freiheit des Willens beigelegt haben; denn Freiheit und eigene Gesetzgebung des Willens sind beides Autonomie, mithin Wechselbegriffe, davon aber einer eben um deswillen nicht dazu gebraucht werden kann, um den anderen zu erklären und von ihm Grund anzugeben, sondern höchstens nur, um, in logischer Absicht, verschieden scheinende Vorstellungen von eben demselben Gegenstande auf einen einzigen Begriff (wie verschiedne Brüche gleichen Inhalts auf die kleinsten Ausdrücke) zu bringen.

*

Tem de se confessar francamente que se revela aqui uma espécie de círculo do qual, aparentemente, não se pode escapar. Nós nos supusemos como livres na ordem das causas eficientes de modo a nos pensar sob leis morais na ordem dos fins; e nos pensamos mais tarde como submetidos a essas leis porque nos atribuímos a liberdade da vontade; pois liberdade e uma legislação própria da vontade são ambas autonomia, portanto, conceitos recíprocos, mas, por essa mesma razão, um não pode ser usado para explicar o outro e para dar o seu fundamento, mas no máximo ser usado somente para o propósito lógico de reduzir representações aparentemente diferentes do mesmo objeto a um único conceito (como diferentes frações do mesmo valor são reduzidas à sua expressão mais simples).

*

Comentário: O círculo envolve as noções de liberdade e de moralidade, pois para nos considerarmos morais tivemos de nos pensar como livres, ou seja, livres da determinação natural; mas como seres morais temos de ser livres; assim, os conceitos de moralidade e liberdade envolvem um círculo de modo que não se pode usar um para explicar o outro, mas ambos expressam autonomia.

§10 Eine Auskunft bleibt uns aber noch übrig, nämlich zu suchen: ob wir, wenn wir uns, durch Freiheit, als *a priori* wirkende Ursachen denken, nicht einen anderen Standpunkt einnehmen, als wenn wir uns selbst nach unseren Handlungen als Wirkungen, die wir vor unseren Augen sehen, uns vorstellen.

⁎

Mas ainda resta para nós um recurso, a saber, procurar se, quando nós, por meio da liberdade, nos pensamos como causas eficientes *a priori*, não nos colocamos de um ponto de vista distinto do que quando representamos a nós mesmos, segundo nossas ações, como efeitos que vemos diante de nossos olhos.

⁎

Comentário: O recurso consiste em distinguir entre mundo sensível, ou seja, mundo dado como fenômeno, e mundo inteligível, em que se representa a coisa como ela é em si mesma. Em outros termos, esses dois mundos representam dois pontos de vista distintos que não podem ser assimilados sob uma noção comum. Em outros termos, talvez a questão da moralidade tenha sido tratada como se referindo ao mundo sensível quando na realidade ela é da ordem do mundo inteligível; ou seja, fizemos uma transposição indevida do que tem sentido no domínio do fenômeno para a esfera prática, a qual não é da ordem do fenômeno, e os conceitos de liberdade e moralidade apareceram para nós como envolvendo uma circularidade.

§11 Es ist eine Bemerkung, welche anzustellen eben kein subtiles Nachdenken erfordert wird, sondern von der man annehmen kann, daß sie wohl der gemeinste Verstand, obzwar, nach seiner Art, durch eine dunkele Unterscheidung der Urteilskraft, die er Gefühl nennt, machen mag: daß alle Vorstellungen, die uns ohne unsere Willkür kommen (wie die der Sinne), uns die Gegenstände nicht anders zu erkennen geben, als sie uns affizieren, wobei, was sie an sich sein mögen, uns unbekannt bleibt, mithin daß, was diese Art Vorstellungen betrifft, wir dadurch, auch bei der angestrengtesten Aufmerksamkeit und Deutlichkeit, die der Verstand nur immer hinzufügen mag, doch bloß zur Erkenntnis der **Erscheinungen**, niemals der **Dinge an sich selbst** gelangen können. Sobald dieser Unterschied (allenfalls bloß durch die bemerkte Verschiedenheit zwischen den Vorstellungen, die uns anders woher gegeben werden, und dabei wir leidend sind, von denen, die wir lediglich aus uns selbst hervorbringen, und dabei wir unsere Tätigkeit beweisen) einmal gemacht ist, so folgt von selbst, daß man hinter den Erscheinungen doch noch etwas anderes, was nicht Erscheinung ist, nämlich die Dinge an sich, einräumen und annehmen müsse, ob wir gleich uns von selbst bescheiden, daß, da sie uns niemals bekannt werden können, sondern immer nur, wie sie uns affizieren, wir ihnen nicht näher treten, und, was sie an sich sind, niemals wissen können. Dieses muß eine, obzwar rohe, Unterscheidung einer **Sinnenwelt** von der **Verstandeswelt** abgeben, davon die erstere, nach Verschiedenheit der Sinnlichkeit in mancherlei Weltbeschauern, auch sehr verschieden sein kann, indessen die zweite, die ihr zum Grunde liegt, immer dieselbe bleibt. So gar sich selbst und zwar nach der Kenntnis, die der Mensch durch innere Empfindung von sich hat, darf er sich nicht anmaßen zu erkennen, wie er an sich selbst sei. Denn da er doch sich selbst nicht gleichsam schafft, und seinen Begriff nicht *a priori*, sondern empirisch bekommt, so ist natürlich, daß er auch von sich durch den innern Sinn und folglich nur durch die Erscheinung seiner Natur, und die Art, wie sein Bewußtsein affiziert wird, Kundschaft einziehen könne, indessen er doch notwendiger Weise über diese aus lauter Erscheinungen zusammengesetzte Beschaffenheit seines eigenen Subjekts noch etwas anderes zum Grunde Liegendes, nämlich sein Ich, so wie es an sich selbst beschaffen sein mag, annehmen, und sich also in Absicht auf die bloße Wahrnehmung und Empfänglichkeit der Empfindungen zur **Sinnenwelt**, in Ansehung dessen aber, was in ihm reine Tätigkeit sein mag (dessen, was gar nicht durch Affizierung der Sinne, sondern unmittelbar zum Bewußtsein gelangt), sich zur **intellektuellen** Welt zählen muß, die er doch nicht weiter kennt.

*

Há uma observação que não requer reflexão sutil alguma, mas que se pode supor que o entendimento mais comum possa fazer, embora ao seu modo, por meio de uma diferenciação obscura do poder de julgar, que ele chama de sentimento: que todas as representações que nos chegam sem nosso arbítrio (como as dos sentidos) nos dão a conhecer os objetos a não ser como eles nos afetam, e permanecemos ignorantes de como eles possam ser em si mesmos, de modo que, no que respeita a representações desse tipo, mesmo com o maior esforço de atenção e clareza que o entendimento possa acrescentar aí, nós só chegamos ao conhecimento dos **fenômenos**, nunca das **coisas em si mesmas**. Tão logo essa diferenciação tenha sido feita (talvez meramente pela diferença assinalada entre as representações dadas a nós de outro lugar e nas quais somos passivos e aquelas que simplesmente produzimos por nós mesmos e nas quais comprovamos nossa atividade), segue-se dela que temos de admitir e pressupor por trás dos fenômenos alguma outra coisa que não é fenômeno, ou seja, as coisas em si, embora, desde que nós nunca possamos nos familiarizar com elas, mas somente com como elas nos afetam, igualmente temos de nos resignar a ser incapazes de nos aproximar mais delas ou a jamais conhecê-las como elas são em si mesmas. Disto tem de resultar a distinção, embora grosseira, entre um **mundo dos sentidos** e um **mundo do entendimento**, o primeiro dos quais, segundo a diferença de sensibilidade em vários observadores do mundo, pode ser muito diferente, enquanto o segundo, que é seu fundamento, permanece sempre o mesmo. Mesmo em relação a si e de fato segundo o conhecimento que o homem tem de si por meio do sentido interno, ele não pode se arrogar de conhecer-se como ele é em si mesmo. Pois, dado que ele, por assim dizer, não cria a si mesmo e não obtém seu conceito *a priori*, mas empiricamente, é natural que ele também possa obter informação mesmo sobre si por meio do sentido interno e consequentemente só por meio do fenômeno de sua natureza e pelo modo como a sua consciência é afetada, embora tenha de admitir necessariamente, além dessa constituição do seu próprio sujeito, construída de nada senão de fenômenos, uma outra coisa ainda que repousa no seu fundamento, a saber, seu eu, tal como ele possa ser constituído em si mesmo; e assim, no que respeita a mera percepção e receptividade das sensações, ele tem de contar a si mesmo como pertencente ao **mundo dos sentidos**, mas, no que respeita ao que nele possa ser pura atividade (aquilo que alcança a consciência imediatamente e não por meio da afecção dos sentidos), ele tem de contar a si como pertencente ao mundo **intelectual**, do qual, no entanto, ele nada mais sabe.

*

Comentário: Kant acredita que mesmo o entendimento comum seja capaz de distinguir entre o mundo dos fenômenos, em relação ao qual somos passivos, pois devemos ser afetados por algo, e o mundo das coisas em si mesmas. Essa distinção tem o estatuto de uma ideia. Segundo ela, o primeiro é o domínio do condicionado, do qual podemos ter conhecimento. O segundo constitui o campo do incondicionado, do qual não podemos ter qualquer conhecimento. Em relação a este último, embora não possa haver conhecimento, é possível pensá-lo. E a possibilidade de pensá-lo está ligada à atividade do ser humano como ser racional, ou seja, à pura atividade do entendimento. "Puro" significa independente de condições empíricas. No sentido em que o ser humano é capaz de pensar, ele pertence ao mundo intelectual. Ser capaz de pensar não significa ser capaz de conhecer. Os objetos que podem ser conhecidos são os objetos apreendidos sob as formas puras do espaço e do tempo. Assim, o mundo intelectual está fora do espaço e do tempo. A moral, como pressupõe uma vontade pura, logo incondicionada, está fora da experiência sensível; mas, exatamente por estar fora da esfera sensível, ela não pode ser conhecida, somente pensada. Pela mesma razão, a moral não está vinculada ao sentido interno, ou seja, as proposições morais não podem ser pensadas como proposições psicológicas. Assim, o próprio sujeito não pode ser o fundamento da moralidade; esse fundamento está na racionalidade. Em suma, a moralidade pertence ao mundo intelectual e não ao mundo sensível. Caso ela pertencesse ao mundo sensível, seus critérios iriam variar de sujeito para sujeito; justamente por pertencer ao mundo intelectual, dela pode ser dito que tem um princípio comum a todos os seres racionais. Os homens participam desse mundo na medida em que são capazes de racionalidade.

§12 Dergleichen Schluß muß der nachdenkende Mensch von allen Dingen, die ihm vorkommen mögen, fällen; vermutlich ist er auch im gemeinsten Verstande anzutreffen, der, wie bekannt, sehr geneigt ist, hinter den Gegenständen der Sinne noch immer etwas Unsichtbares, für sich selbst Tätiges, zu erwarten, es aber wiederum dadurch verdirbt, daß er dieses Unsichtbare sich bald wiederum versinnlicht, d. i. zum Gegenstande der Anschauung machen will, und dadurch, also nicht um einen Grad klüger wird.

*

O homem reflexivo tem de chegar a uma conclusão semelhante sobre todas as coisas que se lhe apresentem; provavelmente também se encontre no entendimento mais comum, que, como sabemos, é muito inclinado a esperar por trás dos objetos dos sentidos alguma outra coisa invisível e por si mesma ativa; mas logo arruína isso ao tornar rapidamente o invisível de novo em algo sensível, ou seja, ao querer torná-lo um objeto da intuição, e não se torna, com isso, nem um pouco mais judicioso.

*

Comentário: Aqui está o problema do entendimento comum. Embora também faça uma distinção entre o que é da ordem do sensível e o que não é, o entendimento comum tem uma tendência a pensar o que é inteligível como se fosse objeto da intuição. Assim, por exemplo, embora as pessoas reconheçam que Deus é algo distinto dos homens, elas tendem rapidamente a absorver Deus numa representação antropomórfica. No caso presente, embora a consciência comum tenda a valorar o ato moral na medida em que ele se afasta de inclinações ou desejos, não consegue entender a moral como sendo algo que não pode ser objeto de intuição, e assim acaba por entender a moral ainda dentro de uma métrica adequada ao mundo sensível, mas não ao mundo inteligível.

§13 Nun findet der Mensch in sich wirklich ein Vermögen, dadurch er sich von allen andern Dingen, ja von sich selbst, so fern er durch Gegenstände affiziert wird, unterscheidet, und das ist die **Vernunft**. Diese, als reine Selbsttätigkeit, ist sogar darin noch über den **Verstand** erhoben: daß, obgleich dieser auch Selbsttätigkeit ist, und nicht, wie der Sinn, bloß Vorstellungen enthält, die nur entspringen, wenn man von Dingen affiziert (mithin leidend) ist, er dennoch aus seiner Tätigkeit keine andere Begriffe hervorbringen kann, als die, so bloß dazu dienen, um die **sinnlichen Vorstellungen unter Regeln zu bringen** und sie dadurch in einem Bewußtsein zu vereinigen, ohne welchen Gebrauch der Sinnlichkeit er gar nichts denken würde, da hingegen die Vernunft unter dem Namen der Ideen eine so reine Spontaneität zeigt, daß sie dadurch weit über alles, was ihr Sinnlichkeit nur liefern kann, hinausgeht, und ihr vornehmstes Geschäfte darin beweiset, Sinnenwelt und Verstandeswelt von einander zu unterscheiden, dadurch aber dem Verstande selbst seine Schranken vorzuzeichnen.

*

Ora, o homem efetivamente encontra em si uma capacidade pela qual ele se distingue de todas as outras coisas, mesmo de si mesmo, na medida em que é afetado por objetos, e que é a **razão**. Esta, como pura atividade própria, eleva-se até acima do **entendimento** por isto: embora este último também seja uma atividade própria e não contenha, como os sentidos, meras representações que só surgem quando se é afetado por coisas (portanto, de forma passiva), ainda assim não pode produzir de sua atividade qualquer outro conceito senão os que servem meramente **para colocar representações sensíveis sob regras** e assim reuni-las numa consciência, sem o que o uso da sensibilidade não poderia de modo algum ser pensado; mas a razão, ao contrário, revela no que chamamos ideias uma espontaneidade tão pura que vai muito além de tudo que a sensibilidade possa lhe fornecer, e comprova sua mais alta ocupação ao distinguir um do outro o mundo dos sentidos e o mundo do entendimento, assim marcando para o próprio entendimento os seus limites.

*

Comentário: Kant claramente defende a superioridade da razão sobre o entendimento. Embora ambas as capacidades sejam espontâneas, ou seja, independam de condições empíricas, a razão é superior no sentido de estar completamente desvinculada do empírico, isto é, de revelar uma espontaneidade tão pura, que ela pode demarcar e distinguir o mundo sensível do mundo inteligível. Dito de outro modo, as categorias do entendimento são condições formais da possibilidade de objetos do ponto de vista sensível ("colocar representações sensíveis sob regras e reuni-las numa consciência", proposição na qual o termo *consciência* é usado no sentido lógico, como condição formal da síntese das representações, e não no sentido psicológico ou transcendente); mas as ideias da razão, por não terem relação alguma com o campo empírico, são condições formais do mundo inteligível. No mundo inteligível, Deus, a alma, o mundo como totalidade, ou seja, os incondicionados, são representados como eles são em si; no entanto, não podem ser transformados em objetos teóricos. Aliás, cabe ressaltar que um dos méritos de Kant foi o de ter pensado a razão de tal modo que ela não é sinônimo de cognição. A diferença entre razão teórica e razão prática está justamente em mostrar que a função cognitiva está ligada apenas ao seu uso teórico, que a razão é na sua atividade essencialmente prática. Em outras palavras, a diferença fundamental em Kant entre normativo (função da Razão) e construtivo (função do Entendimento).

§14 Um deswillen muß ein vernünftiges Wesen sich selbst, **als Intelligenz** (also nicht von Seiten seiner untern Kräfte), nicht als zur Sinnen-, sondern zur Verstandeswelt gehörig, ansehen; mithin hat es zwei Standpunkte, daraus es sich selbst betrachten, und Gesetze des Gebrauchs seiner Kräfte, folglich aller seiner Handlungen, erkennen kann, **einmal**, so fern es zur Sinnenwelt gehört, unter Naturgesetzen (Heteronomie), **zweitens**, als zur intelligibelen Welt gehörig, unter Gesetzen, die, von der Natur unabhängig, nicht empirisch, sondern bloß in der Vernunft gegründet sind.

*

Por causa disso um ser racional tem de ver a si mesmo **como inteligência** (portanto não pelo lado de suas forças inferiores), como pertencendo não ao mundo dos sentidos, mas ao mundo do entendimento; logo, ele tem dois pontos de vista pelos quais ele pode considerar a si mesmo e reconhecer as leis para o uso de suas forças e consequentemente de todas as suas ações; **primeiro**, na medida em que ele pertence ao mundo dos sentidos, sob as leis naturais (heteronomia); **segundo**, como pertencente ao mundo inteligível, sob leis que, independentes da natureza, não são empíricas, mas meramente fundadas na razão.

*

Comentário: Dizer que o ser racional é uma inteligência não é defender que ele seja um ser cognitivo, mas sim, no mesmo sentido que mencionado acima, uma personalidade moral. Não por acaso, Philonenko (nota 137) aproxima o termo *inteligência* do termo *espírito*. A dualidade dos mundos significa, do ponto de vista moral, a oposição entre autonomia (mundo inteligível) e heteronomia (mundo sensível). Toda concepção moral baseada no empírico implica heteronomia, portanto, não pode ser considerada moral, porque a moral pressupõe liberdade, ou seja, liberdade em relação ao mundo sensível no momento de decidir. Heteronomia significa que o dever é transformado em ser, portanto, no efeito de uma lei natural.

§15 Als ein vernünftiges, mithin zur intelligibelen Welt gehöriges Wesen kann der Mensch die Kausalität seines eigenen Willens niemals anders als unter der Idee der Freiheit denken; denn Unabhängigkeit von den bestimmenden Ursachen der Sinnenwelt (dergleichen die Vernunft jederzeit sich selbst beilegen muß) ist Freiheit. Mit der Idee der Freiheit ist nun der Begriff der **Autonomie** unzertrennlich verbunden, mit diesem aber das allgemeine Prinzip der Sittlichkeit, welches in der Idee allen Handlungen **vernünftiger** Wesen eben so zum Grunde liegt, als das Naturgesetz allen Erscheinungen.

*

Como ser racional, logo como pertencente ao mundo inteligível, o homem pode pensar a causalidade de sua própria vontade, a não ser sob a ideia da liberdade; pois, independência das causas determinantes do mundo dos sentidos (algo que a razão sempre tem de atribuir a si mesma) é liberdade. Ora, à ideia de liberdade está inseparavelmente ligado o conceito de **autonomia**, mas a este, o princípio universal da moralidade, que na ideia é o fundamento de todas as ações de seres **racionais**, como a lei natural o é de todos os fenômenos.

*

Comentário: Em suma, para que a noção de moral tenha sentido próprio e não se dissolva em laços causais do mundo natural, é preciso supor um mundo inteligível, em que seres racionais impõem a si mesmos leis morais, ou seja, consideram sua ação como resultado de uma deliberação livre de qualquer influência empírica. Por conseguinte, a oposição entre determinismo e liberdade é a oposição entre dois mundos, o mundo sensível e o mundo inteligível. Falta mostrar que o fato de existir duas legislações distintas sobre o mesmo território, o mundo empírico, não acarreta alguma interferência de uma legislação sobre a outra.

§16 Nun ist der Verdacht, den wir oben rege machten, gehoben, als wäre ein geheimer Zirkel in unserem Schlusse aus der Freiheit auf die Autonomie und aus dieser aufs sittliche Gesetz enthalten, daß wir nämlich vielleicht die Idee der Freiheit nur um des sittlichen Gesetzes willen zum Grunde legten, um dieses nachher aus der Freiheit wiederum zu schließen, mithin von jenem gar keinen Grund angeben könnten, sondern es nur als Erbittung eines Prinzips, das uns gutgesinnte Seelen wohl gerne einräumen werden, welches wir aber niemals als einen erweislichen Satz aufstellen könnten. Denn jetzt sehen wir, daß, wenn wir uns als frei denken, so versetzen wir uns als Glieder in die Verstandeswelt, und erkennen die Autonomie des Willens, samt ihrer Folge, der Moralität; denken wir uns aber als verpflichtet, so betrachten wir uns als zur Sinnenwelt und doch zugleich zur Verstandeswelt gehörig.

*

Agora se remove a suspeita que levantamos acima, a de que um círculo oculto estaria contido em nossa inferência da liberdade para a autonomia e desta para a lei moral, a saber, que talvez tenhamos tomado como fundamento a ideia de liberdade somente por causa da lei moral, de modo que pudéssemos depois inferir a última por sua vez da liberdade, e fôssemos assim incapazes de fornecer qualquer fundamento para a lei moral a não ser como petição de princípio, que seria recebida de bom grado por almas bem formadas, mas nunca como proposição demonstrável. Pois agora vemos que quando nos pensamos como seres livres nos transferimos para o mundo do entendimento e como membros dele reconhecemos a autonomia da vontade junto com suas consequências, a moralidade; mas caso nos pensemos como obrigados, então nos consideramos pertencentes ao mundo sensível e, no entanto, ao mesmo tempo, pertencentes ao mundo do entendimento.

*

Comentário: O aparente círculo está em supor que a lei moral é possível pela liberdade, mas esta, por sua vez, só é possível por intermédio da lei moral. Ora, a possibilidade tanto da lei moral como da liberdade está em poder pensar um mundo inteligível. Foi graças a esta possibilidade, a de pensar livre das determinações do mundo sensível, que "reconhecemos a autonomia da vontade junto com suas consequências, a moralidade". Como pertencemos simultaneamente aos dois mundos, sensível e inteligível, nossa vontade não é totalmente livre das determinações sensíveis, e, desse modo, a moralidade aparece como exigência, como dever.

WIE IST EIN KATEGORISCHER IMPERATIV MÖGLICH?

*

COMO É POSSÍVEL UM IMPERATIVO CATEGÓRICO?

*

§17 Das vernünftige Wesen zählt sich als Intelligenz zur Verstandeswelt, und, bloß als eine zu dieser gehörige wirkende Ursache, nennt es seine Kausalität einen Willen. Von der anderen Seite ist es sich seiner doch auch als eines Stücks der Sinnenwelt bewußt, in welcher seine Handlungen, als bloße Erscheinungen jener Kausalität, angetroffen werden, deren Möglichkeit aber aus dieser, die wir nicht kennen, nicht eingesehen werden kann, sondern an deren Statt jene Handlungen als bestimmt durch andere Erscheinungen, nämlich Begierden und Neigungen, als zur Sinnenwelt gehörig, eingesehen werden müssen. Als bloßen Gliedes der Verstandeswelt würden also alle meine Handlungen dem Prinzip der Autonomie des reinen Willens vollkommen gemäß sein; als bloßen Stücks der Sinnenwelt würden sie gänzlich dem Naturgesetz der Begierden und Neigungen, mithin der Heteronomie der Natur gemäß genommen werden müssen. (Die ersteren würden auf dem obersten Prinzip der Sittlichkeit, die zweiten der Glückseligkeit, beruhen.) Weil aber **die Verstandeswelt den Grund der Sinnenwelt, mithin auch der Gesetze derselben, enthält,** also in Ansehung meines Willens (der ganz zur Verstandeswelt gehört) unmittelbar gesetzgebend ist, und also auch als solche gedacht werden muß, so werde ich mich als Intelligenz, obgleich andererseits wie ein zur Sinnenwelt gehöriges Wesen, dennoch dem Gesetze der ersteren, d. i. der Vernunft, die in der Idee der Freiheit das Gesetz derselben enthält, und also der Autonomie des Willens unterworfen erkennen, folglich die Gesetze der Verstandeswelt für mich als Imperativen und die diesem Prinzip gemäße Handlungen als Pflichten ansehen müssen.

*

O ser racional conta a si mesmo, como inteligência, como pertencente ao mundo do entendimento, e meramente como uma causa eficiente pertencente a esse mundo chama à sua causalidade uma vontade. Por outro lado, ele também está consciente de si como parte do mundo sensível, no qual suas ações encontram-se como meros fenômenos daquela causalidade, mas cuja possibilidade não pode ser discernida daquela causalidade que não conhecemos; porém, em seu lugar aquelas ações, como pertencentes ao mundo dos sentidos, têm de ser discernidas como determinadas por outros fenômenos, a saber, apetites e inclinações. Como mero membro do mundo do entendimento, todas as minhas ações teriam de ser assim perfeitamente conformes ao princípio da autonomia da vontade pura; como mero membro do mundo dos sentidos, elas teriam de ser totalmente conformes à lei natural dos apetites e inclinações, portanto, à heteronomia da natureza. (As primeiras estariam baseadas no princípio supremo da moralidade; as segundas, no da felicidade.) Mas porque **o mundo do entendimento contém o fundamento do mundo sensível**, **por conseguinte**, **também de suas leis**, ele é, portanto, em vista de minha vontade (que pertence totalmente ao mundo do entendimento), imediatamente legislador, e tem de ser pensado como tal, de modo que eu me reconhecerei como inteligência, embora por outro lado como ser pertencente ao mundo dos sentidos, e mesmo assim como submetido à lei daquele, ou seja, da razão, que contém na ideia da liberdade a lei dela mesma, e assim reconhecerei a mim mesmo como submetido à autonomia da vontade; consequentemente a lei do mundo do entendimento tem de ser vista como imperativo para mim, e as ações, em conformidade com esse princípio, como deveres.

*

Comentário: A questão sobre a dualidade de legislações é tratada neste parágrafo. Suponha que eu aja de tal modo que eu queira que a máxima de minha ação possa se tornar uma lei moral. O meu agir tem como causa, do ponto de vista do mundo inteligível, a autonomia da minha vontade. Em outras palavras, a série causal é inaugurada pela minha ação. No entanto, do ponto de vista do mundo sensível, a minha ação é um fenômeno e como tal submetida às leis naturais. Assim, a minha ação é, deste ponto de vista, um efeito numa longa série causal. Apenas sob a perspectiva do mundo inteligível minha ação pode ser julgada de um ponto de vista moral;

pois, na ótica do mundo sensível, ela é o efeito de uma determinação natural. Evidentemente, apenas no último caso se pode falar de conhecimento. Assim, conhecimento e moralidade se excluem, na medida em que suas determinações nunca se encontram no mesmo mundo. O argumento a favor da possibilidade do mundo inteligível reside justamente no fato de a determinação natural ter seu fundamento no próprio mundo inteligível, a saber, na legislação imposta pelo entendimento à natureza.

§18 Und so sind kategorische Imperativen möglich, dadurch, daß die Idee der Freiheit mich zu einem Gliede einer intelligibelen Welt macht, wodurch, wenn ich solches allein wäre, alle meine Handlungen der Autonomie des Willens jederzeit gemäß sein **würden**, da ich mich aber zugleich als Glied der Sinnenwelt anschaue, gemäß sein sollen, welches **kategorische** Sollen einen synthetischen Satz a priori vorstellt, dadurch, daß über meinen durch sinnliche Begierden affizierten Willen noch die Idee ebendesselben, aber zur Verstandeswelt gehörigen, reinen, für sich selbst praktischen Willens hinzukommt, welcher die oberste Bedingung des ersteren nach der Vernunft enthält; ohngefähr so, wie zu den Anschauungen der Sinnenwelt Begriffe des Verstandes, die für sich selbst nichts als gesetzliche Form überhaupt bedeuten, hinzu kommen, und dadurch synthetische Sätze *a priori*, auf welchen alle Erkenntnis einer Natur beruht, möglich machen.

*

E assim os imperativos categóricos são possíveis por isto, que a ideia de liberdade me faz membro de um mundo inteligível, de modo que, caso eu fosse só isso, todas as minhas ações **seriam** sempre conformes à autonomia da vontade; mas, dado que ao mesmo tempo eu intuo a mim mesmo como membro do mundo sensível, elas devem ser conformes a essa autonomia; e este dever **categórico** representa uma proposição sintética *a priori*, porque acima da minha vontade afetada por apetites sensíveis se acrescenta ainda a ideia dessa mesma vontade, mas pertencendo ao mundo do entendimento, pura e prática por si mesma, que contém a condição suprema da primeira, segundo a razão; aproximadamente como se acrescentam às intuições do mundo dos sentidos conceitos do entendimento, que por si mesmos nada significam a não ser forma de lei em geral, e assim tornam possíveis proposições sintéticas *a priori* sobre as quais repousa todo o conhecimento de uma natureza.

*

Comentário: Há dois elementos que devem ser entendidos. O primeiro refere-se ao fato de o dever ser uma proposição sintética *a priori*. Ser uma proposição sintética significa que deve existir um termo que efetue a síntese entre o sujeito (condição) e o predicado (condicionado). O sujeito, a condição, é a ideia de uma vontade pertencente ao mundo inteligível; o predicado, o condicionado, é a vontade afetada por apetites sensíveis; o termo médio que efetua a síntese é o dever. Em outras palavras, dado que o ser humano é um ser capaz de racionalidade, mas não racional, dado que é afetado por condições empíricas, a única forma de ser moral é a de subordinar a vontade empiricamente afetada à vontade como legislação universal, síntese que se realiza pelo dever; ou seja, como os dois termos são heterogêneos entre si (condição de ser sintético), a síntese está na noção de dever; como este tem de ser necessário e universal, a síntese tem de ser *a priori*. Ora, esta relação entre dois termos heterogêneos entre si também está presente na relação entre a intuição (o condicionado) e o entendimento (a condição). Por que a relação entre as duas sínteses é apenas de aproximação e não de identidade? Porque, no primeiro caso, a síntese é realizada pelos esquemas da imaginação, um conceito simultaneamente sensível e inteligível. No segundo caso, a noção de dever é inteligível, mas não sensível.

§19 Der praktische Gebrauch der gemeinen Menschenvernunft bestätigt die Richtigkeit dieser Deduktion. Es ist niemand, selbst der ärgste Bösewicht, wenn er nur sonst Vernunft zu brauchen gewohnt ist, der nicht, wenn man ihm Beispiele der Redlichkeit in Absichten, der Standhaftigkeit in Befolgung guter Maximen, der Teilnehmung und des allgemeinen Wohlwollens (und noch dazu mit großen Aufopferungen von Vorteilen und Gemächlichkeit verbunden) vorlegt, nicht wünsche, daß er auch so gesinnt sein möchte. Er kann es aber nur wegen seiner Neigungen und Antriebe nicht wohl in sich zu Stande bringen, wobei er dennoch zugleich wünscht, von solchen ihm selbst lästigen Neigungen frei zu sein. Er beweiset hiedurch also, daß er mit einem Willen, der von Antrieben der Sinnlichkeit frei ist, sich in Gedanken in eine ganz andere Ordnung der Dinge versetze, als die seiner Begierden im Felde der Sinnlichkeit, weil er von jenem Wunsche keine Vergnügung der Begierden, mithin keinen für irgend eine seiner wirklichen oder sonst erdenklichen Neigungen befriedigenden Zustand (denn dadurch würde selbst die Idee, welche ihm den Wunsch ablockt, ihre Vorzüglichkeit einbüßen), sondern nur einen größeren inneren Wert seiner Person erwarten kann. Diese bessere Person glaubt er aber zu sein, wenn er sich in den Standpunkt eines Gliedes der Verstandeswelt versetzt, dazu die Idee der Freiheit, d. i. Unabhängigkeit von **bestimmenden** Ursachen der Sinnenwelt ihn unwillkürlich nötigt, und in welchem er sich eines guten Willens bewußt ist, der für seinen bösen Willen, als Gliedes der Sinnenwelt, nach seinem eigenen Geständnisse das Gesetz ausmacht, dessen Ansehen er kennt, indem er es übertritt. Das moralische Sollen ist also eigenes notwendiges Wollen als Gliedes einer intelligibelen Welt, und wird nur so fern von ihm als Sollen gedacht, als er sich zugleich wie ein Glied der Sinnenwelt betrachtet.

*

O uso prático da razão comum do homem confirma a correção dessa dedução. Não há ninguém, mesmo o pior canalha, caso de resto esteja somente habituado a usar da razão, caso se apresentem a ele exemplos de lealdade de propósitos, de perseverança em seguir boas máximas, de simpatia e de benevolência geral (e ainda por cima ligados com grandes sacrifícios de vantagens e comodidades), que não deseje ter ele também a mesma inclinação. Mas ele não pode de fato somente por conta de suas inclinações e impulsos produzir em si mesmo tal condição; ainda assim, ele deseja ao mesmo tempo libertar-se de tais tendências que o oprimem. Portanto, ele comprova assim que, com uma vontade livre de impulsos da sensibilidade, ele se transfere em pensamento para uma ordem de coisas totalmente diferente daquela dos seus apetites no campo da sensibilidade, porque daquele desejo ele não pode esperar qualquer satisfação dos apetites, por conseguinte, nenhum estado satisfatório para qualquer uma das suas inclinações, efetivas ou imaginárias (pois, deste modo, a própria ideia que lhe induz o desejo perderia a sua excelência), mas somente um valor interno de sua pessoa. Essa pessoa melhor que ele acredita ser, caso ele se transfira para o ponto de vista de um membro do mundo inteligível, como a ideia de liberdade, ou seja, de independência de causas **determinantes** do mundo dos sentidos, o coage involuntariamente; e deste ponto de vista ele está consciente de uma vontade boa, que constitui, segundo sua própria admissão, a lei para sua vontade má como membro do mundo dos sentidos, uma lei cuja dignidade ele reconhece ao transgredi-la. Portanto, o dever moral é um querer necessário seu, como membro de um mundo inteligível, e é somente pensado por ele como dever na medida em que ele se considera ao mesmo tempo um membro do mundo dos sentidos.

*

Comentário: Estas considerações de Kant não devem ser lidas como se a origem do mal estivesse no mundo sensível, pois o mal reside na escolha racional dos impulsos da sensibilidade sobre o imperativo da lei. Em outros termos, é a escolha racional dos ditames do mundo sensível sobre os ditames do mundo inteligível que produz o mal. O parágrafo também mostra que é possível ter aspirações que não têm origem na sensibilidade, mas no mundo inteligível.

VON DER ÄUSSERSTEN GRENZE ALLER
PRAKTISCHEN PHILOSOPHIE

*

DA FRONTEIRA EXTREMA DE TODA
FILOSOFIA PRÁTICA

*

§20 Alle Menschen denken sich dem Willen nach als frei. Daher kommen alle Urteile über Handlungen als solche, die hätten **geschehen sollen**, ob sie gleich nicht **geschehen sind**. Gleichwohl ist diese Freiheit kein Erfahrungsbegriff, und kann es auch nicht sein, weil er immer bleibt, obgleich die Erfahrung das Gegenteil von denjenigen Forderungen zeigt, die unter Voraussetzung derselben als notwendig vorgestellt werden. Auf der anderen Seite ist es eben so notwendig, daß alles, was geschieht, nach Naturgesetzen unausbleiblich bestimmt sei, und diese Naturnotwendigkeit ist auch kein Erfahrungsbegriff, eben darum, weil er den Begriff der Notwendigkeit, mithin einer Erkenntnis *a priori*, bei sich führt. Aber dieser Begriff von einer Natur wird durch Erfahrung bestätigt, und muß selbst unvermeidlich vorausgesetzt werden, wenn Erfahrung, d. i. nach allgemeinen Gesetzen zusammenhängende Erkenntnis der Gegenstände der Sinne, möglich sein soll. Daher ist Freiheit nur eine **Idee** der Vernunft, deren objektive Realität an sich zweifelhaft ist, Natur aber ein **Verstandesbegriff**, der seine Realität an Beispielen der Erfahrung beweiset und notwendig beweisen muß.

*

Todos os homens se pensam quanto à vontade como livres. Daí decorrem todos os juízos sobre ações que como tais **deveriam ocorrer** mesmo que não **tenham ocorrido**. No entanto, esta liberdade não é conceito algum da experiência, e tampouco pode sê-lo, porque permanece sempre como pressuposto, mesmo que a experiência mostre o oposto daquelas exigências representadas como necessárias. Por outro lado, é igualmente necessário que tudo que ocorre seja determinado sem exceção segundo leis da natureza; e essa necessidade da natureza também não é conceito algum da experiência, justamente porque traz consigo o de necessidade, por conseguinte, de um conhecimento *a priori*. Mas esse conceito de natureza é confirmado pela experiência, e tem de ser ele mesmo inevitavelmente pressuposto, caso uma experiência, ou seja, caso deva ser possível, segundo leis universais, um conhecimento consistente dos objetos dos sentidos. Por isso, a liberdade é somente uma **ideia** da razão, cuja realidade objetiva é em si mesma dubitável, mas natureza é um **conceito do entendimento** que prova, e tem necessariamente de provar, sua realidade em exemplos da experiência.

*

Comentário: As duas legislações, natureza e moral, têm aqui seu fundamento explicitado. Este não está de modo algum na experiência, dado o fato de a experiência nunca poder estabelecer relações de necessidade, mas somente relações contingentes. No entanto, o fundamento da natureza está numa legislação do entendimento, e o fundamento da moral, numa legislação da razão, de modo que o conceito de natureza é conceito do entendimento, mas a liberdade é uma ideia da razão e como tal não tem realização empírica. Logo, dadas essas duas legislações, a natureza pode ser conhecida, mas a moral apenas pensada. Em outras palavras, a moral não é e nem pode ser objeto teórico. Por conseguinte, a razão não pode ser assimilada a uma faculdade cognitiva, a uma capacidade de conhecer, ela é essencialmente normativa.

§21 Ob nun gleich hieraus eine Dialektik der Vernunft entspringt, da in Ansehung des Willens die ihm beigelegte Freiheit mit der Naturnotwendigkeit im Widerspruch zu stehen scheint, und, bei dieser Wegescheidung, die Vernunft in **spekulativer Absicht** den Weg der Naturnotwendigkeit viel gebähnter und brauchbarer findet, als den der Freiheit: so ist doch in **praktischer Absicht** der Fußsteig der Freiheit der einzige, auf welchem es möglich ist, von seiner Vernunft bei unserem Tun und Lassen Gebrauch zu machen; daher wird es der subtilsten Philosophie eben so unmöglich, wie der gemeinsten Menschenvernunft, die Freiheit wegzuvernünfteln. Diese muß also wohl voraussetzen: daß kein wahrer Widerspruch zwischen Freiheit und Naturnotwendigkeit ebenderselben menschlichen Handlungen angetroffen werde, denn sie kann eben so wenig den Begriff der Natur, als den der Freiheit aufgeben.

*

Ora, disso resulta uma dialética da razão, pois, em vista da vontade, a liberdade que a acompanha parece estar em contradição com a necessidade natural, e, nesta separação de caminhos, a razão, para **propósito especulativo**, encontra o caminho da necessidade natural muito mais transitável e funcional do que o da liberdade; no entanto, para **propósito prático**, a calçada da liberdade é a única por meio da qual é possível usar nossa razão em nosso fazer e omitir; de modo que é impossível tanto para a mais sutil filosofia como para a razão humana mais comum cavilar contra a liberdade. Esta tem, portanto, de pressupor que não se encontra contradição alguma verdadeira entre liberdade e necessidade natural exatamente nas mesmas ações humanas, pois o conceito de natureza pode ser tão pouco abandonado quanto o de liberdade.

*

Comentário: Resulta uma dialética da razão dado que a razão criou aqui uma antinomia entre determinismo da natureza e liberdade, ou seja, criou a aparência de uma contradição entre necessidade natural e liberdade. A dissolução da antinomia consiste em distinguir dois propósitos distintos da razão: um propósito especulativo, teórico, e um propósito prático. A analogia com um caminho indica que os métodos adotados por esses dois propósitos devem ser distintos. Não custa recordar e enfatizar que a filosofia kantiana é fundamentalmente metodológica. Para o propósito especulativo, a necessidade natural é um caminho mais transitável e funcional que a liberdade, pois esta impediria a possibilidade de conhecimento. Mas, para o propósito prático, a calçada da liberdade, o passeio, é o único modo de usar a razão no nosso fazer e deixar de fazer. Não se pode abandonar nem a legislação do entendimento, nem a legislação da razão; e, como são duas legislações distintas, parece não haver contradição entre elas.

§22 Indessen muß dieser Scheinwiderspruch wenigstens auf überzeugende Art vertilgt werden, wenn man gleich, wie Freiheit möglich sei, niemals begreifen könnte. Denn, wenn sogar der Gedanke von der Freiheit sich selbst, oder der Natur, die eben so notwendig ist, widerspricht, so müßte sie gegen die Naturnotwendigkeit durchaus aufgegeben werden.

*

Todavia a aparente contradição tem de ser pelo menos eliminada de modo convincente, mesmo que nunca possamos apreender como a liberdade é possível. Pois mesmo que o pensamento de liberdade contradiga a si mesmo ou à natureza, igualmente necessária, ela teria de ser completamente abandonada em face da necessidade natural.

*

Comentário: Não podemos apreender como a liberdade é possível, ou seja, não podemos dar uma explicação teórica para a existência da liberdade, no entanto, podemos justificar o motivo de pressupô-la, ou seja, o motivo de ser necessário pensar a liberdade, ainda que não se possa conhecê-la.

§23 Es ist aber unmöglich, diesem Widerspruch zu entgehen, wenn das Subjekt, was sich frei dünkt, sich selbst in **demselben Sinne**, oder in **eben demselben Verhältnisse** dächte, wenn es sich frei nennt, als wenn es sich in Absicht auf die nämliche Handlung dem Naturgesetze unterworfen annimmt. Daher ist es eine unnachlaßliche Aufgabe der spekulativen Philosophie: wenigstens zu zeigen, daß ihre Täuschung wegen des Widerspruchs darin beruhe, daß wir den Menschen in einem anderen Sinne und Verhältnisse denken, wenn wir ihn frei nennen, als wenn wir ihn, als Stück der Natur, dieser ihren Gesetzen für unterworfen halten, und daß beide nicht allein gar wohl beisammen stehen **können**, sondern auch, als **notwendig vereinigt,** in demselben Subjekt gedacht werden müssen, weil sonst nicht Grund angegeben werden könnte, warum wir die Vernunft mit einer Idee belästigen sollten, die, ob sie sich gleich **ohne Widerspruch** mit einer anderen genugsam bewährten vereinigen läßt, dennoch uns in ein Geschäfte verwickelt, wodurch die Vernunft in ihrem theoretischen Gebrauche sehr in die Enge gebracht wird. Diese Pflicht liegt aber bloß der spekulativen Philosophie ob, damit sie der praktischen freie Bahn schaffe. Also ist es nicht in das Belieben des Philosophen gesetzt, ob er den scheinbaren Widerstreit heben, oder ihn unangerührt lassen will; denn im letzteren Falle ist die Theorie hierüber bonum vacans, in dessen Besitz sich der Fatalist mit Grunde setzen und alle Moral aus ihrem ohne Titel besessenen vermeinten Eigentum verjagen kann.

*

Mas é impossível evitar essa contradição caso o sujeito, que para si parece livre, pensasse a si mesmo no **mesmo sentido** ou justamente na **mesma relação** quando se chama livre que quando ele se supõe a propósito da mesma ação submetido à lei da natureza. Assim é uma tarefa inevitável da filosofia especulativa mostrar, pelo menos, que sua ilusão relativa a essa contradição repousa em nós pensarmos o homem em outro sentido e relação do que quando o chamamos de livre e quando o tomamos, como parte da natureza, submetido a suas leis, e que ambos não só **podem** estar muito bem juntos, mas também têm de ser pensados como **necessariamente reunidos** no mesmo sujeito, porque, caso contrário, não se poderia dar fundamento algum de por que deveríamos importunar a razão com uma ideia que, embora possa **sem contradição** ser reunida com outra suficientemente estabelecida, no entanto, nos enreda numa tarefa que coloca a razão em seu uso teórico em grandes apuros. Mas este dever incube meramente à filosofia especulativa, de modo que torna livre a via para a filosofia prática. Portanto, não é colocado sob apreço do filósofo se ele quer remover ou deixar intocada a aparente contradição; pois, neste último caso, a teoria a esse respeito é *bonum vacans*, em cuja posse se instala com fundamento o fatalista e expulsa toda a moral de sua pretensa propriedade, que ela ocupa sem registro.

*

Comentário: A solução oferecida por Kant está na resolução da terceira antinomia na *CRP*. Ele procurou mostrar que só haveria contradição caso se considerasse a necessidade natural e a liberdade como noções que se aplicariam ao mesmo conjunto de coisas. Ora, o determinismo natural tem como domínio os fenômenos; a liberdade se aplica às coisas como elas são em si mesmas. Dizendo de outro modo, o determinismo natural é constitutivo dos fenômenos, na medida em que assinala para cada fenômeno ora sua causa, ora seu efeito. A liberdade por sua vez é um princípio normativo do mundo inteligível, no qual funciona como causa primeira da ação de seres racionais. A função da razão teorética em relação à razão prática é mostrar a possibilidade da liberdade no sentido cosmológico e metafísico, abrindo assim a possibilidade de uma liberdade prática, ou seja, no sentido moral. Os que procuram ir além do que podem conhecer e dar uma resposta teórica à questão da liberdade, ou acabam como o fatalista e negam a possibilidade metafísica da liberdade (e, assim, da moral), ou, como o materialismo e o naturalismo aceitam só o determinismo natural, portanto, do mesmo modo impossibilitam a moral.

§24 Doch kann man hier noch nicht sagen, daß die Grenze der praktischen Philosophie anfange. Denn jene Beilegung der Streitigkeit gehört gar nicht ihr zu, sondern sie fordert nur von der spekulativen Vernunft, daß diese die Uneinigkeit, darin sie sich in theoretischen Fragen selbst verwickelt, zu Ende bringe, damit praktische Vernunft Ruhe und Sicherheit für äußere Angriffe habe, die ihr den Boden, worauf sie sich anbauen will, streitig machen könnten.

*

No entanto, não se pode dizer ainda que aqui começa a fronteira da filosofia prática. Pois aquela resolução do questionamento não lhe pertence de modo algum; mas exige somente da razão especulativa que ela ponha um fim a esse desacordo em que se embaraça em questões teóricas, de modo que a razão prática possa ter serenidade e segurança em face dos ataques externos que poderiam questionar o terreno sobre o qual ela quer erigir-se.

*

Comentário: A razão prática se inicia com o princípio da moralidade, a possibilidade da liberdade, ou seja, não é contraditório pensar a liberdade ainda no âmbito da razão teórica. Esta o faz excluindo todas as soluções dogmáticas que negam a possibilidade da liberdade.

§25 Der Rechtsanspruch aber, selbst der gemeinen Menschenvernunft, auf Freiheit des Willens, gründet sich auf das Bewußtsein und die zugestandene Voraussetzung der Unabhängigkeit der Vernunft, von bloß subjektiv-bestimmenden Ursachen, die insgesamt das ausmachen, was bloß zur Empfindung, mithin unter die allgemeine Benennung der Sinnlichkeit, gehört. Der Mensch, der sich auf solche Weise als Intelligenz betrachtet, setzt sich dadurch in eine andere Ordnung der Dinge und in ein Verhältnis zu bestimmenden Gründen von ganz anderer Art, wenn er sich als Intelligenz mit einem Willen, folglich mit Kausalität begabt, denkt, als wenn er sich wie ein Phänomen in der Sinnenwelt (welches er wirklich auch ist) wahrnimmt, und seine Kausalität, äußerer Bestimmung nach Naturgesetzen unterwirft. Nun wird er bald inne, daß beides zugleich stattfinden könne, ja sogar müsse. Denn daß ein **Ding in der Erscheinung** (das zur Sinnenwelt gehörig) gewissen Gesetzen unterworfen ist, von welchen eben dasselbe, **als** Ding oder Wesen **an sich selbst**, unabhängig ist, enthält nicht den mindesten Widerspruch; daß er sich selbst aber auf diese zwiefache Art vorstellen und denken müsse, beruht, was das erste betrifft, auf dem Bewußtsein seiner selbst als durch Sinne affizierten Gegenstandes, was das zweite anlangt, auf dem Bewußtsein seiner selbst als Intelligenz, d. i. als unabhängig im Vernunftgebrauch von sinnlichen Eindrücken (mithin als zur Verstandeswelt gehörig).

*

Mas a pretensão legítima, mesmo da razão humana comum, à liberdade da vontade funda-se na consciência e no pressuposto admitido da independência da razão de causas determinantes meramente subjetivas, que no seu conjunto pertencem somente à sensação e, por conseguinte, caem sob a denominação geral de sensibilidade. O homem, que se considera desse modo como inteligência, coloca-se assim numa outra ordem de coisas e numa relação com princípios determinantes de uma outra maneira quando se pensa como inteligência dotada de vontade, e consequentemente de causalidade, do que quando se percebe como fenômeno no mundo dos sentidos (o que efetivamente também é) e submete sua causalidade, segundo leis da natureza, a determinações externas. Ora, logo ele se dá conta de que ambas podem ocorrer simultaneamente, e de fato têm de ocorrer. Pois, que uma **coisa no fenômeno** (pertencente ao mundo dos sentidos) esteja submetida a certas leis das quais ela mesma, **como** coisa ou ser **em si mesma,** seja independente, não contém a menor contradição; mas que o homem tenha de pensar e representar a si mesmo dessa dupla maneira repousa, no que se refere ao primeiro, na consciência de si mesmo como objeto afetado por meio dos sentidos e, no que se relaciona ao segundo, na consciência de si como inteligência, ou seja, como independente de impressões sensíveis no uso da razão (portanto, como pertencente ao mundo do entendimento).

*

Comentário: A dualidade de legislações, determinismo natural e liberdade, decorre de duas posições distintas da consciência; na primeira, ela tem consciência de si como fenômeno, ou seja, como coisa apreendida segundo uma relação que ela impõe à coisa; na segunda, ela tem consciência de si mesma como causa primeira, ou seja, como inteligência, como algo que independe das coisas apreendidas como fenômeno. Em outras palavras, um mesmo sujeito pode estar submetido a duas legislações, que envolvem na realidade dois pontos de vista distintos da consciência. Portanto, não há contradição, dado que não existe um terceiro ponto de vista comum aos dois, no qual estes dois primeiros poderiam ser apreendidos como contraditórios.

§26 Daher kommt es, daß der Mensch sich eines Willens anmaßt, der nichts auf seine Rechnung kommen läßt, was bloß zu seinen Begierden und Neigungen gehört, und dagegen Handlungen durch sich als möglich, ja gar als notwendig, denkt, die nur mit Hintansetzung aller Begierden und sinnlichen Anreizungen geschehen können. Die Kausalität derselben liegt in ihm als Intelligenz und in den Gesetzen der Wirkungen und Handlungen nach Prinzipien einer intelligibelen Welt, von der er wohl nichts weiter weiß, als daß darin lediglich die Vernunft, und zwar reine, von Sinnlichkeit unabhängige Vernunft, das Gesetz gebe, imgleichen da er daselbst nur als Intelligenz das eigentliche Selbst (als Mensch hingegen nur Erscheinung seiner selbst) ist, jene Gesetze ihn unmittelbar und kategorisch angehen, so daß, wozu Neigungen und Antriebe (mithin die ganze Natur der Sinnenwelt) anreizen, den Gesetzen seines Wollens, als Intelligenz, keinen Abbruch tun kann, so gar, daß er die erstere nicht verantwortet und seinem eigentlichen Selbst, d. i. seinem Willen, nicht zuschreibt, wohl aber die Nachsicht, die er gegen sie tragen möchte, wenn er ihnen, zum Nachteil der Vernunftgesetze des Willens, Einfluß auf seine Maximen einräumte.

*

Daí provém que o homem se arrogue uma vontade que não deixa em sua conta nada que pertença meramente a seus apetites e inclinações, e, pelo contrário, pense por seu intermédio ações como possíveis, e mesmo como necessárias, ações que podem ocorrer somente com a desconsideração de todos os apetites e estimulações dos sentidos. A causalidade dessas ações está nele como inteligência e nas leis dos efeitos e das ações segundo princípios de um mundo inteligível, do qual ele nada sabe a não ser que neste apenas a razão, e de fato a razão pura, independente da sensibilidade, dá a lei; do mesmo modo, ele é nesse lugar, somente como inteligência, o eu próprio (como homem, ao contrário, somente fenômeno de si mesmo); toda lei lhe diz respeito imediata e categoricamente, de modo que aquilo a que incitam as inclinações e os impulsos (portanto, a totalidade natural do mundo dos sentidos) não pode transgredir as leis de sua vontade como inteligência; de fato, ele não se responsabiliza pelas primeiras e não as atribui ao seu eu próprio, ou seja, à sua vontade, embora as atribua à indulgência que poderia ter por elas caso ele permitisse às mesmas ter influência sobre suas máximas em prejuízo das leis racionais de sua razão.

*

Comentário: Este parágrafo precisa os dois pontos de vista ao enumerar os conceitos que pertencem a cada um deles. Assim, do ponto de vista inteligível, o homem considera o seu próprio eu e a sua vontade como independentes de qualquer condição empírica, portanto, fora do tempo; do ponto de vista sensível, ele está no tempo e suas ações são determinadas como os outros fenômenos. Apenas do primeiro ponto de vista tem sentido falar em moralidade.

§27 Dadurch, daß die praktische Vernunft sich in eine Verstandeswelt hinein **denkt**, überschreitet sie gar nicht ihre Grenzen, wohl aber, wenn sie sich **hineinschauen, hineinempfinden** wollte. Jenes ist nur ein negativer Gedanke, in Ansehung der Sinnenwelt, die der Vernunft in Bestimmung des Willens keine Gesetze gibt, und nur in diesem einzigen Punkte positiv, daß jene Freiheit, als negative Bestimmung, zugleich mit einem (positiven) Vermögen und sogar mit einer Kausalität der Vernunft verbunden sei, welche wir einen Willen nennen, so zu handeln, daß das Prinzip der Handlungen der wesentlichen Beschaffenheit einer Vernunfturursache, d. i. der Bedingung der Allgemeingültigkeit der Maxime, als eines Gesetzes, gemäß sei. Würde sie aber noch ein **Objekt des Willens**, d. i. eine Bewegursache aus der Verstandeswelt herholen, so überschritte sie ihre Grenzen, und maßte sich an, etwas zu kennen, wovon sie nichts weiß. Der Begriff einer Verstandeswelt ist also nur ein **Standpunkt**, den die Vernunft sich genötigt sieht, außer den Erscheinungen zu nehmen, **um sich selbst als praktisch zu denken**, welches, wenn die Einflüsse der Sinnlichkeit für den Menschen bestimmend wären, nicht möglich sein würde, welches aber doch notwendig ist, wofern ihm nicht das Bewußtsein seiner selbst, als Intelligenz, mithin als vernünftige und durch Vernunft tätige, d. i. frei wirkende Ursache, abgesprochen werden soll. Dieser Gedanke führt freilich die Idee einer anderen Ordnung und Gesetzgebung, als die des Naturmechanismus, der die Sinnenwelt trifft, herbei, und macht den Begriff einer intelligibelen Welt (d. i. das Ganze vernünftiger Wesen, als Dinge an sich selbst) notwendig, aber ohne die mindeste Anmaßung, hier weiter als bloß ihrer **formalen** Bedingung nach, d. i. der Allgemeinheit der Maxime des Willens, als Gesetz, mithin der Autonomie des letzteren, die allein mit der Freiheit desselben bestehen kann, gemäß zu denken; da hingegen alle Gesetze, die auf ein Objekt bestimmt sind, Heteronomie geben, die nur an Naturgesetzen angetroffen werden und auch nur die Sinnenwelt treffen kann.

*

Pelo fato de que se **pensa** num mundo do entendimento, a razão prática não ultrapassa suas fronteiras, mas certamente o faria caso quisesse se **intuir** ou se **sentir** nele. Isto é somente um pensamento negativo em vista do mundo dos sentidos, ele não dá à razão leis na determinação da vontade, e é positivo somente neste ponto particular, aquela liberdade, como determinação negativa, está ligada simultaneamente com uma capacidade (positiva) e de fato com uma causalidade da razão que chamamos uma vontade, uma capacidade para agir de tal modo que o princípio das ações se conforme à constituição essencial de uma causa racional, ou seja, à condição da validade universal da máxima como uma lei. Mas, se ela ainda procurasse extrair um **objeto da vontade**, ou seja, um motivo do mundo do entendimento, ela ultrapassaria suas fronteiras e pretenderia conhecer algo do qual nada sabe. O conceito de um mundo do entendimento é, portanto, somente **um ponto de vista**, que a razão vê a si mesma obrigada a tomar fora das aparências, **para poder se pensar como prática**, o que não seria possível caso as influências da sensibilidade fossem determinantes para o homem, mas que, no entanto, é necessário caso ele não deva negar consciência de si mesmo, como inteligência, portanto como causa racional ativa pela razão, ou seja, livremente eficiente. Esse pensamento traz consigo reconhecidamente a ideia de uma outra ordem e legislação do que a do mecanismo natural que tem a ver com o mundo dos sentidos, e torna necessário o conceito de um mundo inteligível (ou seja, a totalidade dos seres racionais como coisas em si mesmas), mas sem a menor pretensão de pensá-lo aqui além do que é meramente a sua condição **formal**, ou seja, a universalidade da máxima da vontade como lei, portanto, a autonomia da última, a única compatível com sua liberdade; do contrário, todas as leis determinadas com referência a um objeto dão em heteronomia, que somente pode ser encontrada nas leis naturais e também somente afeta o mundo dos sentidos.

*

Comentário: A filosofia moral começa com o seu princípio, mas o seu caminho, ou seja, o seu método não pode ser retirado do ponto de vista sensível, ou seja, a filosofia moral não pode ter como modelo o conhecimento. Seu trabalho consiste em pensar. Não pode haver qualquer intuição aqui, ou melhor, a única intuição que poderia permitir conhecer a moral seria uma intuição intelectual, mas nós, como seres finitos, não a temos. Assim, só pode existir uma ciência do fenômeno, mas sobre a moral, apenas um pensar: "Tive de suspender o conhecimento, para dar lugar à crença" (*CRP*, prefácio, segunda edição). Notem que crença é aqui crença racional, como os parágrafos seguintes indicarão. Também cabe ressaltar que no caso do plano inteligível a moral não tem e não pode ter nenhum objeto, sob pena de heteronomia.

§28 Aber alsdenn würde die Vernunft alle ihre Grenze überschreiten, wenn sie es sich zu **erklären** unterfinge, **wie** reine Vernunft praktisch sein könne, welches völlig einerlei mit der Aufgabe sein würde, zu erklären, **wie Freiheit möglich sei.**

*

Mas a razão ultrapassaria todos os seus limites caso se aventurasse a **explicar como** uma razão pura pode ser prática, que seria exatamente a mesma tarefa de explicar **como liberdade é possível.**

*

Comentário: Essas duas tarefas só teriam sentido caso se tomasse como modelo para a razão prática o modelo do conhecimento, ou seja, a razão teorética.

§29 Denn wir können nichts erklären, als was wir auf Gesetze zurückführen können, deren Gegenstand in irgend einer möglichen Erfahrung gegeben werden kann. Freiheit aber ist eine bloße Idee, deren objektive Realität auf keine Weise nach Naturgesetzen, mithin auch nicht in irgend einer möglichen Erfahrung, dargetan werden kann, die also darum, weil ihr selbst niemals nach irgend einer Analogie ein Beispiel untergelegt werden mag, niemals begriffen, oder auch nur eingesehen werden kann. Sie gilt nur als notwendige Voraussetzung der Vernunft in einem Wesen, das sich eines Willens, d. i. eines vom bloßen Begehrungsvermögen noch verschiedenen Vermögens, (nämlich sich zum Handeln als Intelligenz, mithin nach Gesetzen der Vernunft, unabhängig von Naturinstinkten, zu bestimmen) bewußt zu sein glaubt. Wo aber Bestimmung nach Naturgesetzen aufhört, da hört auch alle **Erklärung** auf, und es bleibt nichts übrig, als **Verteidigung**, d. i. Abtreibung der Einwürfe derer, die tiefer in das Wesen der Dinge geschaut zu haben vorgeben, und darum die Freiheit dreust für unmöglich erklären. Man kann ihnen nur zeigen, daß der vermeintlich von ihnen darin entdeckte Widerspruch nirgend anders liege, als darin, daß, da sie, um das Naturgesetz in Ansehung menschlicher Handlungen geltend zu machen, den Menschen notwendig als Erscheinung betrachten mußten, und nun, da man von ihnen fordert, daß sie ihn als Intelligenz auch als Ding an sich selbst denken sollten, sie ihn immer auch da noch als Erscheinung betrachten, wo denn freilich die Absonderung seiner Kausalität (d. i. seines Willens) von allen Naturgesetzen der Sinnenwelt in einem und demselben Subjekte im Widerspruche stehen würde, welcher aber wegfällt, wenn sie sich besinnen, und, wie billig, eingestehen wollten, daß hinter den Erscheinungen doch die Sachen an sich selbst (obzwar verborgen) zum Grunde liegen müssen, von deren Wirkungsgesetzen man nicht verlangen kann, daß sie mit denen einerlei sein sollten, unter denen ihre Erscheinungen stehen.

*

Pois não podemos explicar senão o que podemos reduzir a leis cujo objeto pode ser dado em alguma experiência possível. Mas a liberdade é meramente uma ideia cuja realidade objetiva de forma alguma pode ser elucidada segundo leis da natureza, por conseguinte também em nenhuma experiência possível; e porque nunca um exemplo se pode lhe subpor por nenhuma analogia, ela nunca pode ser compreendida ou mesmo discernida. Ela vale somente como pressuposto necessário da razão em um ser que acredita ser ele mesmo consciente de uma vontade, ou seja, de uma capacidade distinta da mera capacidade apetitiva (a saber, a capacidade de se determinar a agir como inteligência, por conseguinte segundo leis da razão, independentemente de instintos naturais). Mas onde cessa a determinação segundo leis naturais, ali também cessa toda **explicação**, e nada mais resta do que a **defesa**, ou seja, repelir as censuras daqueles que pretendem ter visto mais profundamente a essência das coisas e por isso declaram audaciosamente que a liberdade é impossível. Pode-se somente mostrar para eles que a suposta contradição que eles descobriram aqui não reside senão nisto: de modo a fazer com que a lei da natureza valha em vista das ações humanas, eles têm necessariamente de considerar o homem como fenômeno, e agora que se exige deles que devem pensá-lo também como inteligência, como coisa em si mesma, eles continuam ainda a considerá-lo aqui como fenômeno; então certamente a separação de sua causalidade (ou seja, de sua vontade) de todas as leis naturais do mundo dos sentidos em um e o mesmo sujeito seria uma contradição; mas que não dá em nada caso eles queiram refletir e reconhecer, como é justo, que por trás dos fenômenos têm de estar como fundamento as coisas em si mesmas (embora ocultas), a cujas leis eficientes não se pode exigir que elas devam ser idênticas àquelas sob as quais estão seus fenômenos.

*

Comentário: Dizer que a liberdade é uma ideia é dizer que ela não é um fenômeno, que ela não tem realização empírica. Qualquer pensamento sobre a liberdade, mesmo que seja em analogia com a experiência, não avança nenhum milímetro no seu conhecimento, pois não pode haver conhecimento da liberdade, dado que conhecer só tem sentido no domínio da experiência. Assim, a liberdade é um pressuposto de um ser que acredita ser ele mesmo consciente de uma vontade pura, ou seja, de uma vontade independente de qualquer móbil empírico.

§30 Die subjektive Unmöglichkeit, die Freiheit des Willens zu **erklären**, ist mit der Unmöglichkeit, ein **Interesse**[18] ausfindig und begreiflich zu machen, welches der Mensch an moralischen Gesetzen nehmen könne, einerlei; und gleichwohl nimmt er wirklich daran ein Interesse, wozu wir die Grundlage in uns das moralische Gefühl nennen, welches fälschlich für das Richtmaß unserer sittlichen Beurteilung von einigen ausgegeben worden, da es vielmehr als die **subjektive** Wirkung, die das Gesetz auf den Willen ausübt, angesehen werden muß, wozu Vernunft allein die objektiven Gründe hergibt.

*

A impossibilidade subjetiva de **explicar** a liberdade da vontade é a mesma que a impossibilidade de descobrir e tornar compreensível um **interesse**[18] que o homem possa ter em leis morais; e, no entanto, ele efetivamente tem um interesse por elas, cujo fundamento em nós chamamos

---

[18] Interesse ist das, wodurch Vernunft praktisch, d.i. eine den Willen bestimmende Ursache wird. Daher sagt man nur von einem vernünftige Wesen, daß es woran ein Interesse nehme, vernunftlose Geschöpfe fühlen nur sinnliche Antriebe. Ein unmittelbares Interesse nimmt dir Vernunft nur alsdenn an der Handlung, wenn die Allgemeingültigkeit der Maxime derselben ein genugsamer Bestimmungsgrund des Willens ist. Ein solches Interesse ist allein rein. Wenn sie aber den Willen nur vermittelst eines anderen Objekts des Begehrens, oder unter Voraussetzung eines besonderen Gefühls des Subjekts bestimmen kann, so nimmt die Vernunft nur ein mittelbares Interesse an der Handlung, und, da Vernunft für sich allein weder Objekte des Willens, noch ein besonderes ihm zu Grunde liegendes Gefühl ohne Erfahrung ausfindig machen kann, so würde das letztere Interesse nur empirisch und kein reines Vernunftinteresse sein. Das logische Interesse der Vernunft (ihre Einsichten zu befördern) ist niemals unmittelbar, sondern setzt Absichten ihres Gebrauch voraus.

O interesse é aquilo pelo qual a razão é prática, ou seja, torna-se uma causa determinante da vontade. Daí se dizer que somente um ser racional tem interesse em algo; criaturas irracionais sentem somente impulsos sensíveis. A razão somente tem interesse imediato na ação quando a validade universal da máxima dessa ação é um fundamento suficiente de determinação da vontade. Só um interesse assim é puro. Mas caso a razão só possa determinar a vontade por meio de outro objeto do apetite ou sob o pressuposto de um sentimento particular do sujeito, então ela tem somente um interesse mediado na ação, e dado que a razão por si só não pode descobrir sem experiência um objeto da vontade, nem um sentimento particular que lhe sirva de fundamento, este último interesse somente pode ser empírico e não um interesse racional puro. O interesse lógico da razão (promover seus discernimentos) nunca é imediato, mas pressupõe propósitos para o seu uso.

Comentário: Interesse significa interesse da razão. Assim, a vontade racional é imediata porque ela não tem quaisquer objetos, ou seja, ela não busca alcançar algo pela realização de uma outra coisa. O interesse da razão surge do seu próprio uso e não de algo que já estaria lá. O próprio exercício da razão é responsável pelos seus propósitos.

sentimento moral, que se fez passar falsamente por alguns como o padrão de nosso julgamento moral, embora ele tenha de ser melhor discernido como o efeito **subjetivo** que a lei exerce sobre a vontade, e do qual só a razão fornece os fundamentos objetivos.

*

Comentário: Não podemos também conhecer o interesse, dado que este também é um conceito inteligível e não sensível. O sentimento moral, embora seja algo sensível, afinal é um sentimento, tem seu fundamento no inteligível e não pode, portanto, ser usado como padrão do julgamento moral. Ele é, para Kant, o efeito da lei sobre a vontade.

§31 Um das zu wollen, wozu die Vernunft allein dem sinnlich-affizierten vernünftigen Wesen das Sollen vorschreibt, dazu gehört freilich ein Vermögen der Vernunft, ein **Gefühl der Lust** oder des Wohlgefallens an der Erfüllung der Pflicht **einzuflößen**, mithin eine Kausalität derselben, die Sinnlichkeit ihren Prinzipien gemäß zu bestimmen. Es ist aber gänzlich unmöglich, einzusehen, d. i. *a priori* begreiflich zu machen, wie ein bloßer Gedanke, der selbst nichts Sinnliches in sich enthält, eine Empfindung der Lust oder Unlust hervorbringe; denn das ist eine besondere Art von Kausalität, von der, wie von aller Kausalität wir gar nichts *a priori* bestimmen können, sondern darum allein die Erfahrung befragen müssen. Da diese aber kein Verhältnis der Ursache zur Wirkung, als zwischen zwei Gegenständen der Erfahrung, an die Hand geben kann, hier aber reine Vernunft durch bloße Ideen (die gar keinen Gegenstand für Erfahrung abgeben) die Ursache von einer Wirkung, die freilich in der Erfahrung liegt, sein soll, so ist die Erklärung, wie und warum uns die **Allgemeinheit der Maxime als Gesetzes**, mithin die Sittlichkeit, interessiere, uns Menschen gänzlich unmöglich. So viel ist nur Gewiß: daß es nicht darum für uns Gültigkeit hat, **weil es interessiert** (denn das ist Heteronomie und Abhängigkeit der praktischen Vernunft von Sinnlichkeit, nämlich einem zum Grunde liegenden Gefühl, wobei sie niemals sittlich gesetzgebend sein könnte), sondern daß es interessiert, weil es für uns als Menschen gilt, da es aus unserem Willen als Intelligenz, mithin aus unserem eigentlichen Selbst, entsprungen ist; **was aber zur bloßen Erscheinung gehört, wird von der Vernunft notwendig der Beschaffenheit der Sache an sich selbst untergeordnet**.

*

Para poder querer aquilo que unicamente a razão prescreve para o querer de um ser racional afetado pela sensibilidade, exige-se reconhecidamente uma capacidade da razão que **instile** um **sentimento de prazer** ou de satisfação pela realização do dever, portanto, uma causalidade da razão para determinar a sensibilidade de acordo com os seus princípios. Mas é completamente impossível discernir, ou seja, tornar compreensível *a priori*, como um mero pensamento que não contém em si nada de sensível produza uma sensação de prazer ou desprazer; logo, isto é um tipo particular de causalidade da qual, como de qualquer causalidade, não podemos determinar nada *a priori*, porém temos para tanto de consultar somente a experiência. Mas visto que esta não pode disponibilizar nenhuma relação de causa e efeito senão entre dois objetos da experiência, e que aqui a razão pura por meio de meras ideias (que não fornecem objeto algum da experiência) deve ser a causa de um efeito que reconhecidamente reside na experiência, então a explicação do como e do porquê nos interessa a **universalidade da máxima como lei**, portanto, a moralidade, é para nós homens completamente impossível. Só isto é certo: não é **porque ela interessa** que ela tem validade para nós (pois isto é heteronomia e dependência da razão prática em relação à sensibilidade, ou seja, em relação a um sentimento repousando no seu fundamento, em cujo caso ela nunca poderia ser moralmente legisladora), mas ela interessa porque é válida para nós como homens, pois se origina de nossa vontade como inteligência, portanto, de nosso eu próprio; **mas o que pertence meramente ao fenômeno está necessariamente subordinado pela razão à constituição da coisa em si mesma.**

*

Comentário: Kant insiste na tecla de que a razão prática não pode ter como modelo a razão teorética. Assim, é impossível explicar como o sentimento moral pode ser efeito da lei moral. No entanto, podemos pensar que o interesse na lei moral decorre da validade da lei moral e não o contrário, pois de novo colocaria o interesse como objeto da vontade, ou seja, para realizar o interesse, eu teria de realizar a lei moral.

§32 Die Frage also: wie ein kategorischer Imperativ möglich sei, kann zwar so weit beantwortet werden, als man die einzige Voraussetzung angeben kann, unter der er allein möglich ist, nämlich die Idee der Freiheit, imgleichen als man die Notwendigkeit dieser Voraussetzung einsehen kann, welches zum **praktischen Gebrauche** der Vernunft, d. i. zur Überzeugung von der **Gültigkeit dieses Imperativs**, mithin auch des sittlichen Gesetzes, hinreichend ist, aber wie diese Voraussetzung selbst möglich sei, läßt sich durch keine menschliche Vernunft jemals einsehen. Unter Voraussetzung der Freiheit des Willens einer Intelligenz aber ist die **Autonomie** desselben, als die formale Bedingung, unter der er allein bestimmt werden kann, eine notwendige Folge. Diese Freiheit des Willens vorauszusetzen, ist auch nicht allein (ohne in Widerspruch mit dem Prinzip der Naturnotwendigkeit in der Verknüpfung der Erscheinungen der Sinnenwelt zu geraten) ganz wohl **möglich** (wie die spekulative Philosophie zeigen kann), sondern auch, sie praktisch, d. i. in der Idee allen seinen willkürlichen Handlungen, als Bedingung, unterzulegen, ist einem vernünftigen Wesen, das sich seiner Kausalität durch Vernunft, mithin eines Willens (der von Begierden unterschieden ist) bewußt ist, ohne weitere Bedingung **notwendig. Wie** nun aber reine Vernunft, ohne andere Triebfedern, die irgend woher sonst genommen sein mögen, für sich selbst praktisch sein, d. i. wie das bloße **Prinzip der Allgemeingültigkeit aller ihrer Maximen als Gesetze** (welches freilich die Form einer reinen praktischen Vernunft sein würde), ohne alle Materie (Gegenstand) des Willens, woran man zum voraus irgend ein Interesse nehmen dürfe, für sich selbst eine Triebfeder abgeben, und ein Interesse, welches rein moralisch heißen würde, bewirken, oder mit anderen Worten: **wie reine Vernunft praktisch sein könne**, das zu erklären, dazu ist alle menschliche Vernunft gänzlich unvermögend, und alle Mühe und Arbeit, hievon Erklärung zu suchen, ist verloren.

*

Portanto, a questão – como é possível um imperativo categórico – pode de fato ser respondida tanto quanto pode dar-se o único pressuposto sob o qual ele é unicamente possível, a saber, a ideia de liberdade, e que também se pode discernir a necessidade desse pressuposto que é suficiente para o **uso prático** da razão, ou seja, para a convicção da **validade desse**

imperativo, portanto, também da lei moral; mas, como esse próprio pressuposto é possível, não pode jamais ser discernido pela razão humana. Porém, sob o pressuposto da liberdade da vontade de uma inteligência, sua **autonomia**, como condição formal que é a única sob a qual ela pode ser determinada, é uma consequência necessária. Pressupor esta liberdade da vontade não é somente (sem cair em contradição com o princípio da necessidade natural na ligação dos fenômenos do mundo dos sentidos) bastante **possível** (como a filosofia especulativa pode mostrar), mas também é praticamente **necessária**, ou seja, necessária na ideia sem outra condição para um ser racional consciente de sua causalidade por intermédio da razão, portanto, de uma vontade (distinguida dos apetites) para subpor, como condição, todas as suas ações voluntárias. Ora, mas **como** uma razão pura, sem outros móbeis que poderiam ser retirados de outro lugar, pode ser por si mesma prática, ou seja, como o mero **princípio da validade universal de todas as suas máximas como leis** (que reconhecidamente seria a forma de uma razão pura prática), sem qualquer matéria (objeto) da vontade da qual se poderia tomar algum interesse, pode dar por si mesma um móbil e produzir um interesse que se poderia chamar puramente moral, ou, com outras palavras, explicar **como uma razão pura pode ser prática**, está além da capacidade de qualquer razão humana, e estão perdidos todos os esforços e trabalho de buscar uma explicação para isto.

*

Comentário: A questão do "como" é sempre uma questão que tem como modelo o conhecimento. Assim, não há como tornar compreensível, explicar o como de o imperativo categórico ser possível. Mas é possível pensar o motivo de o imperativo categórico ser possível, ou seja, é possível dar uma explicação teleológica, portanto, como realizando uma conformidade a fins. No entanto, este tipo de resposta é sempre reguladora e não constitutiva. Assim, os conceitos da razão não têm uma função cognitiva, mas reguladora, tanto no domínio teorético, como no domínio prático. Os conceitos do entendimento, por sua vez, podem ser constitutivos e, nesse sentido, são cognitivos. Assim, a questão de saber como uma razão pura pode ser prática não tem sentido, visto que não podemos constituir uma moral, mas apenas nos regular segundo ela.

§33 Es ist eben dasselbe, als ob ich zu ergründen suchte, wie Freiheit selbst als Kausalität eines Willens möglich sei. Denn da verlasse ich den philosophischen Erklärungsgrund, und habe keinen anderen. Zwar könnte ich nun in der intelligibelen Welt, die mir noch übrig bleibt, in der Welt der Intelligenzen, herumschwärmen; aber, ob ich gleich davon eine **Idee** habe, die ihren guten Grund hat, so habe ich doch von ihr nicht die mindeste **Kenntnis**, und kann auch zu dieser durch alle Bestrebung meines natürlichen Vernunftvermögens niemals gelangen. Sie bedeutet nur ein Etwas, das da übrig bleibt, wenn ich alles, was zur Sinnenwelt gehört, von den Bestimmungsgründen meines Willens ausgeschlossen habe, bloß um das Prinzip der Bewegursachen aus dem Felde der Sinnlichkeit einzuschränken, dadurch, daß ich es begrenze, und zeige, daß es nicht alles in allem in sich fasse, sondern daß außer ihm noch mehr sei; dieses Mehrere aber kenne ich nicht weiter. Von der reinen Vernunft, die dieses Ideal denkt, bleibt nach Absonderung aller Materie, d. i. Erkenntnis der Objekte, mir nichts, als die Form übrig, nämlich das praktische Gesetz der Allgemeingültigkeit der Maximen, und, diesem gemäß, die Vernunft in Beziehung auf eine reine Verstandeswelt als mögliche wirkende, d. i. als den Willen bestimmende, Ursache zu denken; die Triebfeder muß hier gänzlich fehlen; es müßte denn diese Idee einer intelligibelen Welt selbst die Triebfeder, oder dasjenige sein, woran die Vernunft ursprünglich ein Interesse nähme; welches aber begreiflich zu machen gerade die Aufgabe ist, die wir nicht auflösen können.

*

É justamente o mesmo que se eu procurasse elucidar como seria possível a própria liberdade como causalidade de uma vontade. Pois aqui eu abandono o fundamento filosófico de explicação e não tenho nenhum outro. Ora, de fato, eu poderia desvairar no mundo inteligível que ainda me resta, no mundo das inteligências; mas, mesmo que eu tenha dele uma **ideia**, que tenha bons fundamentos, ainda assim, não tenho dele o menor **conhecimento**, e igualmente não posso nunca tê-lo, com todo o esforço da minha capacidade natural da razão. Ele significa apenas uma coisa que resta quando eu excluo dos fundamentos de determinação da minha vontade tudo o que pertence ao mundo dos sentidos, meramente para limitar o princípio dos motivos do campo da sensibilidade, de modo a circunscrever e mostrar que ele não inclui tudo no todo em si, mas que fora dele há ainda algo mais; desse algo, porém, eu não tenho mais conhecimento. Da razão pura que pensa esse ideal, nada mais me resta, após a separação de toda a matéria, ou seja, conhecimento de objetos, do que a forma, a saber, a lei prática de validade universal das máximas, e, em conformidade a esta, pensar a razão em relação a um mundo puro do entendimento como causa eficiente possível, ou seja, como uma causa determinando a vontade; aqui tem de faltar inteiramente o móbil; pois esta ideia de um mundo inteligível teria ela própria de ser o móbil ou aquele no qual a razão toma originariamente um interesse; mas tornar isto compreensível é uma tarefa que não podemos solucionar.

*

Comentário: Resumindo, a moral só pode ser pensada como ideia, nunca como fato, natureza etc. Tentar concebê-la de forma diferente é abrir a porta para sonhos e desvarios.

§34 Hier ist nun die oberste Grenze aller moralischen Nachforschung; welche aber zu bestimmen auch schon darum von großer Wichtigkeit ist, damit die Vernunft nicht einerseits in der Sinnenwelt, auf eine den Sitten schädliche Art, nach der obersten Bewegursache und einem begreiflichen aber empirischen Interesse herumsuche, andererseits aber, damit sie auch nicht in dem für sie leeren Raum transzendenter Begriffe, unter dem Namen der intelligibelen Welt, kraftlos ihre Flügel schwinge, ohne von der Stelle zu kommen, und sich unter Hirngespinsten verliere. Übrigens bleibt die Idee einer reinen Verstandeswelt, als eines Ganzen aller Intelligenzen, wozu wir selbst, als vernünftige Wesen (obgleich andererseits zugleich Glieder der Sinnenwelt) gehören, immer eine brauchbare und erlaubte Idee zum Behufe eines vernünftigen Glaubens, wenn gleich alles Wissen an der Grenze derselben ein Ende hat, um durch das herrliche Ideal eines allgemeinen Reichs der **Zwecke an sich selbst** (vernünftiger Wesen), zu welchem wir nur alsdann als Glieder gehören können, wenn wir uns nach Maximen der Freiheit, als ob sie Gesetze der Natur wären, sorgfältig verhalten, ein lebhaftes Interesse an dem moralischen Gesetze in uns zu bewirken.

*

Ora, aqui está a fronteira suprema de toda a investigação moral; mas já é de grande importância determinar assim que, de um lado, a razão não vá andar no mundo dos sentidos, de modo prejudicial à moral, para buscar o motivo supremo e um interesse compreensível, porém empírico; e que, de outro, impotentemente agite suas asas, sem sair do lugar, neste espaço de conceitos transcendentes, chamado de mundo inteligível, vazio para ela, e perca-se entre quimeras. De resto, a ideia de um mundo puro do entendimento como totalidade de todas as inteligências, ao qual nós mesmos pertencemos, como seres racionais (embora por outro lado ao mesmo tempo membros do mundo dos sentidos), permanece sempre uma ideia útil e lícita em vista de uma crença racional, mesmo que todo saber tenha um término na fronteira deste mundo, de modo a, por meio do ideal nobre de um reino universal **dos fins em si mesmos** (dos seres racionais), ao qual nós podemos pertencer como membros somente quando nos conduzimos cuidadosamente segundo máximas da liberdade, como se elas fossem leis da natureza, produzir em nós um interesse vivo pela lei moral.

*

Comentário: A fronteira da investigação moral está demarcada: não pertence à moral qualquer coisa do mundo sensível; ela está na sua totalidade no campo inteligível e, como tal, ela é incognoscível. Ela só pode ser pensada. Ela está encerrada nas suas condições transcendentais, ou seja, de possibilidade, mas a investigação moral não abre a porta para o transcendente. Assim, a moral não permite, como bem diz Philonenko (nota 157), ressuscitar a teologia racional.

SCHLUSSANMERKUNG

*

NOTA CONCLUSIVA

*

§35 Der spekulative Gebrauch der Vernunft, **in Ansehung der Natur**, führt auf absolute Notwendigkeit irgend einer obersten Ursache **der Welt**; der praktische Gebrauch der Vernunft, **in Absicht auf die Freiheit**, führt auch auf absolute Notwendigkeit, aber nur **der Gesetze der Handlungen** eines vernünftigen Wesens, als eines solchen. Nun ist es ein wesentliches **Prinzip** alles Gebrauchs unserer Vernunft, ihr Erkenntnis bis zum Bewußtsein ihrer **Notwendigkeit** zu treiben (denn ohne diese wäre sie nicht Erkenntnis der Vernunft). Es ist aber auch eine eben so wesentliche **Einschränkung** eben derselben Vernunft, daß sie weder die **Notwendigkeit** dessen, was da ist, oder was geschieht, noch dessen, was geschehen soll, einsehen kann, wenn nicht eine **Bedingung**, unter der es da ist, oder geschieht, oder geschehen soll, zum Grunde gelegt wird. Auf diese Weise aber wird, durch die beständige Nachfrage nach der Bedingung, die Befriedigung der Vernunft nur immer weiter aufgeschoben. Daher sucht sie rastlos das Unbedingt-notwendige, und sieht sich genötigt, es anzunehmen, ohne irgend ein Mittel, es sich begreiflich zu machen; glücklich gnug, wenn sie nur den Begriff ausfindig machen kann, der sich mit dieser Voraussetzung verträgt. Es ist also kein Tadel für unsere Deduktion des obersten Prinzips der Moralität, sondern ein Vorwurf, den man der menschlichen Vernunft überhaupt machen müßte, daß sie ein unbedingtes praktisches Gesetz (dergleichen der kategorische Imperativ sein muß) seiner absoluten Notwendigkeit nach nicht begreiflich machen kann; denn, daß sie dieses nicht durch eine Bedingung, nämlich vermittelst irgend eines zum Grunde gelegten Interesse, tun will, kann ihr nicht verdacht werden, weil es alsdann kein moralisches, d. i. oberstes Gesetz der Freiheit, sein würde. Und so begreifen wir zwar nicht die praktische unbedingte Notwendigkeit des moralischen Imperativs, wir begreifen aber doch seine **Unbegreiflichkeit**, welches alles ist, was billigermaßen von einer Philosophie, die bis zur Grenze der menschlichen Vernunft in Prinzipien strebt, gefordert werden kann.

*

O uso especulativo da razão **em vista da natureza** conduz à necessidade absoluta de alguma causa suprema **do mundo**; o uso prático da razão **em vista da liberdade** conduz também a uma necessidade absoluta, mas somente **das leis das ações** de um ser racional como tal. Ora, é um princípio **essencial** de todo uso da nossa razão impulsionar o seu conhecimento até a consciência da sua **necessidade** (pois sem esta não seria conhecimento da razão). Mas também é uma **limitação** igualmente essencial desta mesma razão que ela não possa discernir nem a **necessidade** do que é ou ocorre, nem do que deve ocorrer, caso não esteja posta uma **condição** sob a qual algo é, ou ocorre ou deve ocorrer. Mas, desta forma, por meio da investigação contínua da condição, a satisfação da razão vai sendo sempre postergada. Assim, ela busca sem repouso o incondicionado necessário e vê a si compelida a supor, sem qualquer outro meio de torná-lo compreensível para si mesma, suficientemente feliz caso possa descobrir apenas o conceito que seja compatível com esse pressuposto. Portanto, não é falha alguma da nossa dedução do princípio supremo da moralidade, mas uma censura que se teria de fazer à razão humana como tal, que ela não possa tornar compreensível uma lei prática incondicionada (como tem de ser o imperativo categórico) no que respeita à sua necessidade absoluta; pois não se pode acusá-la por não querer fazê-lo por meio de uma condição, a saber, por meio de algum interesse posto por fundamento, porque então não seria uma lei moral, ou seja, uma lei suprema da liberdade. E, assim, de fato não compreendemos a necessidade prática incondicionada do imperativo moral, mas apreendemos, no entanto, sua **incompreensibilidade**, e isto é tudo o que com direito pode ser exigido de uma filosofia que nos princípios aspira pelas fronteiras da razão humana.

*

Comentário: A razão teórica tende para o incondicionado sem nunca o atingir, pois quando pensa fazê-lo incorre nas antinomias, nos paralogismos etc. No entanto, a razão prática descobre a lei moral como incondicionado. Não se pode dar uma explicação da moralidade, pois seria preciso uma intuição intelectual, de que nós não dispomos. Portanto, não compreendemos a lei moral, mas compreendemos sua incompreensibilidade, ou seja, mostramos que a moral só pode ser pensada de forma incondicionada, pois, caso lhe emprestemos princípios exteriores que pudessem torná-la compreensível, ela deixaria de ser incondicionada e, portanto, não seria mais a lei moral.

Título	Fundamentação da metafísica da moral
Autor	Immanuel Kant
Tradução e guia de leitura	Osmyr Faria Gabbi Jr.
Coordenador editorial	Ricardo Lima
Secretário gráfico	Ednilson Tristão
Preparação dos originais	Matheus Camargo
Revisão	Ana Paula Candelária Bernardes
Editoração eletrônica	Ednilson Tristão
Design de capa	Ana Basaglia
Formato	16 × 23 cm
Papel	Avena 80 g/m^2 – miolo
	Cartão supremo 250 g/m^2 – capa
Tipologia	Minion Pro
Número de páginas	320

ESTA OBRA FOI IMPRESSA NA GRÁFICA CAMACORP VISÃO GRÁFICA
EDITORA DA UNICAMP EM DEZEMBRO DE 2024.